Études palestiniennes et orientales

MÉLANGES

D'HISTOIRE RELIGIEUSE

PAR

Le P. M.-J. LAGRANGE

DES FRÈRES PRÊCHEURS

CORRESPONDANT DE L'INSTITUT

PARIS

LIBRAIRIE VICTOR LECOFFRE

J. GABALDA, Éditeur

RUE BONAPARTE, 90

1915

MÉLANGES
D'HISTOIRE RELIGIEUSE

MÉLANGES

D'HISTOIRE RELIGIEUSE

PAR

Le P. M.-J. LAGRANGE

DES FRÈRES PRÊCHEURS

CORRESPONDANT DE L'INSTITUT

PARIS

LIBRAIRIE VICTOR LECOFFRE

J. GABALDA, Éditeur

RUE BONAPARTE, 90

1915

AUX ABONNÉS DE LA *REVUE BIBLIQUE*.

En hommage

AVANT-PROPOS

Tout ce qui est contenu dans ce volume a déjà paru dans diverses Revues, surtout dans le Correspondant. Il eût été plus sage de refaire ces articles que de les reproduire. Mais comme ce ne sont guère que des comptes rendus d'ouvrages ou de découvertes, on a cru pouvoir se contenter des corrections les plus indispensables. Tels qu'ils sont, l'auteur les recommande à l'indulgence des abonnés de la Revue biblique, indulgence qui fut une véritable collaboration durant plus de vingt années, et dont il se sent pressé de les remercier.

L'AUTEUR.

Jérusalem, mai 1914.

MÉLANGES

D'HISTOIRE RELIGIEUSE

I

LA COLONIE JUIVE DE L'ILE D'ÉLÉPHANTINE

(Le Correspondant, 10 mai 1912)

Carnéade? Qui est-ce? demandait avec can-
deur le don Abbondio de Manzoni dans *les
Fiancés.* Plus d'un abonné du *Correspondant*
aura fait une réflexion semblable en lisant le
titre de cet article. Ne cherchez pas, cher lecteur, vous ne trouveriez rien dans les livres, s'ils
datent de plus de cinq ou six ans. C'est la chance
de notre temps que d'heureuses fouilles mettent
tout à coup en lumière des petits coins parfaitement ignorés. Quand il s'agit des grands Empires, de l'Assyrie ou de l'Égypte, — depuis
vingt ans on peut ajouter la Perse, et depuis
trois ans la Chine, — l'attention publique est
éveillée par toutes les voix de la presse. Monarques, législateurs, hommes de guerre occupent

une fois de plus la scène de l'humanité ; c'est le soleil qui se lève sur les pyramides ou sur la tour de Babylone. Mais il n'est pas non plus sans charme de recomposer la vie d'un petit groupe social, hier absolument inconnu. Vous ignoriez jusqu'à l'existence des Juifs dans cette île charmante que visitent tous les touristes fidèles à Baedeker. Aujourd'hui, vous en connaissez beaucoup par leurs noms, vous savez leurs relations de famille, de commerce, leurs préoccupations religieuses, leurs rapports avec le gouvernement. Les contrats de mariage, les divorces, les transactions diverses concernant la propriété, les testaments, les pièces des procès, des lettres officielles ou privées, la littérature elle-même passent sous vos yeux. Comme un roman, c'est une image de la vie, et cette image est fidèle. Seulement, les documents sont très anciens, et le hasard ne nous les a pas tous rendus. Notre roman se compose de feuilletons dont il ne resterait que quelques numéros, et encore lacérés par tous les bouts.

Quelques mots sur leur découverte.

L'île d'Éléphantine, située au-dessous du barrage du Nil, n'est pas exposée à disparaître, comme Philé, dont Loti vient de dire la mort. Elle est seulement condamnée à s'enlaidir. Les savants de Bonaparte qui découvrirent l'Égypte n'eurent pas le désagrément de voir ce site enchanteur écrasé par des hôtels *modern style*, mais ils remarquèrent fort bien, au sud de l'île, une butte de décombres formée par les débris de l'ancienne ville. En Syrie, cela se nomme un tell; en Égypte, on dit un kôm. « C'est, disait l'illustre Jomard, comme un plateau élevé qui domine tout le reste, et qui a pour noyau... un ancien îlot de granit. Du rivage de Syène, on le voit se détacher en brun sur le rideau élevé de la chaîne libyque, toute recouverte de sables blanchâtres, et percée, çà et là, par des aiguilles de granit[1]. »

Sur un rocher de granit, près de l'anse où l'on aborde dans l'île en venant de Syène, Jomard a pu voir de grands cartouches que la science n'avait pas encore déchiffrés et où l'on reconnaît aujourd'hui le nom de Psammétique. Mais les maîtres d'alors, qui savaient tout ce qu'on pouvait savoir de leur temps, n'ont pas manqué de citer les textes classiques qui marquaient l'importance militaire de cette position. Manifestement, la butte de décombres couvrait les ruines d'une forteresse qui avait été la clef de l'Égypte du côté du Sud.

Il est étrange qu'on ne se soit pas occupé plus tôt d'y faire des fouilles. Mais, en Égypte, tant de gigantesques monuments absorbaient l'attention! Ce n'est qu'à la fin du siècle dernier que les recherches prirent une orientation nouvelle. Au Caire, il pleut assez rarement; on compte les pluies à Thèbes dans l'intervalle d'un siècle; à

1. *Description de l'Égypte*, I, p. 179.

Assouan, il ne pleut jamais. Le sable du désert, absolument sec, qui était venu étendre son linceul sur les ruines a donc tout conservé, même de fragiles morceaux de papyrus, surtout s'ils étaient à l'abri dans les pots qui leur servaient autrefois de reliure. Et l'on se mit à remuer le sol pour trouver ces papiers qui en disent plus long sur les hommes d'autrefois que les riches momies embaumées dans leurs gaînes.

Ce n'est que peu à peu qu'on a pu grouper les divers papyrus récoltés à Éléphantine. Le premier avait été vendu à Louqsor. Il a fallu la sagacité d'un savant français, M. Clermont-Ganneau, pour reconnaître son lieu d'origine. Puis ce fut tout un paquet de pièces juridiques sorti, disait-on, des sables d'Assouan et qui tenta la curiosité d'un riche Anglais, M. Mond. M. Clermont-Ganneau n'avait pas attendu ce moment pour provoquer une campagne de fouilles régulières. Nous laissâmes les Allemands s'installer dans la partie des ruines d'Éléphantine qui promettait le plus. Quand notre compatriote put enfin installer sa tente en face des savants de Berlin, de brillantes découvertes étaient accomplies de l'autre côté du cordeau qui servait de frontière, mais il lui fut donné cependant de recueillir de nombreuses inscriptions, — environ trois cents, — sur des débris de poteries; c'est ce qu'on nomme des *ostraca*. Le quartier riche, dévolu aux Allemands, écrivait sur papyrus des pièces importantes; les *ostraca* étaient le papier des pauvres ; on écrivait sur un tesson pour demander du feu ou du sel à sa voisine. En attendant que ces *ostraca* aient été publiés, complément intéressant de la vie domestique, on doit s'en tenir aux papyrus.

Dans cette esquisse très sommaire, je ferai surtout état de la magistrale publication de M. Édouard Sachau, qui a paru en septembre dernier [1].

Les Juifs en Égypte, c'est presque le début de l'histoire sainte. Abraham est descendu en Égypte, et Joseph, devenu ministre du Pharaon, y a fait venir son père Jacob, y a installé ses frères. On venait volontiers alors de Syrie en Égypte, et cela continue. L'Égypte est riche, l'Égyptien est doux, presque mou ; la Syrie, surtout la Palestine, est pauvre, le Syrien est adroit, industrieux, énergique. La seule supériorité de l'Égypte, c'est qu'elle peut se concentrer entre les mains d'un homme, tandis que la Syrie, étrangement déchirée par la nature, n'a jamais trouvé son centre. On a donc vu dans l'histoire les maîtres de l'Égypte conduire leurs bataillons compacts et disciplinés à la conquête des pays syriens. La Syrie cède alors. Mais le Syrien reprend ses avantages en détail. Conquis et devenu sujet, il pénètre plus à son aise dans les grasses plaines inondées par le Nil. Et l'Égyptien pacifique, heureux de vivre tranquille

1. *Aramäische Papyrus und Ostraka*, Leipzig, Hinrichs, prix : 90 marks.

à l'ombre de ses palmiers, s'en remettra même à ces étrangers batailleurs du soin de défendre ses frontières. Le Bédouin accourt, et l'Israélite encore plus volontiers, car il a toujours conservé le goût des marmites de viande et des chaînes d'oignons, selon la formule savoureuse et familière qui nous amuse depuis l'enfance.

J'insiste sur les circonstances générales, pour retarder un aveu : nous ne savons rien des faits particuliers qui ont amené à Éléphantine une colonie d'Israélites venus du royaume de Juda. Mais nous savons que c'était une colonie militaire; et il est dès lors évident que les Égyptiens les avaient placés là pour monter la garde à l'entrée de l'Égypte du côté du sud. Il était difficile, en venant du midi, de s'emparer de l'île que les anciens Égyptiens nommaient Jêb. Elle est défendue par les fameuses cataractes du Nil. D'autre part, maîtres de l'île d'Éléphantine et de la ville de Syène située sur la rive droite du fleuve, les Éthiopiens ne rencontraient plus d'obstacles. Le Nil était une voie de pénétration incomparable qui les portait jusqu'à Memphis. Quand l'Éthiopie débordait sur l'Égypte, elle allait aussi loin que son fleuve. C'était à la première cataracte qu'il fallait lui barrer le chemin.

Pourquoi des Juifs sont-ils venus s'installer si loin de leur pays? Ce ne fut sans doute pas par goût. Les Égyptiens avaient conservé le souvenir, sinon de Moïse et de son peuple, du moins

des Hycsos, qui les avaient envahis à l'orient.
Ils ne consentirent pas à ce que des Juifs res-
tassent trop près de leur pays d'origine, dispo-
sés à se renforcer, dissimulant une occupation
sous le masque d'une pénétration pacifique ; si
le mot n'existait pas, on pouvait craindre la
chose. Quand cela se passa-t-il? Il faut encore
confesser notre ignorance. La conquête de Jérusalem par Nabuchodonosor poussa beaucoup de
Juifs en Égypte ; on le sait par le prophète Jérémie. D'autres n'auront pas attendu les hor-
reurs du siège. Une tradition[1] qu'on avait négligée atteste que le roi Psammétique (594 à
589 av. J.-C.) avait des Juifs dans son armée
pour combattre l'Éthiopie. Tout porte à croire
qu'ils ont été emmenés en Égypte par Néchao.
Ce prince, le dernier des grands Pharaons, eut
l'audace de disputer l'empire du monde à Nabuchodonosor et alla le provoquer sur l'Euphrate. Contraint de rentrer en Égypte, il entraîna avec lui le roi de Juda, Joachaz ; ne
pouvant laisser derrière lui les Juifs hostiles, il
dut en razzier un nombre considérable. Trans-
portés au point le plus méridional de l'Égypte,
ils avaient intérêt à défendre un sol où ils habitaient comme de véritables colons. En effet,
selon la coutume du temps, le Pharaon avait
poussé devant lui toute une tribu : hommes,
femmes et enfants. Il exigeait des hommes le

1. Le pseudo Aristée, dans son récit sur la traduction des Septante.

service militaire; il essayait aussi de les intéresser à leur nouvelle patrie en leur cédant des
terres. C'étaient moins des soldats que des miliciens cultivateurs. Entre deux guerres, on
cultivait les céréales, on arrosait les champs de
concombres, en faisant monter l'eau du Nil avec
ces roues à pots qui ont frappé Strabon et Jomard; on cueillait les dattes, on commerçait
avec la ville de Syène, située en face de l'île, et
avec les pêcheurs qui affrontaient les cataractes
ou se laissaient aller jusqu'à Thèbes au fil de
l'eau. Les Juifs ne se mariaient guère qu'entre
eux. Assis aux bords du Nil, ils se redisaient
sans doute les merveilles du temps de Moïse :
pourtant rien n'indique qu'ils aient eu hâte de
sortir d'un pays si hospitalier.

Un grand événement historique améliora
encore leur situation. L'Égypte, plus d'une fois
envahie par les Assyriens, avait toujours su reconquérir sa liberté. Elle était trop épuisée pour
résister aux Perses, et il fut donné à ces derniers de fonder en Orient le premier grand empire qui sut garantir par une administration
cohérente les bénéfices de la conquête. Ce n'é-
tait pas encore la centralisation perfectionnée
d'un Dioclétien ; les satrapes, maîtres d'immenses
provinces, nous semblent des vice-rois presque
indépendants. Mais ils étaient de race perse. Par
un respect traditionnel des races royales, les
anciens conquérants ne demandaient aux vaincus que l'hommage. Les Perses remplacèrent les

dynasties par des gouverneurs. L'Égypte dut leur obéir comme les autres provinces de l'empire. Mais elle était plus éloignée de Suse, défendue par sa ceinture de déserts, par la mer, qui n'était pas toujours au pouvoir des flottes phéniciennes, asservies au grand roi, et sa population, très homogène, très nationaliste, aspirait toujours à l'indépendance. C'était une bonne fortune pour des fonctionnaires perses d'avoir sous la main des Juifs que tant d'intérêts et de souvenirs mettaient aux prises avec les Égyptiens qu'ils étaient censés défendre. L'aventure tournait encore mieux pour les Juifs, qui ne furent pas longtemps à comprendre leur avantage et à se prévaloir auprès de leurs nouveaux maîtres d'une fidélité utile aux deux parties. Désormais ils étaient assurés de faire de bonnes affaires sous l'égide complaisante du gouverneur perse, leur protecteur naturel. En revanche, la haine grandit aux cœurs des Égyptiens contre cette garnison d'étrangers, dont les armes étaient désormais tournées contre eux, et qui étaient trop mêlés à leurs affaires pour ne pas être tentés de dénoncer leurs velléités d'indépendance à leurs communs maîtres.

C'est précisément au moment où la domination perse est bien assurée, sous le règne glorieux de Darius Ier, que commence notre histoire, je veux dire que c'est de ce prince que sont datés les plus anciens papyrus (494 avant J.-C.). Ils vont jusque vers l'an 400, quand l'Égypte secoua pour un temps le joug étranger et se donna un roi national. Ils sont tous écrits en langue araméenne. La colonie juive avait donc complètement oublié l'hébreu, sa langue ancestrale, pour adopter ce dialecte très rapproché, plus pauvre de mots, plus simple de grammaire, qui était devenu sous les Perses comme une langue internationale, utile à un pouvoir qui groupait tant de nations. On a souvent noté comme exemple analogue la diffusion en Orient, après les croisades, d'une *lingua franca* qui n'était ni le français, ni l'italien, ni l'arabe. Il serait plus exact de rappeler que de nos jours l'arabe a supplanté toutes les langues sémitiques comme langue universelle, sans éteindre les foyers où l'on parle encore différents dialectes éthiopiens ou araméens. Le babylonien avait eu, quinze siècles avant Jésus-Christ, la même prépondérance. Mais ces deux influences s'expliquent par la fortune des armes, tandis que l'araméen a étendu son action en silence, comme une tache d'huile. Les Juifs l'adoptèrent d'autant plus volontiers qu'ils se souvenaient d'être venus de Mésopotamie; ceux de Syène et d'Éléphantine se disent à l'occasion araméens. C'était un sérieux avantage pour eux de pouvoir correspondre avec la cour de Suse dans une langue devenue officielle, en tiers avec celle des maîtres d'hier, le babylonien, et avec celle que parlaient les maîtres du jour, Perses, fils de Perses, Ariens, fils d'Ariens.

Nous allons voir qu'ils savaient en profiter.

Entre les Juifs et les Égyptiens, il n'y avait pas seulement une différence de race ; on ne pouvait s'entendre sur les idées religieuses, et, précisément sur ce point, les Juifs devaient attendre des Perses plus de sympathies. On dira que les Grecs non plus n'avaient pas la même religion que les Égyptiens, ce qui n'a pas empêché les Ptolémées d'élever aux dieux de l'Égypte les temples splendides de Dendérah, d'Edfou et de Kom-Ombo. Il est vrai, mais les Grecs mirent beaucoup du leur pour s'entendre avec les Égyptiens. Leur premier soin, quand ils pénétrèrent en Égypte comme étrangers, impressionnés par l'ancienneté de la civilisation et par l'immensité des temples, fut de s'enquérir des relations possibles entre leurs dieux et ceux de l'Égypte. Si Héra ou Apollon étaient trop Hellènes pour fusionner, on pouvait sans trop de peine assimiler Osiris à Dionysos, Isis à Déméter, et à la rigueur Zeus à Ammon. Les Égyptiens avaient donc gain de cause. Mais de la part des Juifs la conciliation était impossible, parce que, en dépit de quelques infidélités sur lesquelles nous aurons à revenir, ils demeuraient les serviteurs du dieu de leurs pères, qu'ils nommaient Iahô, dieu du ciel. Aucun dieu de l'Égypte — et ils étaient presque innombrables — ne répondait à ce concept simple et haut, tandis que le grand dieu des Perses, un dieu presque unique, tant il dominait les autres, était Ahura-Mazdâ, roi du ciel.

Entre les prêtres de Iahô et les prêtres égyptiens à Éléphantine, il y avait une autre cause de désaccord, celle-là très sensible, très concrète, très aiguë, qui a été mise en lumière par M. Clermont-Ganneau. Chacun peut voir, aux musées du Caire et du Louvre, les momies dorées de béliers soigneusement embaumés que ce savant a rapportées de ses fouilles. Il a découvert un vrai cimetière de béliers, avec l'atelier où l'on préparait le bitume qui devait assurer leur conservation. Le dieu local était, en effet, le dieu Khnoum, à tête de bélier, et il était adoré sous sa forme animale.

Comprenez-vous, maintenant, me disait le maître français, la haine des prêtres de Khnoum pour les prêtres de Iahô? Au lieu où nous sommes, les Égyptiens « du temple en foule inondant les portiques » venaient se prosterner devant les béliers sacrés; à quelques pas d'ici, dans un lieu qu'il faudrait découvrir, les prêtres de Iahô immolaient l'agneau du sacrifice quotidien, et, sacrilège plus inexplicable encore, chaque famille israélite, au jour de la Pâque, devait tuer, cuire et manger un agneau! Et, en effet, si Moïse avait raison de dire au Pharaon, à Tanis, dans le Delta : « Nous ne pouvons célébrer la Pâque en Égypte, parce qu'il nous faut immoler ce qu'adorent les Égyptiens »... que dire d'Éléphantine!

Au début, cependant, on laissa les Juifs bâtir un temple à Iahô. Ils en ont décrit l'architecture

et l'on conclut que ce devait être un fort bel
édifice. Mettons quelque chose sur le compte de
l'emphase dont ils sont coutumiers; il reste qu'on
avait employé des pierres de taille, du moins
pour les montants des portes qui étaient au nombre de cinq ; les vantaux étaient en bronze, le
toit en bois de cèdre ; on se servait, pour le service divin, de coupes d'or et d'argent. Quoique
le nom d'*agora* indique plutôt une synagogue
qu'un temple, selon la remarque ingénieuse de
M. Sachau, cependant cette maison de Dieu était
pourvue d'un autel : on y brûlait des parfums,
on y offrait des sacrifices de farine et même des
sacrifices sanglants. Cela durait depuis un certain
temps, lorsque les Perses envahirent l'Égypte.
Cambyze, bizarre, emporté, presque dément,
se montra, Hérodote l'a raconté, peu respectueux
de la conscience des vaincus. Nos Juifs d'Éléphantine ont connu ce trait, qu'ils exagèrent
encore : « Lorsque Cambyse est arrivé en
Égypte, il a trouvé ce sanctuaire bâti, et si l'on
a renversé tous les sanctuaires des dieux de
l'Égypte, on n'a pas touché à ce sanctuaire. »
Naturellement, la remarque s'adresse à un
fonctionnaire perse. Elle trouvait sa place dans le
récit lamentable de la destruction du temple, l'année quatorzième de Darius II (410 avant J.-C.).
D'où sont partis les premiers coups? Il n'est
pas dans le caractère des Juifs de commencer les
hostilités, du moins ouvertement. Mais ils ont pu
y être engagés par leur situation. D'après le pa-

pyrus Euting, les Juifs se vantent d'être demeurés fidèles au gouvernement quand les Égyptiens
essayaient de reconquérir leur indépendance.

Ils étaient dans leur rôle; mais n'était-ce pas
ajouter au grief religieux un nouveau motif
d'exaspération?

Très habilement, les prêtres de Khnoum atten-
dirent le départ d'Arsam, le haut fonctionnaire
chargé d'administrer l'Égypte du sud, sinon l'É-
gypte entière. Pendant que ce personnage était
à la cour, on s'entendit avec le gouverneur local
Widarnag. Celui-ci était Perse ; il crut peut-être
de bonne politique de ménager les Égyptiens;
les Juifs l'accusent d'avoir reçu de l'argent ; ils
ont pu le savoir ; le plaisant est qu'ils allèguent
ce grief dans un document où ils offrent un riche
pourboire à un autre fonctionnaire !

Widarnag chargea de l'exécution son fils, qui
avait un grade dans l'armée. Les Égyptiens ne
demandaient qu'à marcher; on entraîna sans
peine d'autres soldats, peut-être des merce-
naires cariens ; le temple fut détruit de fond en
comble. Les Juifs prétendirent même, pour donner plus de corps à leur grief personnel, que les
prêtres de Khnoum avaient bouché un puits très
utile à la garnison ; le mouvement dirigé contre
eux était une atteinte à la sécurité de l'empire.

Coïncidence assez singulière, l'attentat fut
commis au mois de Tamouz, c'est-à-dire environ
du 15 juin au 15 juillet, et c'est en juillet que
Nabuchodonosor, Titus et Godefroi de Bouillon

prirent Jérusalem. D'après une certaine critique, il faudrait dire que ces dates sont inventées à plaisir par goût pour les anniversaires... Et, de même que nous voyons encore à Jérusalem les Juifs se réunir chaque vendredi soir aux ruines du temple pour y pleurer la catastrophe : « durant trois ans, disent les Juifs d'Éléphantine, nous avons revêtu des sacs et nous avons jeûné ; nos femmes sont devenues comme des veuves et nous n'avons pas employé de parfums, et nous n'avons pas bu de vin ;... ni sacrifices alimentaires, ni encens, ni holocaustes n'ont été offerts dans ce sanctuaire qui est toujours démoli ».

Cependant ils n'avaient pas attendu si longtemps pour demander justice. Peut-être même Widarnag avait-il été sévèrement puni d'un abus de pouvoir évident. Mais le temple demeurait en ruines. Les Juifs avaient écrit en Palestine. On ne répondait pas.

Nous avons un double brouillon d'une lettre qui eut un meilleur résultat. On ne rédigeait pas du premier coup une requête aussi solennelle ; l'écriture, la diction offraient des difficultés. Les philologues ont constaté qu'un des deux exemplaires est beaucoup plus soigné. Nous les possédons tous deux, parce qu'on ne les a pas jugés dignes d'être envoyés ; le troisième était sans doute encore plus parfait, mais il est plus que douteux qu'on le retrouve à Jérusalem.

La lettre était destinée à Bagoas, gouverneur de la Judée pour les Perses, intéressé par là

même au bien des Juifs dispersés dans l'empire.
On lui demandait d'intervenir auprès de ses amis
d'Égypte pour que le temple fût rebâti. La même
supplique avait été adressée à Jochanan, le grand-
prêtre de Jérusalem, que les intérêts juifs tou-
chaient encore de plus près. Puisqu'il avait gardé
le silence, cette fois on ne s'adresse plus à lui,
mais on prévient Bagoas qu'une pétition semblable est envoyée à Delaïah et à Chelemiah, les
fils de Sanaballat, gouverneur de Samarie.

Jochanan, Sanaballat, Bagoas..., mais voilà
des noms familiers..., du moins aux érudits. En
dépit de ces traits malins auxquels il est en butte,
le cœur de l'archéologue s'épanouit. On aime à
lire dans les papyrus des noms nouveaux, mais
quand ce sont des personnes dont on a fait la
connaissance dans la Bible et dans les *Antiquités
judaïques* de Josèphe ! On plaint les anciens savants, du temps où l'on ne faisait pas de fouilles.
Mais pourquoi Jochanan n'a-t-il pas répondu ? Il
serait si bon de retrouver sa lettre datée de Jérusalem !

C'est sans doute qu'il s'est trouvé fort embarrassé[1]. Chef de la religion de Iahô, il devait
sentir douloureusement les outrages faits à son
nom. Mais, seul ministre autorisé par la loi du
seul lieu de culte qui fût légitime, il ne pouvait
guère donner les mains à la reconstruction d'un
temple en dehors de Jérusalem. Depuis la des-

---

1. Combien de questions on règle en ne répondant pas, me
disait agréablement un administrateur.

truction du temple par Titus, les Juifs se sont
abstenus d'offrir des sacrifices sanglants. La loi
sur l'unité d'autel avait été souvent violée ou
mal connue dans le cours de l'histoire. Depuis
que Josias avait solennellement promulgué le
Deutéronome, les principes étaient évidents. De
loin, on pouvait interpréter autrement les textes.
La loi de Moïse avait été faite pour la Palestine,
dont l'étendue n'était pas telle qu'il fût impossible aux Israélites de s'associer de temps en
temps au culte central. Mais au fond de l'Égypte?
Fallait-il renoncer au culte par le sacrifice, tel
qu'il se pratiquait partout? Ne plus offrir des
victimes à Iahô, n'était-ce pas l'abaisser devant
les dieux de l'Égypte, cesser même de le reconnaître comme dieu? Qu'ils se soient posé le
cas de conscience ou qu'ils aient agi par instinct,
les Juifs d'Éléphantine avaient cru bien faire.
Plus tard, Onias en usera de même à Léontopolis.
Mais à Jérusalem on raisonnait autrement..., si,
du moins nous pouvons interpréter le silence
de Jochanan comme un refus.

A Samarie, on n'avait pas les mêmes scrupules. Bien plus, c'étaient des alliés qui se pré-
sentaient. Néhémie avait chassé de Jérusalem
un prêtre (le propre frère de Jochanan) devenu
gendre de Sanaballat, son ennemi[1]. Déjà très
irrités d'avoir été exclus de la restauration du
temple, les Samaritains, désormais pourvus d'un

1. Néhémie, xiii, 28.

prêtre de bonne lignée, avaient bâti un temple
au mont Garizim. Leur schisme délibéré accueil-
lit avec sympathie des projets qui pouvaient
facilement prendre couleur de schisme.

Peut-être Bagoas, qui vivait alors en bons
termes avec le grand-prêtre, se montra-t-il
moins empressé. Dans l'état des documents,
tels que M. Sachau les interprète, on aboutit à
une cote mal taillée. Par leur réponse qu'on possède déjà depuis trois ans, Bagoas et Delaïah
approuvent qu'on rebâtisse le temple et qu'on y
offre des sacrifices alimentaires et des parfums.
Mais ils ne parlent pas des sacrifices sanglants !
On n'avait pas soupçonné que cette réticence fût
volontaire ; on possède aujourd'hui une nouvelle
pièce, émanée de cinq Juifs d'Éléphantine qui
semblent protester contre cette restriction.

Quoi qu'il en soit, les documents s'arrêtent là ;
nous ne savons même pas si le temple fut res-
tauré, et les recherches très persévérantes des
savants français, M. Clermont-Ganneau, puis
MM. Gautier et Clédat, n'en ont pas découvert
les moindres vestiges[1].

Privés de leur temple, les Juifs pouvaient-ils
du moins célébrer les rites propres à la famille,
comme la Pâque? Mais nous l'avons déjà dit,
c'était la cérémonie la plus offensante pour les
prêtres de Khnoum. Aussi quelne fut pas l'éton-

____

1. Les espérances que j'avais fait entrevoir dans la *Revue
biblique* (1908, p. 260 et suiv.) ne se sont donc pas réali-
sées.

nement de M. Sachau quand il découvrit parmi les derniers papyrus retrouvés des indices de cette fête! Malheureusement le document est dans un état déplorable. Il en reste assez pour que nous apprenions que l'an V de Darius II, donc avant la destruction du temple, le roi de Perse en personne s'occupa de la question. En souverain d'un empire bien organisé, il envoya sa décision à Arsam, gouverneur de la Thébaïde, qui la transmit, par l'intermédiaire d'un certain Hananiah, fonctionnaire persan d'origine juive, à Iedoniah et à l'armée des Juifs. C'était un ordre, ou plutôt une autorisation en forme impérative, de célébrer les huit jours de la fête de Pâque. Le peu qui subsiste de ce texte ne permet pas de dire si le sacrifice de l'agneau était toléré. Le grand roi ajoute au rite l'obligation de ne pas boire de vin, il insiste sur l'obligation pour les Juifs de rester chez eux, et, à ce qu'il semble, pendant toute l'octave. Craignait-il quelque échauffourée? Le pouvoir civil, en pareil cas, se préoccupe plus de l'ordre public que de l'observation ponctuelle des cérémonies. Toute lacune irrite la curiosité; mais celles-là sont particulièrement désobligeantes.

Le grand roi prenait-il la peine de rendre chaque année un édit pour un si petit objet? Ou bien était-ce une décision rendue après l'opposition des prêtres de Khnoum? Fut-ce un succès momentané des Juifs qui précipita la crise? On ne saurait le dire.

D'ailleurs, les fouilles nous ont livré une autre preuve de la sollicitude de l'administration impériale pour ce petit goupe isolé. C'est une traduction en araméen de la grande inscription que Darius Ier fit graver sur les rochers de Behistoun en trois langues, perse, élamite et assyrien. On eut donc soin d'en envoyer une édition araméenne aux pays où cette langue était parlée. Les livres saints contiennent un certain nombre de pièces émanées de la chancellerie impériale, très favorables aux Juifs. Il était de mode de les regarder comme fabriquées pour la plus grande gloire de la nation. Gageons que la critique se montrera plus prudente à l'avenir.

Il faut tout dire. Les Juifs d'Éléphantine, si attachés au culte de Iahô, si sincères dans leur douleur quand on eut abattu son temple, se permettaient des licences qui n'auraient pas trouvé de grâce devant les sévères monothéistes de Jérusalem. Pour les excuser, je me suis dit d'abord que ce n'étaient sans doute pas les mêmes personnes qui adoraient d'autres dieux. Il faut se rendre à l'évidence, sans cependant forcer les termes.

Cet Hananiah, dans la pièce officielle où il invite les Juifs à célébrer la Pâque, parle « des dieux ». Parmi les noms des Juifs, il en est plus d'un composé à l'aide d'un nom divin, comme « Béthel a donné », ou Béthelnathan. Enfin, voici une longue pièce assez suspecte. Le titre est irréprochable : « Ce sont les noms des personnes de l'armée juive qui ont donné de l'argent pour le dieu Iahô, chacun 2 sicles. » Si l'on songe que les Israélites n'étaient tenus par la loi qu'à une contribution religieuse d'un demi-sicle, on admirera le zèle généreux de l'armée juive, armée très pacifique d'ailleurs, puisque la première personne qui souscrit est une femme. Suivent, après le titre, environ cent vingt-deux noms, avec l'indication des 2 sicles versés.

Mais voici la trahison du bordereau. Au début de la septième colonne on lit : « Cet argent s'est trouvé ce propre jour dans la main de Iedoniah, fils de Gemariah, au mois Pamenhotep. Argent, 31 *kerech*[1]. Là-dessus, pour Iahô 12 *kerech*, 9 sicles; pour Imsbéthel, 7 *kerech;* pour Anathbéthel, 12 *kerech.* »

Voilà donc Iedoniah, le même sans doute qui écrivait à Bagoas la lettre émue sur la ruine du temple, Iedoniah, l'ethnarque ou le chef de la communauté, qui centralise dans sa main les offrandes destinées à Iahô et celles destinées à d'autres individualités qui paraissent bien être divines! Imsbéthel pourrait, à la rigueur, se traduire « Nom de Béthel », et on pourrait encore l'entendre pieusement du Dieu de Béthel, qui a apparu à Jacob à Béthel. Mais que faire d'Anathbéthel, qui ne peut être qu'une déesse? Puis ils sont trop, car voici ailleurs un Haram-

---

1. Le *kerech* équivaut à la célèbre pièce d'or, connue sous le nom de darique, qui remporta plus de victoires sur les Grecs que les armées du grand roi.

béthel, qualifié expressément de divinité. On jure par lui pour terminer les litiges, on le nomme « notre Dieu ». Enfin, scandale suprême ! deux Juifs se disputent la propriété d'une ânesse, ou plutôt de la moitié d'une ânesse. Ne riez pas ; aujourd'hui encore en Orient on peut être propriétaire de la moitié d'une ânesse, non seulement par succession indivise, mais parce qu'on en a fait l'acquisition. A qui attribuer cette moitié ? Les preuves font défaut de part et d'autre. On convient de s'en rapporter au serment. Et on jurera par Anathiâhô... Anath est bien connue ; les Grecs l'ont assimilée à Athéné, la déesse du Parthénon ; c'est toujours mieux qu'Aphrodite. Mais Anath, associée à Iahô pour former le même nom, comme si elle était l'épouse du Dieu du ciel, ou titulaire d'une chapelle dans son sanctuaire ?

Hâtons-nous de dire que ces déportements n'allaient pas plus loin. Les Juifs d'Éléphantine se sont montrés réfractaires aux cultes égyptiens. Peut-être l'adoration du bélier leur parut-elle décidément trop brutale. Le seul indice qu'on ait relevé d'une concession aux mœurs religieuses du pays, c'est le cas d'une Juive qui jure par la déesse Sati. Ce doit être une exception. Le procès était intenté par un Égyptien, selon la procédure égyptienne, aucun témoin ne porte un nom juif. Cette dame pensait peut-être que le serment prêté par une divinité étrangère valait une restriction mentale et ne l'obligeait pas beaucoup. On la vit même épouser un Égyptien.

La communauté n'est évidemment pas responsable de ce laxisme. Fermée aux dieux de l'Égypte, elle ne connaît pas non plus ces divinités cananéennes que les premiers prophètes avaient si rudement combattues. Aucun Baal, aucune Astarté ne figurent dans les noms propres. C'est que nos Israélites n'appartiennent pas au royaume du nord, plus exposé aux influences phéniciennes; ce sont des Judéens, déjà des Juifs. Tous les noms divins dont on retrouve la trace sont ou Iahô, le Dieu du ciel, et normalement le Dieu de la communauté, ou Béthel, ou des noms composés dans lesquels entre Iahô ou Béthel. C'est un phénomène étrange qu'on ne peut encore s'expliquer. Mais on se rappelle involontairement que la ville de Béthel n'est qu'à trois heures de Jérusalem, et que ce lieu fut longtemps le centre d'un culte florissant où Iahô lui-même était adoré sous la forme d'un veau d'or. Amos et Osée surtout accablèrent de leurs sarcasmes cet objet indigne, mais enfin il représentait l'ancien dieu national, encore que défiguré par l'idolâtrie. Et la déesse Anath a donné son nom à 'Anathoth, la patrie de Jérémie, sise à une heure de Jérusalem.

La religion des Juifs d'Éléphantine était donc concentrée dans un petit cercle, fermé sur les anciens souvenirs religieux de leur pays d'origine. Mais, pour la cause du monothéisme, il importait peu qu'ils se tinssent à un nombre restreint de divinités devenues nationales ou qu'ils sacrifiassent aux dieux étrangers.

On constate une fois de plus, sur un nouveau théâtre, combien fut nécessaire la mission des hommes inspirés pour faire prévaloir l'idée de l'unité de Dieu. On a dit que les Hébreux sont parvenus au monothéisme par orgueil national, pour mettre leur Dieu au-dessus de tous les autres. Mais cela ne les eût pas empêchés de lui donner une compagne et, dès lors, la religion d'Israël sombrait dans le paganisme universel. Nos colons s'y enfonçaient sans doute de plus en plus. La ruine de Jérusalem par Nabuchodonosor ne leur avait rien appris. C'était précisément ce que reprochait Jérémie à ceux de ses compatriotes qui s'étaient réfugiés en Égypte et jusque dans l'Égypte du sud. Sa protestation indignée répare le scandale qui aura sans doute pénétré dans plus d'un esprit. En avouant tout net l'infidélité des Juifs, nous n'avons pas accusé nos Livres saints de mensonge ni même de réticences calculées. Jérémie a vu, dans le polythéisme de son peuple, la cause du désastre qui coupa en deux parties toute l'histoire ancienne des Hébreux, avant et après la captivité de Babylone. Si encore la chute du temple avait été le signal du repentir! Mais, en Égypte comme à Jérusalem, on offrait encore de l'encens à la reine du ciel. Et comme on avait un instant, devant l'imminence du danger, suspendu les cultes idolâtriques, les femmes juives attribuaient leurs infortunes au courroux de cette reine, qu'il fallait apaiser à force de libations, de parfums brûlés et de gâteaux.

Oui, répondaient-elles aux prophètes, nous offrirons de l'encens à la reine du ciel, comme nous avons fait, nous et nos pères, nos rois et nos princes, dans les villes de Juda et dans les rues de Jérusalem. Nous avions, en ce temps-là, du pain à satiété...

Alors, Jérémie, désespérant de ces obstinés, leur prédit une extermination totale : « Tous les hommes de Juda qui sont dans le pays d'Égypte seront consumés par l'épée et par la famine[1]. » D'après Tertullien, il périt lapidé, martyr de son zèle, pour Dieu et pour son peuple.

Il ne nous appartient pas de sonder les jugements de Dieu. Nous pouvons seulement constater que la parole du prophète s'accomplit. De brillantes destinées attendaient encore les Juifs en Égypte ; mais ceux qui vinrent depuis étaient fidèles au vrai Dieu.

Ceux d'Éléphantine périrent probablement victimes d'un soulèvement populaire : il paraît qu'en Russie cela se nomme un *pogrom*. Nous avons, sur ce fait, un document malheureusement incomplet, comme presque tous les autres, mais assez significatif. C'est la lettre d'un Juif énumérant les hommes gisant inanimés à la

1. Jérémie, ch. XLIV.

porte extérieure et les femmes retenues captives si elles n'avaient pas été, elles aussi, mises à mort. Dans le désordre général, les maisons avaient été pillées. Si je comprends bien les derniers mots, la lettre se termine ainsi : « L'ordre n'est pas encore rétabli ; reste dans ta maison, toi et tes fils, jusqu'à ce que les dieux... »

Ainsi, c'est dans les dieux que cet Israélite mettait sa confiance, oublieux du Dieu d'Abraham, d'Isaac et de Jacob. Il est vraisemblable que les dieux ne sont pas intervenus.

On était sans doute au temps où l'Égypte se souleva tout entière et, cette fois, avec succès. Grâce à l'appui des Perses, les Juifs avaient eu raison de l'hostilité des prêtres de Khnoum. Ils furent emportés dans la tempête nationaliste. Lorsque Artaxerxès III reconquit l'Égypte, une cinquantaine d'années plus tard, se soucia-t-il de rétablir la petite garnison étrangère ? Cela est d'autant plus douteux que ce prince crut avoir à se plaindre des Juifs de Palestine.

N'accumulons pas les conjectures. Nous ne savons rien après l'an 400, parce que nous ne possédons aucun papyrus daté d'une époque plus tardive. Mais si les Juifs étaient demeurés à Éléphantine, auraient-ils cessé d'écrire ?

Après eux ce sont plutôt des Phéniciens qu'on serait tenté d'installer dans l'île. Les débris de jarre portent des noms venus de Sidon. Les Sidoniens ont-ils établi une colonie à Éléphantine, comme ils en avaient une à Marésa, récemment révélée dans l'hypogée de Beit-Djibrin, au sud de la Judée? Ou bien exportaient-ils par eau leur céramique à bon marché? Les inscriptions des cruches nous prouvent seulement l'admirable unité de l'administration perse, puisqu'elles portent les mêmes estampilles officielles qui avaient si fort étonné dans les fouilles de Palestine.

Tels sont les principaux faits que nous apprennent les documents. C'est l'honneur du peuple d'Israël que son histoire soit toujours un peu l'histoire de la religion. La colonie militaire des Juifs d'Éléphantine a partagé cette destinée. Ce n'est pas nous qui nous en plaindrons. Les péripéties de leur vie religieuse ont pour nous plus d'intérêt que leurs exercices militaires. Nous avons déjà laissé soupçonner, à propos de leur établissement, qu'ils ne se sont pas adonnés avec beaucoup d'entrain aux expéditions belliqueuses. Hérodote n'a pas même signalé leur présence quand il a parlé du poste important que les Perses avaient là contre la Nubie. On se demande même comment il leur restait du temps pour fourbir leurs armes, tant ils étaient absorbés par le négoce et la vie de famille. C'était d'ailleurs une vieille tradition chez les soldats égyptiens. De tout temps les miliciens avaient formé en Égypte une caste à part — ce qui aurait dû entretenir l'esprit guerrier, — mais de tout temps aussi on leur avait donné des terres à cultiver, pour se nournir eux et leurs familles. C'était attacher les soldats au sol et les intéresser à le défendre, et en même temps leur ôter le goût du service militaire. Aussi, nous dit M. Maspero, cette classe « se recrutait un peu partout, chez les fellahs, chez les Bédouins du voisinage, chez les nègres, chez les Nubiens, même chez les prisonniers de guerre ou les aventuriers venus d'au delà les mers[1] ». Le maître dirait aujourd'hui : même parmi les Juifs.

Les Perses comprirent que ces colons militaires avaient besoin d'être encadrés. On les répartit en un certain nombre de bataillons, ou plutôt de fanions, commandés par des officiers étrangers. Des six noms parvenus jusqu'à nous, quatre sont perses, deux sont babyloniens. Quoiqu'on distinguât entre les simples citoyens et les militaires, toute la colonie se faisait gloire de se nommer « l'armée juive ».

Mais, encore une fois, nous sommes mieux informés de leurs petites affaires de famille que de leurs faits d'armes, et les seules batailles dont ils nous parlent sont les assauts que leur ont livrés les gens du pays. Après tout, cette lacune est peut-être l'effet du hasard.

Ce n'est pas le lieu de donner des détails techniques sur les transactions de toutes sortes passées entre ces braves gardes nationaux. Le principal lot de titres contient les archives d'une

____

1. *Histoire*, t. I, p. 308.

seule famille, assez modeste à en juger par les dots et les trousseaux où ne figurent que des miroirs et des coupes de bronze, des vêtements de laine et des lits en papyrus avec des pieds de pierre ; le fard ne pouvait manquer, mais on ne sait même pas s'il était dans une boîte d'ivoire. Ce qui étonnerait davantage nos lectrices, si leur curiosité les a conduites jusqu'ici, c'est le rôle assez indépendant joué par les femmes. Je veux parler d'une indépendance reconnue, car on prétend, en Orient, que les femmes, dont nous plaignons l'esclavage, y sont aussi maîtresses qu'ailleurs.

Encore n'y aurait-il à s'étonner que ceux qui jugent d'après l'Orient musulman. Nous savons maintenant que les Arabes étaient parfois gouvernés par des reines, et les monnaies des Nabatéens associent le profil de la reine à celui du roi. Les Juifs étaient plus sévères. Sans parler du souvenir fâcheux laissé par la mère du genre humain, ils se rappelaient que souvent l'attachement des princesses étrangères à leurs cultes avait séduit le cœur des rois. Et déjà la loi de Moïse tenait les femmes dans une sujétion assez gênante. Celles d'Éléphantine paraissent plus émancipées, je parle au sens juridique ; on dirait que ce sont elles qui font une bonne partie des affaires. Non seulement la femme était garantie contre les caprices de la répudiation, mais elle-même pouvait demander le divorce, ester en justice, être marchande publique, rece-

2.

voir des donations entre vifs. Nous avons vu plus haut une femme, probablement la sœur de l'ethnarque, en tête de la liste des souscriptions.

Malgré tant d'occupations civiles et militaires, il restait dans notre colonie du temps pour la littérature. Malheureusement, aucun débris ne nous a été conservé des Lettres saintes. Quel émoi dans le monde moderne tout entier, si l'on avait retrouvé quelques fragments du Pentateuque ou des Prophètes !

Il a fallu se contenter des bribes d'une très ancienne histoire, et, celle-là, nous la connaissons tous depuis notre enfance. Elle fait partie de la vie d'Ésope qu'on imprimait, autrefois du moins, avant les fables de La Fontaine. Elle a couru partout, et naturellement les noms changeaient à chaque frontière. Est-on sûr que nous ayons maintenant la première esquisse de ce conte très moral, puisque l'ingratitude y reçoit un châtiment mérité ? On racontait donc, dans les loisirs de la garnison à Éléphantine, comment Ahikar, vizir de Sennachérib, le grand roi d'Assyrie, et d'Assarhaddon, son successeur, comblé des biens de la fortune, était désolé de n'avoir pas d'enfant. Il avait adopté son neveu et l'avait formé selon toutes les règles de la sagesse orientale, par sentences, exemples tirés de la vie des animaux, et proverbes au sens profond. Le jeune Nadan, monstre d'ingratitude, dénonce son bienfaiteur comme traître et le fait

condamner à avoir la tête tranchée. Et, pourtant,
le proverbe dit encore qu'un bienfait n'est
jamais perdu. L'exécuteur des hautes œuvres,
jadis sauvé par Aḥikar, lui substitue un eunuque, serviteur de l'ancien vizir. Ici, la vieille
histoire n'est plus morale; aussi les accommoda-
tions plus récentes n'ont pas manqué de transformer l'eunuque en un condamné à mort. Après
des péripéties ensevelies sous les sables du
désert, la vertu est reconnue et remise en place.
Pour unique châtiment, le vieillard accable son
neveu de nouvelles sentences qui, cette fois,
réprouvent sa perfidie; on sait qu'il en creva de
dépit[1].

L'histoire avait été composée par un adorateur des dieux. Ce sont probablement des Juifs
qui l'ont copiée, et avec soin, comme un précieux
monument de littérature. Nous leur en savons
bon gré; mais quelle ne serait pas notre gratitude s'ils nous avaient transmis quelques passages de leurs anciens prophètes! Espérons qu'il
ne se rencontrera pas de critique assez osé pour
conclure de leur silence que la littérature sacrée
n'existait pas. D'après ce que nous avons vu,
ils ne devaient pas se soucier beaucoup de
reproduire les anathèmes de Jérémie ou les
malédictions du Lévitique et du Deutéronome.

---

1. Dans la *Vie d'Ésope*, Ennus est touché; on dirait qu'il
meurt de repentir.

II

PALMYRE [1]

(*Le Correspondant*, 10 septembre 1908)

L'Égypte, disait Hérodote, est un don du Nil.
Palmyre, d'après Josèphe, doit son existence à
une source, la source bénie, comme diront les
inscriptions reconnaissantes. Depuis trois jours on
a quitté les pays de culture. A peine a-t-on rencontré en vingt heures un puits d'eau saumâtre.
Les collines croisent les collines, les vallées se
coupent dans un mélange confus où rien n'arrête
le regard. Cependant une ceinture de monticules sablonneux barre la direction de l'est
qu'on a obstinément suivie depuis Homs. On pé-

1. Les pages qui suivent ne contiennent ni érudition, ni
descriptions pittoresques. Des maîtres, à la suite de Volney,
ont peint avec les plus riches couleurs « la reine du désert ».
Mais peut-être y a-t-il intérêt à tracer une idée moyenne exacte
de son histoire, de ses monuments, de ses inscriptions, de sa
religion. On essaye de dire ici très brièvement ce qu'a été et ce
qu'est encore Tadmor, que nous connaissons plutôt sous son
nom grec de Palmyre.

nètre par un col dans une sorte de théâtre dont la scène se prolongerait à l'infini par une mer de sables, horizontale et morne. Aux derniers contreforts des hauteurs, dans le sable jaune, brûlant et stérile, jaillit une source. Elle est légèrement sulfureuse, mais ce goût disparaît quand elle a coulé à l'air libre pendant quelques mètres. Abondante, limpide, féconde, elle sort du désert, et, pendant quelques centaines de mètres, le désert se couvre de verdure. Le palmier, l'olivier, la vigne, le figuier croissent à l'envi et forment ces jardins si chers aux Orientaux.

On s'est souvent demandé, — et des in-folios sans nombre ont traité la question sans résultat, — où était le Paradis terrestre. Le Paradis terrestre, c'était une oasis comme celle de Palmyre, avec sa source, sortie de l'Éden, qui en assyrien signifie « désert, steppe », pour arroser le jardin. Ainsi Damas, véritable émeraude sertie dans l'or des sables fauves qui l'entourent; ainsi Baalbek, où la source qu'on a crue divine égaye pour un moment la vallée âpre et rocheuse qui a fourni les énormes pierres du temple; ainsi Maân, où faisaient halte les marchands sabéens qui du sud de l'Arabie gagnaient la Palestine.

Un endroit aussi propice a dû être habité, au moins en passant, par des nomades, dès les temps les plus anciens. Josèphe croyait que Palmyre avait été bâtie par Salomon. Il semble bien que cette tradition soit déjà contenue dans la Bible [1].

La soudaine extension du royaume des Palmyréniens est précisément un des faits qui montrent le mieux comment un petit peuple comme Israël a pu, d'un brusque élan, reculer ses frontières jusqu'à l'Euphrate. Maître de Hamath, Salomon a pu occuper l'oasis de Palmyre avec quelques cavaliers et pousser une pointe hardie jusqu'au grand fleuve.

Quoi qu'il en soit de ces lointaines origines, Palmyre ne devint florissante que sous les Séleucides et sous les Romains, et c'est ce qu'il est facile de s'expliquer en jetant les yeux sur une carte.

Le rivage de la Méditerranée, de l'Égypte au golfe d'Alexandrette, n'est presque qu'une longue chaîne de montagnes. Le massif principal est au centre, où les sommets du Liban et de l'Antiliban s'interposent comme une double muraille gigantesque entre le désert et la mer. A gauche, en regardant l'occident, ce sont les collines de Judée et de Galilée; à droite, la montagne des

---

1. Le document le plus ancien, le livre des Rois (III Reg., IX, 18), porte, il est vrai, Tamar, et non Tadmor, et fait probablement allusion à une ville située au sud de la Judée : « Et il bâtit Tamar, dans le désert, dans le pays. » Le pays ne peut signifier une région lointaine, et le désert de Juda contenait en effet une Tamar (Ezéchiel, XLVII, 19). Mais le livre des Paralipomènes marque clairement la situation de Tadmor. Le contexte nous transporte à Hamath de Soba, puis ajoute (II Par., VIII, 3-4) : « Et il bâtit Tadmor dans le désert, et toutes les villes de provisions qu'il bâtit dans Hamath. »

Ansaryéhs, puis l'Amanus. Chacune de ces trois régions a eu ses villes importantes. Au sud rien ne désigne un point plutôt qu'un autre. Jérusalem ne doit pas sa fortune à la nature, mais à l'histoire ou plutôt la religion. Derrière l'Antiliban, Damas est une merveilleuse oasis naturelle, la perle du désert.

Plus au nord, Hamath, sur le cours de l'Oronte, ferme comme une clôture, — c'est le sens de son nom, — la vallée de la Cœlésyrie, mais dans cette vallée même, à l'endroit où elle s'épanouit en une immense plaine, il y avait place pour une grande cité. Ce fut d'abord la Qadès des Hétéens, puis Émèse, aujourd'hui Homs. Cependant ni Hamath, ni Homs ne furent le centre de grands royaumes, du moins pour longtemps. De plus brillantes destinées étaient réservées au cours inférieur de l'Oronte. Tant que la Syrie resta pour ainsi dire concentrée en elle-même, ou que son commerce avec l'Europe s'effectua surtout par l'entremise des Phéniciens, on ne songea pas à utiliser cette admirable baie qui forme un angle rentrant entre l'Asie Mineure et la Syrie. Mais lorsqu'un puissant royaume grec fut fondé qui allait de la Syrie à la Bactriane et à Babylone, on comprit la nécessité de lui donner pour ainsi dire deux pôles : Antioche, qui communiquait avec la Grèce par son port de Séleucie de Piérie, et la Séleucie orientale, fondée par Séleukos 1er, et qui compta, dit-on, jusqu'à 600.000 habitants. De ce jour la fortune de Palmyre prit son essor; elle était devenue l'intermédiaire obligé entre les deux capitales du royaume des Séleucides.

Sa situation devint plus favorable encore lorsque Séleucie tomba au pouvoir des Parthes (140 av. J.-C.).

Les Arabes du désert n'étaient plus seulement placés entre deux villes florissantes et amies, qui, au besoin, auraient pu se passer d'eux et échapper à leurs incursions en acheminant leur commerce par la voie plus longue de l'Euphrate. Ils occupaient désormais un point d'intersection entre deux grands empires, souvent en guerre, mais presque toujours soucieux d'échanger leurs produits.

Il y avait déjà un profit notable à espérer du pillage des caravanes assez audacieuses pour se lancer dans le désert. Mais, les piller, c'était les contraindre à prendre une autre route. La grandeur de Palmyre naquit le jour où un chef influent eut assez d'intelligence pour comprendre qu'on gagnerait beaucoup plus à conduire les caravanes qu'à les razzier, à les attirer qu'à les mettre en fuite. Il fallait acquérir assez d'autorité pour imposer une politique si sage à des tribus jalouses de leur indépendance. L'instinct des Arabes les inspira peut-être plus sûrement que le génie d'un homme.

Depuis Mahomet, nous les connaissions surtout comme des conquérants. Dans l'antiquité, ils ont été d'aussi grands marchands, à travers les déserts, que les Phéniciens sur mer. C'est le commerce et la conduite des caravanes qui avaient fait la fortune des antiques Ismaélites, des synodiarques de Maân et de Saba. Le royaume des Nabatéens, ces précurseurs des Palmyréniens, avait inauguré un nouvel ordre de choses. Désormais, les Arabes ne se contentaient plus d'être des intermédiaires entre les Indes et le monde occidental; ils s'étaient installés sur les confins de la Syrie. Le développement de Palmyre, comme celui de Pétra, suppose un afflux de tribus arabes groupées en confédération qui prennent le contact avec la culture. La civilisation à laquelle ils se soudent est déjà imbue d'hellénisme. Ils s'efforceront donc de se hausser à la hauteur de ce génie qu'Alexandre avait rêvé d'imposer à tout l'Orient, et ils y seront encouragés en voyant les Parthes eux-mêmes s'essayer à jouer Euripide.

Les premières origines nous échappent ici, comme toujours. Tant que Rome ne fut pas solidement assise en Asie, c'est-à-dire jusqu'au règne d'Auguste, Palmyre pouvait affecter la neutralité entre les Parthes et les Romains, quoique beaucoup plus rapprochée du littoral de la Syrie que du bas Euphrate. Elle se fiait à son désert pour se défendre. « Le désert, a dit un Anglais, était, à beaucoup d'égards, à Palmyre, ce qu'est la mer à la Grande-Bretagne : il faisait ses richesses et sa défense [1]. » Mais cette

1. Wood, p. 610.

richesse même devait exciter la convoitise d'un pillard aussi effronté que Marc-Antoine et le désert n'était pas un obstacle infranchissable à ses cavaliers. Sous prétexte que les Palmyréniens manquaient de droiture dans la neutralité qu'ils prétendaient maintenir entre les Romains et les Parthes, Antoine, qui venait de quitter Cléopâtre et se trouvait, par conséquent, à court d'argent, entreprit une véritable razzia contre Palmyre. Les habitants, prévenus, n'eurent que le temps de transporter leurs richesses au delà de l'Euphrate. Les cavaliers d'Antoine, trouvant la ville abandonnée et vide, durent se contenter de détruire et de briser. On était en 34 av. J.-C., et il semble bien qu'aucun des monuments qui subsistent n'est antérieur à cette randonnée [1].

Or, Palmyre prit, précisément à cette époque, un merveilleux accroissement, et il est permis de dire qu'elle le dut à l'alliance de Rome, à laquelle elle se rangea définitivement [2]. C'était la sujétion. Corbulon, commandant en Syrie pour Néron, intervint dans son administration douanière [3].

Sous Ælius Hadrien, la cité du désert consacra son asservissement par la flatterie. On affecta de croire qu'elle tenait son existence de la visite de

1. Appien, *Bell. civ.*, V, 9.
2. La phrase de Pline le Naturaliste qui la décrit si bien et qui parle encore de neutralité entre les deux empires se réfère probablement à une époque antérieure.
3. Détail connu par l'inscription du *tarif*.

l'empereur, et elle prit le nom d'Hadriana [1], partageant ainsi le sort de Jérusalem, devenue Ælia Capitolina.

A cette époque, les Parthes affaiblis par leurs discordes intérieures ne troublaient plus les frontières. C'est Palmyre qui fait tout le commerce de la Syrie, alors au plus haut degré de sa prospérité, avec la basse Mésopotamie et les Indes. C'est aussi le moment où Pétra décline. Les Nabatéens, réduits en province romaine depuis Trajan (106 ap. J.-C.), n'ont plus le monopole du commerce de l'Arabie. Il conflue à Palmyre par Bosra du Hauran, devenue elle aussi une grande cité à la grecque, en bifurquant probablement à Teima, l'antique patrie des sages de l'Écriture.

Palmyre n'est donc pas, comme on le répète trop souvent, une république sous le protectorat romain : c'est une ville complètement romanisée, jouissant du droit italique. Dans les plus nobles familles, on prend des noms romains. Le grec demeure la langue courante, comme dans tout l'Orient, en dehors des idiomes indigènes, mais on peut constater, même dans les textes sémitiques, l'invasion des noms romains lorsqu'il s'agit de l'armée ou de l'administration : *legio, colonia, Cæsar, centuria, ducenarius,* sont devenus des mots palmyréniens.

1. En 130 ap. J.-C. Le nom d'Hadriana, qui n'était connu jusqu'à ces derniers temps que par des inscriptions grecques, a été relevé dans le texte palmyrénien du tarif dont on parlera plus bas.

Palmyre était, au deuxième siècle de notre ère, dans tout l'éclat de sa fortune. C'est assurément de ce temps que date le plus grand nombre de ses monuments. C'est aussi le moment où toute la Syrie se couvre d'édifices somptueux. Des villes surgissent de toutes parts, avec leurs temples, leurs colonnades, leur théâtre. Et cependant Palmyre, non plus que les autres grandes cités du monde oriental, n'avait encore songé à jouer un rôle politique. Le patriotisme local ou municipal auquel de plus hautes visées étaient interdites par l'administration centrale, de plus en plus jalouse de ses droits, n'avait plus d'autre ambition que de bâtir des monuments, d'entretenir des thermes confortables, d'attirer des maîtres illustres chargés d'initier les enfants des décurions aux lettres grecques et romaines.

Au début du troisième siècle, de graves changements se produisirent dans les deux empires rivaux, qui permirent à Palmyre de reprendre son ancienne politique, d'aspirer à l'indépendance, et même de balancer, pendant une journée, la fortune de Rome.

L'oligarchie des Parthes s'était consumée dans l'anarchie. Le nationalisme perse, longtemps comprimé, avait fait soudain explosion, et on avait vu s'installer, à la place des Arsacides, une monarchie qui se disait légitime héritière de Darius Codoman, vaincu par Alexandre, le Grec maudit.

Les Sassanides seront désormais pour les Romains des ennemis beaucoup plus redoutables que les Parthes. Pendant que la Perse retrouvait l'unité et un nouvel élan dans le sentiment national, Rome se divisait et assistait, étonnée et confuse, à une pénétration du génie oriental qui prenait les allures d'une revanche. A ne consulter que la législation civile et le droit administratif, la centralisation paraîtrait toujours plus envahissante et plus impérieuse. Mais le faisceau étroitement serré du pouvoir passait de mains en mains, au gré des révolutions militaires, et des Syriens étaient devenus empereurs. L'un d'eux a même gardé dans l'histoire le nom de Philippe l'Arabe. Il était originaire du Hauran. Pourquoi un des chefs de l'aristocratie de Palmyre ne prendrait-il pas les insignes impériaux? Ce rêve a dû hanter l'imagination des plus hardis, longtemps avant qu'ils aient pu entrevoir la possibilité de faire de Palmyre une capitale.

Le premier dont l'histoire soupçonne les intrigues fut Septimius Odénath. Le nom de Septimius marque qu'il se rattachait à la lignée de Septime Sévère, du moins par une clientèle empressée. Cette première tentative eut peu d'éclat et encore moins de succès. Odénath fut mis à mort par Rufin, légat de Syrie ou d'Arabie.

Son fils Septimius était *clarissimus consularis* en 258. En 260, l'empire romain connut pour la première fois cette honte suprême : un empereur, Valérien, battu par Sapor, fait prisonnier, et contraint, disait-on, de courber l'échine devant le roi des rois qui se servait de son dos pour monter à cheval.

Gallien, efféminé et débauché, se reposait sur d'autres du soin de délivrer ou de venger son père. Odénath songea d'abord à se ranger du côté des Perses, mais, dédaigné par Sapor, il se proclama roi de Palmyre avec le consentement de Gallien, et obtint de lui le titre de *dux* qui lui conférait le commandement légal des troupes romaines. Cette situation, qui nous paraît si étrange, était supportable à des Romains de pure race, moins énervés que Gallien par les plaisirs. Odénath n'eût pas été le premier Oriental sur le trône, mais, depuis Dèce, le Sénat romain avait résolument pris la tête de la réaction aristocratique occidentale, fidèle aux anciennes traditions.

Lorsque Odénath luttait à Émèse contre les partisans de Macrin, Quietus et Ballista, et les sommait de capituler, ils répondirent qu'ils étaient prêts à tout souffrir plutôt que de se rendre à un barbare. Les esprits clairvoyants, — on cite un certain Carinus, officier supérieur de l'armée, — ne pouvaient souffrir que Rome dût son salut à des Arabes d'une foi douteuse, Romains de surface, ou plutôt ils soupçonnaient ces Orientaux de ne travailler que pour eux-mêmes[1].

Gallien n'était pas de cette trempe, et il avait assez de confiance en son étoile pour espérer

---

1. Voy. dans les *Fragm. hist. græc.*, éd. Didot, IV, p. 195.

que ses adversaires se détruiraient entre eux.
Odénath eut donc les mains libres. Il commença
la guerre contre les Perses avec ses troupes à
lui, comme prince de Palmyre, puis il la mena
avec beaucoup de succès à la tête des troupes
romaines dans la campagne de 262 à 264. Vainqueur des Perses, il avait le titre d'*imperator*
lorsqu'il fut assassiné (du 29 août 266 au 28 août
267)[1].

De qui partait le coup? Gallien jugea en tout
cas l'occasion bonne pour reprendre les provinces orientales qu'il avait dû abandonner à son
auxiliaire, devenu son collègue. Il envoya son
général Heraclianus contre Waballath qui avait
succédé à son père Odénath. Les Romains furent
battus. Il est probable qu'à partir de ce moment
les troupes romaines se retirèrent. Le prince de
Palmyre n'eut plus qu'une armée orientale, composée de Syriens et de Palmyréniens. Sa force
principale était la grosse cavalerie et les archers.

Sous Probus, la situation demeura ce qu'elle
était en fait. Il ne reconnut pas le jeune Waballath pour son représentant dans les provinces
orientales, mais les Palmyréniens évitèrent une
rupture officielle. Zénobie, la mère de Waballath,
et régente de Palmyre, se garda bien d'abord
de prendre le titre d'impératrice. Elle annexa
l'Égypte et une partie de l'Asie Mineure, sous

---

1. Pour tous ces faits et les suivants, voir le beau livre de
M. Homo, *l'Empereur Aurélien.*

couleur de servir au mieux les intérêts de l'empire.

Nous venons de prononcer le nom de la femme extraordinaire qui hante l'esprit aussitôt qu'on a prononcé le nom de Palmyre. L'imagination n'a-t-elle pas une certaine part dans sa légende? Malheureusement les documents sont rares. L'auteur le plus complet est Trebellius Pollion, mais les historiens de l'Histoire Auguste sont en ce moment assez mal notés par la critique. Quelle tentation, pour un historien de la décadence, d'opposer à Gallien, dont il étale à plaisir la lâcheté et les débauches, cette femme courageuse, cette héroïne, cette véritable reine! Admettons que Pollion ait cédé à l'entraînement des contrastes, il semble cependant qu'on a tort de récuser son autorité, lorsqu'il donne à Zénobie trois fils, Waballath, Timolaüs et Herennianus. Les trois noms sont parfaitement palmyréniens, les deux derniers avec une désinence latine, et il est probable que Pollion n'aurait pas inventé si juste. Nous pouvons donc nous fier à lui, au moins dans les grandes lignes, c'est-à-dire sans attacher trop d'importance au portrait de Zénobie. La description qu'il nous a laissée de sa beauté physique, en dépit de son emphase, donnerait plutôt l'impression d'une virago orientale. Aussi bien, dit un ancien auteur[1], elle était plutôt Minerve que Vénus, et il ajoute, d'après Pollion :

1. Wood, trad. franç., p. 34.

« Comme elle pouvait boire beaucoup sans s'enivrer, elle se servait en habile politique de cette qualité de son tempérament pour connaître les esprits. »

Zénobie se flattait de descendre de Cléopâtre, et, plus d'une fois sans doute, l'image de la reine d'Égypte erra devant ses yeux comme un modèle, plus d'une fois aussi elle espéra la venger ou réaliser son rêve de régner sur la moitié orientale de l'empire romain. On ne dit point cependant que son nez ait fait les mêmes prodiges que celui de Cléopâtre, d'après Pascal[1]. Il faut lui reconnaître des qualités plus solides, on dirait volontiers plus bourgeoises, dans le sens honnête du mot. Voluptueuse, insouciante, spirituelle, Cléopâtre ne comprenait la vie que comme la folle équipée des *Inimitables* et se déroba par la mort à son vainqueur. Sérieuse, appliquée, bonne mère de famille, Zénobie accepta de figurer au triomphe d'Aurélien et de lui devoir la vie.

Auprès d'elle, son général Zabdas sut mener au combat les escadrons palmyréniens. Le rhéteur Longin partagea sa fortune et mourut victime de sa fidélité. Elle fut moins bien inspirée en donnant sa faveur à Paul de Samosate, évêque d'Antioche, prélat ami du faste et d'orthodoxie douteuse, qui devait finir tristement, condamné par les évêques de sa province et déposé.

1. « Le nez de Cléopâtre : s'il eût été plus court, toute la face de la terre aurait changé. » *Pensées*, vi, 43, éd. Havet.

3.

Cependant l'empire était tombé entre les mains d'un soldat qui mérita d'en être le restaurateur. Aurélien entendait rétablir l'unité de l'empire, en fait comme en droit, et concentrer en sa personne toutes les prérogatives du titre impérial. Trop avisé pour ne pas aller d'abord au plus pressé, harcelé par des concurrents sur le Danube et même en Italie, il consentit à renouveler l'entente inaugurée entre Gallien et Odénath. Il ajouta même aux premières concessions par la convention de 270. « Au point de vue territorial », écrit M. Homo[1], cette convention « consacre l'annexion à l'État palmyrénien de l'Égypte et de la plus grande partie de l'Asie Mineure ; au point de vue politique, elle donne au souverain palmyrénien une situation plus haute. La frappe devient à demi palmyrénienne. Les monnaies latines de Syrie et les monnaies grecques d'Alexandrie portent au droit l'effigie de Waballath, au revers celle d'Aurélien..., avec tous les titres souverains ».

Mais Aurélien ne pouvait consentir à rompre l'unité de l'empire. Le maître de Rome était seul autorisé à porter le titre incommunicable d'Auguste. Aurélien eût considéré comme une profanation cette division qui parut plus tard à Dioclétien une nécessité inéluctable. Waballath était *vir consularis, rex imperator, dux Romanorum*, il n'était pas Auguste.

---

1. *L'Empereur Aurélien*, p. 67.

Zénobie se serait-elle contentée de ce partage
incomplet qui donnait cependant à Palmyre une
splendeur inespérée, le second rang après Rome?
Voulut-elle absolument se parer du titre d'Augusta? Il est plus probable qu'elle comprit qu'Aurélien, désormais débarrassé de ses adversaires,
ne tarderait pas à rétracter des concessions hu-
miliantes. Elle prit les devants. Entre le 23 février et le 29 août 271, Waballath prit le titre
d'Auguste et Zénobie celui d'Augusta. La guerre
était déclarée[1].

Aurélien la mena avec sa décision ordinaire.
Un premier acte se joua à Antioche. Le terrain
était mal choisi pour Zénobie. L'élément hellénique païen avait peu de sympathie pour cette
monarchie arabe qui prétendait s'imposer à des
Grecs. Les chrétiens, nombreux à Antioche, en
voulaient à Zénobie de la protection qu'elle avait
accordée à Paul de Samosate, arien avant la lettre. Zabdas, vaincu presque sans combat, se
retira d'un seul coup sur Émèse. Là encore, la
tactique des légions l'emporta dans une bataille
décisive. Il ne restait à Zénobie que Palmyre et
sa barrière de sables. Aurélien se lança dans le
désert et le siège commença. L'armée assiégeante
privée d'eau, éloignée de tout centre de culture,
était, en outre, exposée aux attaques des Arabes.

1. Homo. p. 82. Le R. P. Germer-Durand a trouvé sur la
route romaine d'Amman à Bosra, un milliaire du nom de Wa-
haballath Auguste. Il est donc postérieur à la rupture, et prouve
que les Palmyréniens prenaient au sérieux leur rôle administratif.

Aurélien les acheta et en fit les pourvoyeurs de l'armée. Dès lors, tout était fini. La ville fut prise et Zénobie capturée au moment où, montée sur un chameau rapide, elle allait atteindre l'Euphrate. Une seconde rébellion n'aboutit qu'à la destruction plus complète de la malheureuse cité. La première prise de Palmyre, certainement postérieure à août 271, est probablement du printemps de 272; la chute définitive de la fin de 272. On raconta que Zénobie avait suivi le char d'Aurélien, parée plutôt qu'enchaînée par de lourdes chaînes d'or, dont des soldats supportaient le fardeau.

Ce fut un effondrement aussi total que rapide. A cette reine du désert, il manquait le sol pour devenir une patrie. En dehors de la petite oasis, ses sujets n'avaient cessé d'être des nomades. Et ces nomades étaient dès marchands. Ils avaient pu amasser des richesses immenses et créer, par leurs relations, un vaste empire commercial. Il leur manquait l'attachement au sol, la culture, la tradition historique; ils n'avaient pas de patrie. Quand Athènes eut perdu l'hégémonie des mers, il restait l'Attique, groupée autour du Parthénon. Quand Palmyre, vaincue, ne fut plus qu'un poste militaire romain, cavaliers et chameliers, qui n'avaient pris de la civilisation qu'un vernis étranger, retournèrent au désert et disparurent à l'horizon de l'histoire.

Ce fut en vain qu'Aurélien ordonna de reconstruire le grand temple saccagé par ses propres soldats[1]; en vain que, sous Dioclétien, le *præses* Hiéroclès y construisit un camp; que Justinien étendit jusque-là son activité de bâtisseur. Les destinées de Palmyre étaient terminées. Benjamin de Tuy y trouva deux mille Juifs en 1172. En 1321, elle fut décrite par Abulféda. Puis ce fut une obscurité si profonde que le monde lettré refusa d'abord de donner créance à des marchands anglais d'Alep qui découvrirent, en 1678, les merveilleuses ruines, bâties par les *djinn*, obéissant à la baguette de Salomon.

* *
*

Les ruines de Palmyre doivent au désert leur conservation et leur charme. Si elles sont les plus considérables qui nous soient restées de l'antiquité, c'est que la chute de la cité fut soudaine et irréparable, et que nul ne songea à bâtir une autre ville au même lieu ou dans les environs. Antioche, située dans un pays d'alluvions et constamment rebâtie, n'a pas conservé à la surface du sol une seule pierre antique. Césarée a été pillée au profit de Saint-Jean d'Acre. Mais qui pouvait songer à aller chercher à Palmyre des tambours de colonne ou de grandes

---

1. *Templum sane Solis, quod apud Palmyram aquilifer legionis tertiæ cum vexilliferis et draconario cornicibus atque liticinibus diripuerunt, ad eam formam volo, quæ fuit, reddi.*

pierres, Émèse, à trois grandes journées de marche rapide, étant la cité la plus voisine? Elle demeura donc veuve et solitaire, selon l'image de l'Écriture, et le sable qui l'envahit peu à peu la préserva, comme fit la cendre à Pompéi, sans toutefois dépasser la partie basse de ses colonnes. Aussi fut-ce un éblouissement pour les premiers qui la découvrirent, que ces colonnades, ces temples, ces arcs, qui se dessinaient si fièrement et avec tant de netteté dans la lumière, comme une victoire sur le désert, hostile à l'homme, improductif, rebelle à toute civilisation. La mélancolie se mêle à l'étonnement, car le sable, qui est là chez lui, a repris ses droits et triomphe à son tour d'une entreprise héroïque, mais désespérée. A Sienne, dans l'enceinte vide qui devait être une cathédrale, et où la cathédrale actuelle, pour grande qu'elle soit, n'occupe qu'un transept du plan primitif, on respire, comme le parfum d'un vase brisé, les hautes aspirations de la cité du moyen âge. A Palmyre, l'émotion n'est pas moins profonde à contempler l'effort gigantesque de ces nomades qui ont osé faire de leur oasis la capitale d'un empire. L'oasis existe encore, car la source coule avec la même abondance qu'autrefois; l'âme du peuple ancien ne parle plus que par les ruines qui attestent, en même temps que sa richesse, une incontestable grandeur.

Le contraste entre le passé et le présent n'est que plus accusé par la présence de quelques

centaines de masures qui abritent tant bien
que mal trois ou quatre mille habitants. Ces
gens ont oublié le nom grec de Palmyre et ne
connaissent que le nom sémitique primitif qu'ils
prononcent Tèdmôr ou Tèdmour. On ne peut se
défendre d'un sentiment de répulsion et de
dégoût quand, en pénétrant dans le grand temple, on rencontre partout ces misérables gour-
bis, accolés aux portiques, appuyés sur les murs,
barrant partout le chemin, brisant les lignes,
salissant les riches moulures, semblables aux
morsures des parasites sur un tissu de pourpre.
En dehors du temple, quelques cabanes cachées
dans le feuillage de l'oasis font moins piteuse
figure. Heureusement, le reste des ruines en est
complètement affranchi, et on peut se rendre
compte très facilement du plan général de la
ville.

Ceux qui ne cherchent pas seulement dans ce
spectacle un incomparable tableau ou un sujet
de méditation sur la fragilité des choses humaines, mais qui voudraient se faire une idée précise de l'état ancien des monuments, seront
sans doute bientôt satisfaits, car, dès 1897, M. E.
Guillaume annonçait dans la *Revue des Deux
Mondes*, que la mission entreprise par M. Bertone avait pleinement réussi [1]. Ce jeune savant,
membre de l'École française de Rome, a passé
plusieurs mois à Palmyre et en a rapporté les

1. *Revue des Deux Mondes*, 15 juillet 1897. *Les ruines de
Palmyre et leur récent explorateur.*

éléments d'une restauration complète et certaine de l'ancien état [1]. Comme toutes les villes antiques bâties sous l'empire, Palmyre était traversée par une immense avenue. Cette avenue, à trois arcades, avait plus de 1.100 mètres de long. C'était comme l'artère principale, devenue une sorte de Panthéon national, où la cité exposait les statues de ses plus glorieux citoyens. L'un des tambours des colonnes était dans ce but taillé de façon à saillir en console. Sur la console, une statue; au-dessous de la statue, on avait quelquefois gravé une inscription en palmyrénien et en grec, pour présenter le grand homme au public. Aujourd'hui, tous les socles sont vides; les statues ont été prises pour des idoles et brisées.

L'avenue s'ouvrait, du côté du grand temple, en lui faisant face, par un arc triomphal, et se terminait du côté de la montagne par un petit édifice, probablement un château d'eau. A gauche, le théâtre, découvert par M. Bertone, et le palais. A droite, des thermes, une bibliothèque, un petit temple et, plus tard, une basilique chrétienne.

Le grand temple, selon la loi fondamentale de tout sanctuaire sémitique, se composait d'une grande enceinte, renfermant la maison proprement dite du dieu. L'enceinte était ici un péri-

---

1. Nous n'avons aucune connaissance d'une publication des plans de M. Bertone qui ont été exposés à Rome à la villa Médicis, si nous ne nous trompons. [C'est encore vrai en 1914.]

bole carré de 227 mètres de côté. Vu de l'exté-
rieur, c'était comme une immense construction compacte, avec ses lignes de fenêtres
étagées. En franchissant la porte, restaurée (!)
depuis par Bibars, on pénétrait dans une grande
cour. On constatait alors que les murs extérieurs
servaient simplement d'appui à des portiques
doubles, dont les colonnes, au nombre de 474,
et hautes de 14 mètres, répondaient à une ran-
gée de pilastres. Au centre se trouvait, selon
l'ordre accoutumé, la *cella* du dieu, qui était
encore un édifice considérable.

De même que les colonnes de la grande avenue, les colonnes des portiques du temple portaient des statues sur leurs consoles, avec des
inscriptions. Deux de ces inscriptions, découvertes très récemment, ont permis de dater la
construction du temple. On ne sait pas, il est
vrai, si le naos central est antérieur ou postérieur aux portiques, mais l'œuvre paraît bien
être d'une seule venue et les inscriptions placées
sous les consoles lui sont nécessairement posté-
rieures.

Or l'une d'elles, trouvée par M. Littmann [1],
date de l'an 340, d'après l'ère des Séleucides
(312 av. J.-C.), c'est-à-dire de l'an 28 à 29 de
notre ère ; une autre, notée par Euting, est de
l'an 333, soit 21 ap. J.-C., et enfin celle qu'a
relevée le prince Abamelek Lazarew, de l'an 321,

---

1. *Semitic inscriptions*, New-York, 1903.

soit 9 av. J.-C., semble faire allusion à la construction du temple.

C'était évidemment un sanctuaire national ; ce fut sans doute la première œuvre considérable entreprise par les Palmyréniens aussitôt après la razzia manquée d'Antoine, sinon un peu auparavant.

Le reste des constructions suivit de très près et semble avoir été bâti d'un seul coup.

Ce qui frappe en effet le plus, dans les ruines de Palmyre, c'est l'uniformité du style. Les premiers explorateurs en avaient été frappés. Wood écrivait : « Il est remarquable qu'à l'exception de quatre demi-colonnes ioniques dans le temple du soleil et deux dans un mausolée, tout le reste est de l'ordre corinthien, superbement orné de beautés frappantes, mais qui ne sont pas sans défauts visibles[1]. »

Ailleurs, le même auteur parle du « licencieux corinthien ».

L'épithète est peut-être un peu dure pour la feuille d'acanthe, mais il faut avouer que, le premier saisissement passé, on est écrasé et bientôt exaspéré par cette monotonie. Combien plus fraîche et plus gracieuse l'imagination de nos pères qui ornaient leurs cathédrales de toutes les plantes de leurs champs !

Encore l'acanthe est-elle ici une plante étrangère. Elle a été transplantée, partout, en une

----

1. P. 51 de la traduction française.

fois, et cet ornement, à lui seul, marque combien peu cette architecture était faite pour ce
sol. On songe involontairement à la serre ins-
tallée par un industriel très riche, pour contenir
une plante exotique, toujours la même. Rien ici
ne révèle l'effort personnel d'un peuple pour
gravir les degrés de l'art. Ces premiers tâtonnements, si touchants par le sentiment instinctif qu'ils révèlent, en dépit de la gaucherie des
doigts, ces monuments qui rappellent tous les
stages de l'histoire et les souvenirs glorieux du
peuple qui les a construits, l'épanouissement
de l'art sûr de lui, la décadence même, qui
s'excuse presque par le désir de faire autrement,
rien de tout cela, qui fait le charme incomparable d'Athènes, ne se retrouve à Palmyre. La
ville a été faite d'enfilée, et, s'il ne faut pas
hésiter à prononcer ce mot, faite sur commande.
Ces opulents conducteurs de caravane, ces commerçants enrichis, d'une fabuleuse richesse, ont
commandé à des architectes grecs une ville
très luxueuse, d'après les dernières exigences de
la mode ou du moins du goût d'alors. On leur
a bâti cette ville, et il faut reconnaître qu'ils
ont eu la générosité d'y mettre le prix. Comment
les architectes grecs se sont-ils prêtés à cette
fantaisie de parvenus, incapables de puiser dans
leur tradition nationale ni les règles, ni le sentiment de l'art? C'est ce que M. Guillaume va
nous apprendre [1] : « Les Grecs firent cette con-

1. Article cité, p. 396.

cession aux Asiatiques d'abandonner les règles
de mesure d'après lesquelles ils avaient fait des
chefs-d'œuvre pour élever des édifices immenses
auxquels, à force d'art, ils ôtaient l'aspect du
démesuré. Pour cela, au temps d'Alexandre, ils
s'étaient servis des ordonnances corinthiennes,
jusque-là peu employées chez eux. Ayant reconnu que c'étaient celles qui se prêtaient le
mieux à être grandies, ils les avaient dévelop-
pées avec une sorte de passion. »

Ainsi, ce sont des Grecs qui ont bâti Palmyre,
du premier au second siècle de notre ère, et
cette origine étrangère des monuments s'accorde
bien avec ce que nous savons de l'histoire de la
ville ; tout ce qui, chez les Palmyréniens, n'é-
tait pas la vie nomade, ne pouvait être qu'un
emprunt à la civilisation des pays de culture.

Il est cependant des monuments dont le cachet leur est propre, ce sont les tombeaux. Il
n'est pas douteux que les Palmyréniens, comme
les autres Sémites, n'aient d'abord enseveli leurs
morts dans des caveaux creusés dans le roc. On
ne pouvait se dispenser d'élever des monuments
sur les tombes, selon une coutume non moins
générale. Puis les monuments eux-mêmes furent organisés pour recevoir les cadavres. Sur
l'hypogée primitif, on bâtit de hautes tours
carrées. Dans l'épaisseur des murs, on ménagea
des escaliers conduisant aux étages. Au centre
de chacun de ces étages, une grande chambre
carrée, ornée de stucs peints, était comme le

salon des morts. Sur les parois se trouvaient leurs images sculptées en bustes : tantôt un homme d'un aspect sévère, tenant à la main une sorte de rouleau, tantôt une femme parée d'un diadème ou de riches colliers. Ordinairement, une inscription placée dans le champ libre indique le nom du défunt, l'année de sa mort et se termine par *hélas!* Combien de bustes de femmes n'ont-ils pas été vendus par les Arabes pour quelques métalliks à des marchands d'antiquités, et revendus chèrement à des amateurs, comme le propre portrait de Zénobie! Ces images funéraires, tracées sur des plaques de pierre, servaient de fermeture au caveau où reposait le mort, non point le long du couloir, comme dans les catacombes de Rome, mais dans le sens de la profondeur du mur.

Situées à l'entrée de la ville, au penchant des collines qui la bornent à l'ouest, et le long de la voie qui y conduit, ces tours sont comme une ligne de défense où les morts gardent les issues de la cité. Les tombeaux des Califes, au Caire, sont d'un style tout différent, mais c'est bien la même situation, suggérant la même pensée, attestant la perpétuité de la tradition arabe.

Plus jaunes encore que les colonnades, sinon plus jaunes que les sables, ces tours ont cette couleur dorée que Théophile Gautier nommait couleur de dinde rôtie. Et, dans cet or universel, que, pendant la saison d'été, les broussailles brûlées du soleil rehaussent encore de tons plus ardents, la monochromie intense de la terre répond au bleu non moins implacable du ciel.

Décidément toutes les protestations du goût occidental tombent. On eût peut-être conservé la liberté de la critique, quand la ville était animée, bruyante et glorieuse. Aujourd'hui on se tait, on est vaincu par l'harmonie des ruines et du désert. Et quand le soleil couchant les caresse d'un éclat plus vif, qu'on sait plus trompeur, et que tout cet or qui flamboie coule sous les doigts, sable stérile, on rêve de ces trésors que le diable donne et qui fondent sous la main. — Il fait nuit, rentrons sous la tente, laissons les djinn maîtres chez eux, dit le cheikh.

*
* *

Les premières inscriptions palmyréniennes rapportées en Europe ne firent d'abord qu'exciter la curiosité. On s'étonne aujourd'hui des longs tâtonnements de la science, car ce déchiffrement n'était qu'un jeu, comparé à la lecture des caractères hiéroglyphiques ou cunéiformes. Au maniement extrêmement compliqué des écritures de l'Égypte et de la Chaldée, les Phéniciens ou les Araméens avaient, peut-être dès le quinzième siècle avant Jésus-Christ, substitué l'écriture alphabétique. L'unique alphabet avait pris, selon les lieux, des formes différentes et, tandis que les Phéniciens restaient fidèles à sa

physionomie primitive, rendue cependant plus
cursive, plus arrondie, plus molle, les Araméens
avaient formé leurs lettres d'une façon plus
massive, comme s'ils avaient voulu les inscrire
dans des carrés. L'alphabet palmyrénien, un
peu moins cependant que l'alphabet nabatéen,
ressemblait à celui que les Hébreux avaient
adopté après la captivité de Babylone. Il ne
devait donc point offrir de difficulté autre que
l'embarras de distinguer certains caractères trop
semblables[1], ce qui est encore aujourd'hui un
écueil pour les épigraphistes.

La langue n'était pas non plus inconnue. Sauf
quelques particularités dialectales, c'était cette
langue araméenne connue depuis longtemps par
la Bible et qui se révèle de plus en plus comme
la langue de l'administration et des affaires sous
les Achéménides. Comment s'était-elle formée? c'est ce qu'il est assez difficile de dire. On
comprend plus aisément sa rapide diffusion.
Ayant pris naissance au cours supérieur de l'Euphrate, elle était au centre du vaste empire.
Très simple dans ses flexions, beaucoup moins
riche que l'arabe et même que l'hébreu, sortie
de la gangue traditionnelle qui enfermait l'assyrien dans des signes illisibles, elle était naturellement destinée à servir de lien aux différents
peuples sémitiques, et les ancêtres des Palmyréniens de l'histoire ont dû contribuer beaucoup à

____

1. Le *mîm* et le *qôf*.

sa diffusion. On la retrouve à mesure que les trouvailles se multiplient depuis la haute Égypte jusqu'en Cappadoce et à Babylone. Les Palmyréniens, quoi qu'il en soit de leurs origines arabes lointaines, plus voisins du foyer de la langue, mis plus tôt en contact avec la culture, ont gardé beaucoup moins de traces de l'arabe que les Nabatéens. La tradition d'une race se maintient surtout par les noms propres; ainsi ceux qui permettent de reconnaître en Angleterre ou à Berlin les descendants des compagnons de Guillaume le Conquérant ou des réfugiés sortis de France après la révocation de l'édit de Nantes. Les noms propres des Nabatéens ont encore le cachet de l'Arabie; ceux des Palmyréniens sont plus araméens.

Et ce sont bien les noms propres qui firent d'abord le principal intérêt des inscriptions palmyréniennes. Celles qu'on a recueillies jusqu'ici sont le plus souvent de simples titres funéraires, avec le nom du défunt, de ses parents, quelquefois de celui qui a construit le monument, et la date du décès. Plus importantes sont les inscriptions votives, qu'on rencontre surtout sur les consoles des colonnes. La console, avons-nous dit, supportait une statue et l'inscription indique alors quelle est cette statue et pour quel motif elle a été dressée. C'est le Sénat et le peuple qui ont voulu témoigner leur reconnaissance à un grand citoyen, ou de simples marchands qui disent leur gratitude au chef de caravane habile

qui a su les conduire sans danger de la Syrie aux
bords du Tigre. D'autres fois l'inscription relate la
construction d'un autel et le dédie à tel dieu.

Il est cependant un texte qui sort tout à fait de
l'ordinaire. Découvert par le prince Abamélek
Lazarew, il est maintenant au musée de l'Hermi-
tage, à Saint-Pétersbourg. C'est un tarif doua-
nier, écrit sur une stèle de forme pyramidale,
en grec et en palmyrénien. Les philologues qui
s'en sont occupés sont même convaincus que le
texte grec est le texte original, et que la traduction en palmyrénien pourrait être plus heureuse.
Ce fait n'est peut-être pas sans importance pour
la question de l'origine des évangiles. Il en res-
sort avec évidence que le grec avait supplanté
l'araméen même à Palmyre, comme langue du
commerce et de la littérature. Le texte palmyrénien lui-même, outre les mots latins déjà signa-
lés plus haut, contient plus de trente mots grecs
simplement transcrits, qui se rapportent presque tous à la vie politique. Il est vrai que nous
sommes à une époque postérieure au voyage
d'Hadrien (130 ans après J.-C.).

L'importance de ce document se comprend
sans peine. Dépourvue d'industrie et de culture,
la cité ne pouvait s'enrichir que par les douanes
et les octrois, comme les citoyens par le trafic.
Ici douanes et octrois sont des expressions à peu
près identiques. L'usage de prélever une rede-
vance sur les marchandises qui entraient à Palmyre devait être immémorial.

4

L'antiquité avait coutume de confier la perception de ces taxes à des fermiers généraux. Ayant versé au Trésor des sommes considérables pour acquérir le monopole, ces publicains, que nous connaissons dès notre enfance par l'Évangile, étaient exposés à la tentation de tondre de trop près les contribuables. Aussi saint Jean-Baptiste leur recommandait-il de ne prélever que la somme fixée (Luc, III, 13). Encore fallait-il que chaque article fût réglé et que le tarif fût connu de tous les intéressés. Le Sénat de Palmyre avait pourvu à cette double nécessité en dressant, près de l'entrée du grand Temple, et sous la protection des dieux nationaux, une stèle sur laquelle était taxée l'entrée de chaque objet. A ce mot, l'imagination, toujours en éveil quand il s'agit de Palmyre, ne manque pas d'évoquer les trésors de l'Inde et les richesses de l'Arabie, les diamants de Golconde et les pierres précieuses de Saba. Or, ce ne sont pas les objets rares qui produisent le plus sûrement la richesse, et peut-être trouverait-on plus de millionnaires chez les marchands de sardines de la Cité que parmi les joailliers de Piccadilly. Les choses les plus vulgaires sont l'objet ordinaire du tarif de Palmyre; les poissons salés n'y font pas défaut, — nous parlions de sardines, — non plus que les agneaux.

On y voit pourtant figurer aussi les fournitures de prix, la pourpre, venue probablement de Phénicie, le chrême parfumé, transporté dans des alabastres au long col, soigneusement scellés, tandis que l'huile ordinaire voyageait dans des outres, ballantes aux flancs des ânes. Le chrême payait pour l'importation vingt-quatre deniers, plus un denier pour le chameau et douze deniers plus un pour l'exportation. C'était d'ailleurs le seul article qui fût imposé à la sortie. Faut-il en conclure que c'était une des ressources de l'industrie locale? Le tarif taxait encore les peaux, le sel, les racines précieuses, peut-être analogues à la réglisse, dont on fait encore aujourd'hui un grand commerce aux environs d'Antioche. Il avait établi l'équation : un char égale quatre chameaux, quatre chameaux égalent huit ânes.

Impitoyable, il faisait payer pour les esclaves, pour les victuailles de voyage, le vin, l'orge, la paille, et même pour les chameaux à vide. On imagine si l'eau était donnée pour rien, dans ce désert! Huit cents deniers pour l'usage de la source ont paru une somme si énorme, qu'on propose d'y voir un abonnement annuel. On se rendra compte des sommes considérables versées dans le trésor de la cité, ou plutôt d'abord dans la caisse des fermiers généraux, si l'on songe au nombre vraiment formidable de chameaux qui passaient alors par cette route. M. André Marcopoli, banquier à Alep, se souvient d'avoir vu dans sa jeunesse une caravane composée de dix mille chameaux, pliant le genou pour décharger leurs caisses dans les immenses khans de la cité. L'ouverture du canal de Suez a diminué ce transit, mais, dans l'antiquité, il devait être encore plus considérable que vers le milieu du dix-neuvième siècle, puisque le commerce se faisait alors, non pas entre des pays ruinés, mais entre le bassin de la Méditerranée et tout le monde oriental.

Il semble, d'ailleurs, d'après les articles du tarif, que le mouvement des marchandises allait d'Occident en Orient. Peut-être l'Orient livrait-il en échange des produits très rares, que le tarif ne taxait pas comme de trop petit volume et trop faciles à dissimuler. Il faut aussi compter avec les lacunes d'un texte incomplet.

* *

Le principal intérêt des inscriptions est de nous renseigner sur la religion des Palmyréniens. Elle se rattache à l'ensemble très caractérisé des religions sémitiques. Il ne peut être ici question de tracer même les grandes lignes des croyances communes aux Assyro-Babyloniens, aux Cananéens, aux Araméens et aux Arabes. Il faut se borner à quelques traits, sinon tout à fait particuliers, du moins plus accentués à Palmyre.

Pendant longtemps on a cru et proclamé comme une vérité indiscutable que le soleil était son dieu principal. Et, en effet, Aurélien donne le nom de temple du Soleil au grand temple qui était sans aucun doute le centre respecté de la religion nationale. Cependant Aurélien est ici quelque peu suspect de partialité. Fils, d'après la légende, d'une mère prêtresse du soleil, il entreprit de fondre tous les cultes de l'empire dans le seul culte du dieu-soleil. Cette tentative, qui n'est pas sans analogie avec celle qu'avait hasardée, dix-sept siècles auparavant, Aménophis IV, le roi hérétique d'Égypte, avait l'avantage de constituer l'unité religieuse comme fondement de l'unité politique restaurée. L'Orient et l'Occident pouvaient s'unir dans la même croyance, et le choix du soleil était une avance aux sectateurs de Mithra, troupe ardente et résolue, remarquable par la vivacité de ses sentiments religieux. Les chrétiens, irréductibles, étaient destinés à disparaître. Le projet d'Aurélien, esprit très pratique, aurait manqué de base si l'opinion générale à cette époque n'avait, en effet, reconnu au soleil une sorte d'hégémonie sur tous les dieux. Cela était sans doute vrai au troisième siècle, à Palmyre comme ailleurs. Nous savons cependant aujourd'hui, par le témoignage irrécusable d'une inscription trouvée dans le grand temple et datée de 321, ère des Séleucides, soit 9 après Jésus-Christ, que ce temple avait été d'abord consacré au dieu Bel[1]. Un autre texte, découvert en 1901 par M. Littmann, qualifie ce temple « maison de leurs dieux[2] », mais ce groupement de tous les dieux du pays n'empêche pas la domination du titulaire principal. Ce qui est assez étrange, c'est que le nom même de Bel n'appartient pas à la lan-

---

1. Dans la partie grecque, τοῦ ναοῦ Βήλου.
2. *Semitic inscriptions*, New-York, 1904, p. 58 et suiv.

gue araméenne. Le mot est assyrien; il s'agit donc
du Bel-Mardouk de Babylone dont le culte se
répandit d'autant plus facilement dans la partie
orientale du monde gréco-romain que les Grecs
l'avaient assimilé à Zeus. Bel n'est plus ici un dieu
spécial, mais le dieu, roi des dieux, sous une éti-
quette babylonienne d'origine, et c'est à lui que
s'adressent sans aucun doute les allusions faites
par les textes au dieu bon, au dieu éternel, au
dieu béni à jamais, au dieu rémunérateur.

Certains savants se sont crus autorisés par ces
expressions à conclure que les Palmyréniens
étaient parvenus d'eux-mêmes au monothéisme.
Si le fait était prouvé, il faudrait sans doute
tenir compte de l'ambiance des idées juives et
de la propagande chrétienne. Mais, quoi qu'il en
soit de ces influences, ce monothéisme prétendu
ne s'élevait guère au-dessus du monothéisme
monarchique d'Homère et n'empêchait pas le
culte d'autres dieux, parmi lesquels « le dieu
Alexandre », c'est-à-dire Alexandre Sévère, divinisé de son vivant. Au-dessous de Bel, Malakbel
semble avoir joué un rôle prépondérant. Il est expressément assimilé au soleil dans un texte bi-
lingue, et M. Lidzbarski a pensé ingénieusement
que son nom même signifie le messager ou l'ange
du Soleil, la manifestation du Dieu suprême
se révélant au monde dans les rayons de l'astre.
Cette hypothèse est encore peu sûre, parce que
Bel lui-même était représenté avec des rayons,
et Malakbel s'entendrait aussi comme « le roi

Bel ». Le couple Aglibôl et Iarkhibôl vient ensuite, et quoique le nom de Iarkhibôl, où entre
l'élément du « mois », ait paru indiquer un dieu
Lune, certaine représentation figurée lui attribue, à lui aussi, un caractère solaire.

On voit que, dans la réalité, Aurélien ne se
trompait pas trop en constatant la dévotion des
Palmyréniens pour l'astre du jour, mais cette
extension de l'aspect solaire est l'œuvre du syncrétisme gréco-romain, plutôt qu'un trait spécial de la race.

C'est sans doute à cause de cet envahissement
d'apparence monothéiste que le culte de la divinité féminine n'a pas chez eux la même importance que dans le reste du monde sémitique. Ils avaient été beaucoup moins fidèles
que les Nabatéens à l'antique Allath, la déesse
des Arabes au temps d'Hérodote. Son nom se
trouve cependant dans le composé Waballath,
« don d'Allath » et la transcription grecque
« Athénodore » prouve qu'on assimilait Allath à
Minerve ou Athéné.

Malgré tant d'influences diverses, les nomades
devenus civilisés avaient gardé l'empreinte de
leur ancienne organisation. Les dieux n'étaient
pas ici, comme en Grèce ou même en Babylonie,
les dieux du sol ou de la cité, mais les dieux des
tribus ou des clans. Ces dieux, et par là
il ne faut point entendre des génies tutélaires
de second ordre, mais les grands dieux, et
même le dieu suprême, étaient donc en quelque

façon des dieux personnels, les dieux des ancêtres
dont le clan était censé descendre. S'il est intéressant de noter un rapprochement aussi étroit
avec l'invocation des Hébreux au Dieu d'Abraham, d'Isaac et de Jacob, ce ne peut être qu'à la
condition de distinguer soigneusement le Dieu
unique des patriarches du dieu choisi par chaque
clan dans un panthéon varié. Pas plus à Palmyre qu'ailleurs, le désert n'a été monothéiste,
et chaque découverte donne un nouveau démenti à l'ingénieuse formule de Renan.

Loin d'offrir au monde un principe vraiment
fécond, la religion palmyrénienne, déjà épuisée
et contaminée, ne survécut guère à la ville. Il
est touchant, pourtant, car rien ne nous est
étranger des aspirations religieuses de l'âme, de
retrouver, dans l'immense étendue de l'empire,
des inscriptions qui rappellent que tel cavalier
palmyrénien, à Rome, en Afrique, ou dans l'humide Germanie, loin de sa cité et de ses temples,
se souvenait encore, dans cet exil, « des dieux de
Tadmor ».

III

LES RELIGIONS ORIENTALES ET LES ORIGINES
DU CHRISTIANISME, A PROPOS DE LIVRES RÉCENTS

(Le Correspondant, 25 juillet 1910)

La science des religions s'est trop empressée
de tirer des conclusions de l'histoire des religions. Avant même que les faits fussent suffisamment connus et classés convenablement, on a
voulu en extraire des systèmes, et ramener à des
théories générales le peu que l'on savait. Les
commencements du christianisme devaient nécessairement être soumis à ce traitement. Ceux
qui ne veulent pas y reconnaître le doigt de
Dieu ne pouvaient, d'après les idées régnantes,
rechercher ses origines que dans l'évolution des
croyances. Et peut-on même parler d'origines,
quand il est entendu que toute croyance n'est
que le développement d'une croyance antérieure? Quelques-uns voient dans le christianisme une synthèse, la synthèse des religions
orientales, synthèses elles-mêmes des religions
naturalistes et de la philosophie hellénistique.

Mais le christianisme est trop original pour qu'on essaie sérieusement d'en faire un conglomérat. On a plutôt recours à la comparaison des ébauches. Le monde gréco-romain, en quête d'une religion·qui satisfît son idéal, au moment où les divinités grecques étaient décidément reconnues vides du divin, aurait puisé une inspiration nouvelle en Orient, pour aboutir enfin au christianisme. Des esprits plus modérés s'en tiennent à la vague théorie des origines communes, des idées courantes, des aspirations générales auxquelles le christianisme aurait dû sinon sa formation, du moins son succès.

Les premiers apologistes chrétiens, pour la plupart, n'ont pas refusé la collaboration de la raison humaine pour faire triompher leur foi. Remontant plus haut, quelques-uns se sont plu à dire que la philosophie d'un Socrate ou d'un Platon lui avait préparé les voies. Cependant, si l'on excepte, comme on le doit, la religion juive, aucun Père n'a attribué à une religion antérieure d'avoir disposé les âmes à la foi chrétienne. C'est pourtant ce que l'on écrit un peu partout aujourd'hui, même dans des ouvrages d'ailleurs très remarquables par l'érudition, par la vigueur de la pensée, et par le respect qu'on y professe pour nos croyances.

Une revue catholique ne peut plus se dispenser d'aborder ce sujet. Il est d'une étendue à faire peur. Dès le début, nous écartons l'influence délétère qui a pu être exercée par les religions païennes sur la société chrétienne. Cette action il faut la reconnaître ; elle s'exerce encore çà et là, on ne peut que le déplorer.

Nous ne pouvons non plus parler du culte et du développement des usages chrétiens. Ce sujet vient d'être traité avec méthode et diligence par un jeune érudit de la Compagnie de Jésus, le R. P. Pinard[1].

Nous n'avons donc en vue que les grands principes qui sont l'essence de la foi chrétienne et catholique. L'Église catholique croit en un seul Dieu, créateur du ciel et de la terre. Elle le distingue du monde, sans cependant le placer dans la « catégorie de l'idéal », et elle le dit personnel, sans cependant lui refuser d'être infini. L'Église croit que Jésus-Christ est à la fois Dieu et homme et l'adore sans méconnaître la distance infinie qui sépare la créature de la divinité. Elle croit qu'on ne peut être sauvé que par les mérites de Jésus-Christ, et cependant elle exige une stricte moralité personnelle. En attendant son union éternelle avec le Christ, elle lui est unie par l'Eucharistie, dans laquelle elle reçoit le corps et le sang de Jésus.

Telles sont, par rapport à la controverse récente — car nous ne pouvons tracer ici le tableau de tout le dogme — les doctrines vitales de l'Église. Elle les a fait prévaloir ; peut-on dire

---

1. *Infiltrations païennes dans le culte juif et dans le culte chrétien*, extrait de la *Revue apologétique de Belgique* (1909).

qu'elle les a empruntées, ou même qu'elles lui sont communes avec d'autres religions? C'est bien ce que paraît suggérer M. Cumont : « Le fait essentiel, si l'on considère l'empire romain, c'est que les religions orientales ont répandu, antérieurement puis parallèlement au christianisme, des doctrines qui ont acquis avec lui une autorité universelle au déclin du monde antique [1]. » Je sais bien que cette proposition, assez nette, est adoucie dans le cours de l'ouvrage du savant belge par mainte restriction, que, dans plus d'un cas, il rend hommage à la supériorité du christianisme, que les divergences ne le frappent pas moins que les rapprochements. Cependant on retire de sa synthèse l'impression que le paganisme s'était haussé au niveau du christianisme : « Les deux croyances opposées se meuvent dans la même sphère intellectuelle et morale, et, de fait, on passe alors de l'une à l'autre sans secousse et sans déchirement [2]. » Et cela pourrait s'entendre d'une influence du christianisme sur son adversaire, mais cette influence, que M. Cumont ne nie pas, il ne paraît pas lui faire une large place, et, ce qui est plus grave, c'est ceci : « A mesure qu'on étudiera de plus près l'histoire religieuse de l'empire, le triomphe de l'Église apparaîtra davantage, pensons-nous, comme l'aboutissement d'une longue évolution

1. *Les Religions Orientales dans le paganisme romain*, par Franz Cumont, professeur à l'Université de Gand, p. xviii.
2. Livre cité, p. 254.

des croyances[1] », ou encore : « L'esprit religieux et mystique de l'Orient s'était peu à peu imposé à la société entière, et il avait préparé tous les peuples à se réunir dans le sein d'une Église universelle[2]. »

Il nous est absolument impossible de souscrire à ce jugement, et nous demandons à l'éminent auteur la permission de lui soumettre nos raisons.

Un mot, en commençant, sur la méthode. On se rappelle la boutade d'Alfred de Musset : « Il y a certains assemblages de mots qui passent par instant sur vos lèvres, à vous autres; on ne sait qu'en penser. » C'est, chez nos historiens des religions, une affectation perpétuelle d'employer en parlant des religions païennes des mots qui ont un sens chrétien défini. Le public en conclut que ces religions possédaient aussi la chose. Un historien aussi soucieux de probité que M. Cumont ne manque pas de prévenir son lecteur : « C'est un artifice de style pour faire saillir un rapprochement et établir vivement et approximativement un parallèle[3]. » A la bonne heure, et l'on pourrait se contenter de sourire quand on lit « les vêpres isiaques », pour l'office du soir d'Isis; l' « eau bénite », pour l'eau lustrale; les « membres du conseil de fabrique », pour les administrateurs temporels des communautés mithriaques. A Jérusalem, il

1. P. xxi.
2. P. 254.
3. P. xii.

nous est arrivé de comparer la mosquée el-Aqsa à une paroisse, la mosquée d'Omar à une église votive.

Dans un ouvrage scientifique, c'est là un jeu dangereux et la source des plus graves confusions. On écrit couramment « la communion mithriaque », et cependant M. Cumont nous prévient que la « cène de Mithra et de ses compagnons » doit s'entendre dans le même sens que « le socialisme de Dioclétien[1] ».

A une procession d'Isis, on jette des fleurs, on porte des torches. Voilà bien nos processions; qu'y a-t-il de plus naturel? Mais quand M. Lafaye[2] met sur le sein du prêtre « le vase où est enfermée la substance divine », nous pensons au Saint-Sacrement, et l'analogie serait des plus graves. En réalité, Apulée parle seulement de l' « image vénérable de la toute-puissante déesse » d'un « symbole ineffable qui représente bien la religion[3] ».

Nous n'accusons aucun historien des religions d'employer à dessein des mots équivoques; mais nous constatons qu'on préjuge, sans en avoir l'air, le syncrétisme qu'il faudrait démontrer. Nulle part ailleurs que dans la science (!) des religions on ne tolérerait une méthode aussi défectueuse. Cette précaution prise, il faut enfin entrer dans le sujet.

---

1. *Les Religions...*, p. XII.
2. *Histoire du culte des divinités d'Alexandrie*, p. 124.
3. *Métamorphoses*, XI, 11.

Il y a lieu d'examiner pour chacune des religions orientales, cultes syriens, religion d'Isis, mystères de Mithra, quelle ressemblance elle peut avoir avec le christianisme, pour se demander ensuite si toutes ensemble ont eu une influence favorable sur son développement. Ce sont les deux parties du thème donné.

*
* *

Ce n'est pas seulement sous l'empire que les cultes syriens se répandirent en Occident. Sans parler des influences très anciennes qu'on n'a pas encore suffisamment éclaircies, le phénicien Adonis, dont le nom même, *Adon*, « seigneur », indiquait l'origine étrangère, était devenu un dieu grec longtemps avant la conquête d'Alexandre. Il n'existait point alors d'État syrien absolument autonome, et les sacerdoces syriens eurent quelque mérite à conserver leurs cultes malgré l'ascendant de la religion professée par le grand roi. Les Perses, il est vrai, ne paraissent pas avoir fait alors de propagande bien sérieuse. Tout changea quand l'Orient devint grec. Il fut alors partagé entre plusieurs dynasties très férues d'hellénisme. Les Séleucides, maîtres de la Syrie, se distinguèrent par leur zèle, le roi étant l'image vivante de Zeus et son incarnation véritable. Le prosélytisme d'Antiochus Épiphane est bien connu, et chacun sait, par l'histoire sainte, que Jérusalem refusa de recevoir le Zeus

Olympien. Mais le Dieu des Juifs était le seul à se targuer de cette intolérance. Les dieux syriens cohabitèrent avec les dieux grecs ou s'affublèrent de leurs noms. Dans quelle mesure s'opéra cette fusion et quel fut le dosage? C'est ce qu'on ne saura jamais exactement. La religion grecque n'était guère alors que la religion de la poésie et des arts. C'est par là qu'elle régna en Orient, sur le goût des gens cultivés plutôt que sur l'esprit des masses. On était dévot aux dieux grecs dans la mesure où l'on était Philhellène; ceux qui savaient lire Homère et savaient apprécier les chefs-d'œuvre de la sculpture professaient, au moins du bout des lèvres, le culte de Zeus et d'Aphrodite; dans le danger chacun recourait au dieu ou à la déesse de son pays natal, quand, pour plus de sûreté, on n'invoquait pas tout le monde : témoin ce Syrien d'Ascalon, poursuivi par les pirates, qui se voua à la fois à Zeus des vents favorables, à Astarté de Palestine et à Aphrodite Ouranie[1].

Ordinairement, chacun gardait ses dieux, et, avec le temps, les cultes syriens reparurent plus homogènes et plus tranchés. Ce fut probablement lorsque la Grèce perdit le pouvoir politique qu'on se soucia moins de son panthéon. Les Sémites formèrent, dès lors, de petites principautés indépendantes, dont les Nabatéens et Palmyre sont les plus célèbres. Incapables de

---

1. Inscription du deuxième siècle avant notre ère découverte à Délos en 1907.

se soustraire à l'empire artistique des Grecs, ils n'adorent cependant que les dieux nationaux[1], et c'est bien aussi ce que semblent avoir pratiqué les Syriens soumis à Rome. Incontestablement, au deuxième siècle après Jésus-Christ, les cultes syriens prennent une sorte de revanche. Non seulement ils s'affranchissent du joug des Grecs, mais ils se concentrent, se fortifient et envahissent le monde romain.

On a maintes fois décrit cette pénétration du monde latin par des Syriens, esclaves, commerçants ou soldats. Très souples d'allures, affectant de s'adapter aux hommes et aux choses, insinuants, adroits, soucieux de plaire, persuadés que leur finesse et leur génie de l'intrigue les rendent supérieurs aux bonnes gens d'Occident, les Syriens — comme les Juifs — ont toujours compris l'avantage de se serrer et de demeurer unis.

Or la religion est le principal et le plus sacré de tous les liens. Aujourd'hui, même si la diversité de croyance ne sépare pas un Syrien ou un Maronite d'un Américain du Nord, l'Oriental tient encore à se faire accompagner dans ses migrations d'un prêtre de sa race qui célébrera les mystères selon son rite. Combien plus, au temps de l'empire, le Palmyrénien ou le soldat de Commagène, l'adorateur de Bel ou de la déesse syrienne, était-il jaloux de conserver ses

---

1. Sauf, bien entendu, le culte impérial qui s'imposa à Palmyre.

dieux! Quelques-uns de ces dieux étaient trop étroitement nationaux pour attirer un public cosmopolite. Douchara ou Iarkhibôl ne furent jamais honorés que des Nabatéens ou de ceux de Palmyre. Mais de cette cohue des dieux sémitiques, non moins pressée que celle des petits dieux du Latium, deux grandes figures avaient émergé, la déesse syrienne, que l'on nommait maintenant Atergatis, et le dieu mâle, qu'il fût originaire d'Héliopolis ou de Doliché, qu'on avait assimilé directement au Jupiter de Rome. La déesse représentait l'éternel féminin auquel toutes les religions antiques avaient fait une si large place; le dieu était tout le divin, tel que l'entendaient les Sémites, le maître du monde, tout-puissant et éternel.

Cette religion s'étendit-elle beaucoup en dehors de sa clientèle normale de Syriens émigrants? On serait tenté de l'admettre, puisque, par deux fois, un empereur de Rome songea à faire d'un dieu sémitique le dieu suprême de l'empire. La première fois, ce fut Elagabale, prince plus syrien que romain. Et déjà l'on constate que c'est bien en Syrien qu'il se comporte. C'est le dieu dont il était prêtre avant de devenir empereur, le dieu d'Émèse, la pierre noire en forme de ruche, avec son cortège d'efféminés vêtus à la mode syrienne, c'est son dieu à lui que le jeune extravagant prétend imposer à Rome. Il fut victime de son zèle : cette mascarade disparut et l'on balaya les restes de l'orgie. La tentative d'Aurélien fut plus sérieuse. Mais dans son cas le dieu sémitique partage, ou plutôt, il fournit la moitié du type qu'on propose à l'adoration officielle du monde romain. Le nouveau dieu est le Soleil, déjà reconnu comme dieu dans l'empire, et l'on espère que dans le Soleil tout l'Orient reconnaîtra l'antique Bel, qui avait surnagé dans le naufrage du Panthéon babylonien. Il n'y a qu'un dieu, mais il y a deux statues : celle du Soleil à la mode grecque et celle de Bel le Babylonien[1]. Les Grecs savent bien aussi que leur Apollon est le Soleil, et il sera loisible encore aux sectateurs de Mithra de reconnaître leur dieu dans l'essence de ce Soleil, car Mithra est, lui aussi, le Soleil invincible.

C'est donc un vaste syncrétisme qui hante la pensée du vainqueur de Zénobie, mais en somme Palmyre a été vaincue ; l'Orient a été encore une fois débouté de sa prétention de créer un empire rival. Ce fut le Soleil gréco-romain qui prévalut comme type : les collèges sacerdotaux, les temples, les jeux fondés par Aurélien relevèrent de lui.

L'idée d'Aurélien dura autant que son règne. Ce n'est donc pas d'après ces démonstrations officielles qu'on peut juger de l'importance acquise par les dieux syriens. Si l'on se rapporte aux inscriptions, ce sont surtout, comme nous l'avons dit, la déesse syrienne, le Baal de Doliché

---

1. Le texte de Zosime (1, 61, 2) est formel.

et celui d'Héliopolis qui ont les faveurs. A Rome même, on connaît depuis longtenps le sanctuaire de Jupiter Dolichenus à l'Aventin. Son rival, le dieu de Baalbek, était installé au Janicule, comme l'ont prouvé les fouilles qu'on pratique depuis 1901 à la villa Sciarra. De Rome, ces cultes se répandirent jusqu'aux confins de l'empire, même c'est là surtout qu'on les rencontre, spécialement chez les soldats originaires de Syrie. Sans pouvoir entrer ici dans une discussion minutieuse, j'avance que personne ne comparerait la propagande des dieux syriens parmi les Occidentaux à celle de Mithra ou même d'Isis. D'ailleurs, ce qu'il importerait le plus de connaître, ce n'est pas le nombre des adeptes, c'est la valeur de la religion.

Pour le culte, on reconnaît qu'il n'était pas particulièrement recommandable. Les religions syriennes n'ont point eu de mystère, s'il faut entendre par là des initiations successives, associant les mystes du plus haut degré à des spectacles dont on leur révélait l'énigme[1]. Ce n'est pas qu'elles n'aient rien eu à cacher, et il est des rites qui demeurèrent sans doute enveloppés d'un certain mystère, ne fût-ce que par précaution envers la police. Les sacrifices humains, cette tare des cultes sémitiques, et spécialement

---

1. M. Cumont cite, il est vrai, deux passages d'Hippolyte (*Adv. hæres.*, V, xi, 7 et 18) sur les mystères des Assyriens. Mais c'est une autorité assez chétive. On aimait à se réclamer de la sagesse, des mystères des Orientaux, sans avoir en vue rien de bien précis.

des cultes phéniciens et carthaginois, se maintinrent malgré la loi romaine. Dans le sanctuaire du temps des Antonins découvert au Janicule, M. Gauckler a cru reconnaître les traces d'une victime humaine sous l'autel.

On se cachait moins pour pratiquer la prostitution sacrée, sous son mode le plus répugnant, et il fallut que Constantin y mît un terme au sanctuaire d'Afca, à la source du fleuve Adonis. M. Cumont s'est exprimé là-dessus avec toute la vigueur désirable : « La religion qui sacrifiait à la divinité la vie des hommes et la pudeur des femmes était demeurée sous bien des rapports au niveau moral des peuplades insociables et sanguinaires[1]. »

Qu'y avait-il donc dans cette religion qui pût attirer les âmes? La transcendance du divin? soit! Nous avons cherché nous-même à marquer de quelques traits ces religions sémitiques, exigeantes et sévères[2]. On n'y plaisantait pas avec le divin, on ne se permettait pas de familiarités avec les dieux, on ne mettait pas de bornes à leur empire ni à leur durée.

En Égypte, par exemple, on croyait que les dieux comme les hommes obéissaient aux formules magiques. Les dieux mouraient comme hommes, et même une seconde fois comme dieux. Il y avait un terme à leur existence terrestre, cela va de soi, mais leur existence de l'au-delà

____

1. Livre cité, p. 144.
2. *Études sur les religions sémitiques,* 2ᵉ éd.

connaissait aussi les infirmités, la vieillesse et
même la mort. La Grèce ne concevait pas les
vrais dieux, les Olympiens, sans le charme d'une
jeunesse éternelle, mais ils étaient soumis eux-
mêmes aux lois du destin[1]. Dans quelle mesure
le destin est-il placé hors de la sphère du divin?
Il serait difficile de le dire. Quoi qu'il en soit,
le Sémite n'a jamais eu cette idée de l'enchaînement fatal des choses; la divinité peut ce
qu'elle veut, elle est vraiment d'une autre essence que l'homme.

Encore est-il que la divinité était concrétisée
surtout dans la déesse syrienne et dans un Baal.
Or la déesse, du moins, n'a pas beaucoup changé
depuis que les vieux poèmes babyloniens lui
prêtaient des penchants si dépravés. On n'a pas
essayé de l'assimiler à une personnalité unique
du panthéon grec. Elle n'avait pas la grâce d'A-
phrodite, étant plus redoutable. Elle était, en
somme, la déesse syrienne, avec son cortège
d'efféminés. Apulée a décrit leurs courses er-
rantes, avec la caisse divine portée sur un âne,
et rien ne prouve qu'il ait exagéré leur rapacité
et leur impudeur. De progrès dans ce concept
du divin on ne peut signaler aucune trace.

Si haut qu'on place le Baal, on ne peut oublier
qu'il était l'époux de cette dame, peut-être
moins honoré qu'elle de la confiance des dévots.
En s'assimilant au Jupiter Optimus Maximus,

1. Ces points sont notés par M. Cumont.

il n'avait pas perdu beaucoup, car c'était une
fort grande figure. Convenons que ses traits
étaient moins nets et que l'imagination pouvait
se donner carrière en lui prêtant les attributs les
plus augustes : éternel, suprême et très-haut.
Palmyre disait peut-être davantage en écrivant
sur ses stèles : au dieu bon et rémunérateur;
mais elle donnait ces épithètes un peu à tout le
monde, et Alexandre Sévère y était aussi un dieu
de son vivant[1].

De sorte que, si les Sémites ont eu de la divinité des idées très hautes, s'ils l'ont crainte comme
une force redoutable, s'ils l'ont servie en lui
sacrifiant les biens les plus précieux, ce concept
du divin se reposait sur des personnalités peu
sympathiques, et qu'ils n'ont jamais aimées.
Il n'y a rien là qui ressemble plus au monothéisme que la religion des anciens Babyloniens;
un texte cunéiforme dit assez clairement que tous
les dieux sont un seul Mardouk. M. Cumont estime que, sous l'Empire, « il ne restait qu'une
attache à rompre, en isolant en dehors des bornes
du monde ce dieu qui résidait dans un ciel loin-
tain, pour aboutir au monothéisme chrétien[2] ».
Serait-ce que tout le mérite devrait revenir à
ces religions qui ont tout préparé pour l'instant
décisif? Il y avait beau temps que les Juifs
avaient rompu l'amarre.

C'est chez eux qu'on trouve la préparation au

1. *Études sur les religions sémitiques*, 2ᵉ éd., p. 461.
2. Ouvrage cité, p. 161.

monothéisme chrétien. Leur doctrine était connue, et les religions syriennes n'auraient pas eu grand mérite à s'inspirer des Juifs. Or, elles s'obstinaient dans les anciens errements. Tout le progrès vers l'unité consistait à assimiler les dieux mâles au Soleil. Renan l'a très bien dit : « Avant que la religion fût arrivée à proclamer que Dieu doit être mis dans l'absolu et l'idéal, c'est-à-dire hors du monde, un seul culte fut raisonnable et scientifique, ce fut le culte du Soleil. »

C'est là qu'en était à peu près arrivée la religion des Sémites au troisième siècle de notre ère. Mais ce n'était rien de bien nouveau. Vers 1450 avant Jésus-Christ, Aménophis IV, le roi hérétique d'Égypte, avait eu l'idée géniale d'unir tous les peuples de son empire, Syriens et Égyptiens, dans le culte du Soleil, dépourvu de toute tradition mythologique. Ce n'était qu'un culte un peu plus naturiste que les autres. Les Sémites romanisés ne ramassaient pas tout le divin dans le Soleil, mais ce ne fut cependant que lorsque le monothéisme chrétien eut triomphé que des théoriciens[1] imaginèrent de faire du Soleil le médiateur entre l'homme et le dieu invisible et ineffable. Les dieux des Syriens étaient des Baals et surtout une déesse ; du dieu invisible on se souciait fort peu.

On fait encore honneur aux religions syriennes d'avoir montré aux âmes le chemin du ciel.

______

1. Julien l'Apostat, Proclus.

D'après la religion de Mithra, les âmes des fidèles s'élevaient après leur mort à travers les
sept zones planétaires pour rejoindre le dieu
suprême. Mais cette idée vient-elle des Sémites?
Ce que nous savons très bien, c'est que les anciens Sémites confinaient indistinctement toutes
les âmes sous la terre. Il faudrait prouver qu'un
changement radical s'est produit dans leurs
idées, et ce ne serait pas sans une influence
étrangère. Cette influence est à chercher chez
les Perses, dont le dieu suprême, et presque le
seul dieu, Ahuramazdâ, était un dieu céleste.
La profession de foi d'Antiochus de Commagène
est formelle dans ce sens. Il espère qu'après sa
mort son âme immortelle montera au ciel d'O-
romasdos.

A défaut d'une religion, les philosophes ont
pu émettre cette pensée. L'âme, principe éthéré
de vie, remontait naturellement vers l'éther. Les
Babyloniens ne figurent vraisemblablement dans
tout cela que pour leurs zones planétaires. Une
fois admis que l'âme monte, des esprits préoccupés d'astrologie ont dû lui tracer son chemin.
Et de fait, tout le système n'est attesté que des
mystères de Mithra par Celse. Que les Sémites
se soient préoccupés, eux aussi, du sort des âmes,
qu'ils l'aient remis entre les mains de leurs
dieux, bien des indices le prouvent. Mais n'est-
il pas remarquable qu'ils sont toujours en langue grecque ou latine, et que les inscriptions
sémitiques soient demeurées si obstinément

muettes sur l'au-delà? De toute évidence, ce n'est point de ces religions qu'est parti le mouvement qui a entraîné les âmes à placer leurs espérances dans le ciel.

Passer des religions sémitiques à celles de l'Égypte[1], c'est presque céder à l'attrait de l'antithèse. L'Égyptien, d'un naturel plus doux que son voisin de Syrie, craint moins ses dieux : il les aime peut-être davantage ; il a beaucoup réfléchi sur la nature divine, et a pris le parti de la mettre partout. Le pays, d'abord divisé en nomes indépendants, était cependant destiné à l'unité, mais à une unité dont le centre se transportait d'un point à un autre ; les divinités ont subi le contre-coup de ces révolutions intérieures. Puis l'Égypte s'est ouverte aux influences étrangères. De tout cela résulte un chaos que les égyptologues n'ont pu encore débrouiller tout à fait, même quand il ne s'agit, comme c'est notre cas, que d'un seul couple, Isis et Osiris, les seules divinités égyptiennes qui soient devenues vraiment populaires dans le monde romain.

Osiris est d'abord le personnage le plus important des deux, on pourrait dire le seul, dans le silence des anciens textes sur Isis. Était-il le

1. Lafaye, *Histoire du culte des divinités d'Alexandrie, Sérapis, Isis, Harpocrate et Anubis hors de l'Égypte, depuis les origines jusqu'à la naissance de l'école néo-platonicienne,* Paris, 1884 ; article *Isis,* par Drexler, dans le *Lexikon* de Roscher.

dieu-grain, déposé dans la terre pour mourir
et pour revivre au printemps, ou plutôt le Nil
qui s'épuise pendant l'hiver pour croître et dé-
border à l'été, ou le soleil qui meurt chaque
soir pour recommencer sa course chaque matin ?
Je ne saurais le dire pour ma part, inclinant
cependant à voir en lui un dieu-grain. C'est peut-
être dans le cours des temps qu'il a été assimilé au Nil, puis au soleil?

Si l'interprétation du mythe diffère, le mythe
ne change pas. Osiris ressemble à l'homme. Il
a eu une destinée humaine : roi juste et bon,
promoteur de la piété. Assassiné traîtreusement
par Typhon, son cadavre a été mis en pièces.
Sa femme, la fidèle Isis, l'a cherché dans la
douleur. Elle a été assez heureuse pour recueillir les fragments de son corps, sauf un seul,
qui était précisément l'emblème de sa résurrection future. Elle a élevé son fils Horus pour
la vengeance, et Horus a triomphé de Typhon.
Il allait sans dire qu'Osiris ressuscité habitait
un séjour heureux. Le suprême désir de tout
Égyptien était de rejoindre Osiris, ou plutôt de
devenir lui-même un Osiris.

Comment la déesse passa-t-elle au premier
rang dans l'adoration des fidèles? Peut-être le
mythe lui-même l'explique-t-il assez. Osiris est
absolument passif. C'est Isis qui le cherche, qui
le retrouve, sauve la précieuse caisse qui contenait le cadavre, et, lorsque ce cadavre a été
dépecé par Typhon, c'est elle qui en rassemble

les morceaux épars; elle est la mère et la nourrice d'Horus, le véritable dieu-vainqueur. C'est donc à elle que le fidèle était tenté de confier sa vie. Aussi est-ce Isis qui pénètre au Pirée avant la conquête de l'Égypte par les Grecs (333 av. J.-C.).

Si Alexandre n'a pas eu le projet hardi que lui prête Plutarque d'unir l'Europe à l'Asie par un fusionnement des races, des coutumes, de l'esprit, Ptolémée Soter, le premier des Lagides, a certainement conçu et réalisé, dans une certaine mesure, ce plan génial. Il a choisi dans le panthéon de l'Égypte, un couple qui pût convenir aux Grecs; Osiris est devenu Sérapis, et sa statue, chef-d'œuvre de Bryaxis, a montré sur le même front la majesté de Zeus et la mélancolie d'un dieu des enfers. Isis a conservé son nom, déjà populaire; mais l'art grec ne pouvait se contenter de sa robe collante. On la drapa dans un manteau retenu sur le devant par un nœud symbolique. Au lieu de lui placer sur la tête son nom hiéroglyphique, ou des cornes de vache entourant le globe solaire, on laissa les cheveux, séparés en deux bandeaux ondulés, tomber en boucles gracieuses.

Est-ce alors qu'Isis devint déesse des mers? Il est certain que les anciens Égyptiens n'avaient que faire de ce vocable; mais comme on ne peut méconnaître les attaches d'Isis avec Byblos, peut-être était-elle déjà la déesse des navigateurs avant Alexandre, non qu'on l'identifiât avec la mer, mais parce qu'elle protégeait les marins et soufflait les vents favorables.

L'art grec avait donné à la déesse des formes élégantes; les Romains tenaient plus à ce que nous nommons « les couleurs locales ». Sous l'empire, la même réaction se produisit qui avait rendu les dieux syriens à leur brutalité native. Puisqu'on était isiaque, on voulait une Isis authentique, « bien égyptienne », et peu à peu les monuments se rapprochèrent du type ancien; le disque et les cornes reparurent sur la tête de la déesse[1]. On ne renonça pas pour cela à l'identifier à bon nombre de déesses grecques. Outre les symboles propres à son culte, le sistre, le petit seau pour l'eau du Nil, l'œnochoé à long bec, on lui associa la fleur de lotus ou l'épervier, en gage de résurrection et d'immortalité, le blé et les pavots empruntés à Déméter, le ciste et les serpents d'Éleusis, la corne d'abondance, le gouvernail et la rame de la Fortune-Tyché. Elle devint Isis-Panthée, la déesse qui est tout et absorba même Osiris.

Ainsi, en dépit de son vernis hellénistique, la religion d'Isis eut toujours l'attrait de l'exotisme. Les peintures d'Herculanum mettent en scènes des prêtres égyptiens vêtus de lin et la tête rasée, des ibis, des palmiers, un Éthiopien, coiffé de roseaux, exécutant une danse de son pays. Ces allures étrangères choquaient les

1. *L'Isis romaine*, par E. Guimet.

vieux Romains. De 58 avant J.-C. à 19 après notre ère, Rome essaya plusieurs fois d'entraver les progrès de ce culte, qui parut voiler des mœurs moins qu'austères[1]. Peut-être aussi estima-t-on la renaissance des cultes romains, inaugurée par Auguste, menacée par la religion du pays de Cléopâtre. Mais la faveur impériale lui revint dès Caligula et lui fut définitivement acquise. Le deuxième siècle après Jésus-Christ semble avoir marqué son apogée. Lorsque le christianisme l'eut refoulée, elle se perpétua encore et s'éteignit dans la charmante île de Philæ, qui emportera bientôt sous les eaux du Nil son dernier souvenir.

Isis avait une religion et des mystères. La simple religion exigeait déjà de ses dévots une assiduité absorbante. Chaque jour les prêtres éveillaient la déesse pour l'office du matin, « les matines »; et ils célébraient encore un office du soir, « les vêpres » isiaques.

Les fêtes étaient célébrées avec pompe, surtout celle du printemps, qui ouvrait la navigation au début de mars, et celle de l'automne, qu'on a affecté de nommer la passion et la résurrection d'Osiris. Ces termes ne sont pas tout à fait exacts. Le vrai nom de cette prétendue fête de Pâque est l'Invention, *heurêsis*. Les cérémonies du deuil duraient quatre jours. Entre autres rites lugubres, on montrait un

---

1. C'est le motif donné par Josèphe (*Ant.*, XVIII, iii, 5) de la persécution de Tibère, la seule qui atteignit les personnes.

bœuf doré enveloppé de lin noir. Plutarque, qui nous a conservé ces détails [1], n'a pas tort d'y voir le symbole de la décroissance du Nil. Après beaucoup de lamentations et de cris, les prêtres portaient à la mer la sainte caisse : on en sortait une petite boîte qu'on remplissait d'eau. Aussitôt on s'écriait : « Osiris est trouvé »; on gâchait un peu d'eau et de terre, on en faisait un croissant qu'on habillait. Une joie folle éclatait alors. Plutarque a l'air de voir dans ce mélange une sorte d'union d'Isis et d'Osiris représentant la terre et l'eau. C'est donc que, dans cette fête, la tragédie du meurtre d'Osiris était ramenée et réduite à un sens symbolique plus ou moins profond, mais certainement naturaliste. Il n'y a pas là de passion, mais une disparition, c'est le mot propre, et un recouvrement. Et à supposer que la destinée d'Osiris soit le type de celle du fidèle, la « passion » du dieu ne sert de rien au croyant.

Le clergé, si fortement organisé, si assidu à l'exercice des rites, si soucieux des purifications de règle, avait-il une théologie, enseignait-il du moins un dogme? Il serait difficile de l'affirmer. Nous avons la bonne fortune de posséder un traité de Plutarque sur Isis et Orisis. Le philosophe de Chéronée, très attaché aux cultes héréditaires des Hellènes, n'a pas dissimulé son

---

1. *De Is. et Osir.*, 39.

mépris pour les innovations religieuses, y compris celles qui venaient d'Égypte[1].

Mais quoi! une dame qu'il respecte fort, Cléa, une prêtresse, est dévote aux mystères d'Isis. Il faut, du moins, qu'elle en tire un profit religieux. Ni superstitieux, ni athée, c'est la devise de Plutarque. Il paraît bien supposer que, pour tout le monde, le culte d'Isis n'est qu'une superstition; il tient à en préserver Cléa et à la faire avancer dans cette connaissance du divin qui est le fruit de la religion véritable. Si Plutarque, qui connaît bien son sujet, avait entendu de la bouche des prêtres une explication authentique, il n'aurait pas tant cherché. Il passe successivement en revue la théorie d'Évhémère, qui voyait dans les dieux des hommes divinisés; celle de Platon ou de Pythagore, qui en faisait des démons; celle des stoïciens, qui les réduisait à des éléments naturels; enfin, les explications astronomiques. Rien de tout cela ne le satisfait. Pour lui, il entend Osiris, et sans doute aussi Isis, des bonnes facultés de l'âme universelle, tandis que les mauvaises se concentrent dans Typhon. Voilà donc le mythe égyptien expliqué par le dogme persan. Le syncrétisme religieux réel ne pouvait aller jusque-là. Plutarque s'agite dans le vide. Cependant, il avait ouï dans les sanctuaires une exégèse qu'il combat et qui pour-

1. *De superst.*, 13.

rait bien être juste : Osiris est enseveli quand la graine est semée dans la terre, il revit et se manifeste quand le grain commence à germer. Voilà une explication franchement égyptienne. Elle rappelle ces lits funéraires qu'on voit au musée du Caire; l'Osiris y est dessiné au moyen d'orge germé sur une toile. Mais Plutarque ne fut pas satisfait. N'est-ce pas une preuve que les prêtres isiaques avaient oublié le sens profond du symbole de la résurrection?

Il semble donc que la religion d'Isis, telle que la pratiquaient les dévots ordinaires, n'affectait pas une théologie savante. Libre aux philosophes, comme Plutarque, d'y introduire leurs systèmes. Les prêtres excellaient à attirer la foule par la pompe des cérémonies, à la fixer par des fonctions absorbantes, et peut-être même à provoquer une sorte de contemplation paisible, qui s'accommodait de longues heures passées devant la statue de la déesse. On venait s'asseoir devant elle. Les femmes trouvaient plaisir à la voir habiller et coiffer. Puis on l'admirait. En elle se reflétaient les attributs les plus aimables de la divinité. Elle ne punissait pas, elle sauvait. Elle était bonne et douce, très indulgente, étant à la fois la divinité suprême et la nature, mère des choses. Et c'est bien comme une mère qu'elle se montrait aux malheureux[1]. C'est elle qui a conduit

1. « Dulcem matris affectionem miserorum casibus tribuis » (Apulée, *Metam.*, XI, 25).

le héros d'Apulée « au port du repos et à l'autel
de la miséricorde[1] ».

Aussi quand Lucius, qui représente Apulée,
a été introduit devant l'image de la déesse, il
ne peut se lasser de la contempler. Cette vue le
remplit d'une félicité inénarrable. Il ne peut
s'en arracher ; il prie la déesse avec larmes,
et ne consent à la quitter qu'en se promettant
de garder toujours son image et sa divinité
dans le secret de son cœur[2]. C'est là une véritable explosion de tendresse, sentiment bien
rare dans l'antiquité lorsqu'il s'agit des dieux.
Nous n'avons aucune raison de méconnaître ce
qu'elle a de touchant, et d'honorable pour
l'âme humaine.

Pourtant, il faut bien le dire, ce lis avait
poussé dans un étrange engrais. Le culte d'Isis
avait toutes les faveurs des femmes de mœurs
légères. Je ne puis qu'imiter les savants maîtres
dont la réserve vraiment chrétienne a passé
sous silence certains symboles que Plutarque
appelait par leur nom[3], qui figuraient dans les
fêtes avec une recherche spéciale d'obscénité,
et qu'Apulée jugeait déjà à propos de taire[4].
On a souvent affecté de ne voir dans ces exhi-

1. *Metam.*, xi, 15.
2. « Paucis dehinc ibidem commoratus diebus, inexplicabili
voluptate (*aspectu*) simulacri divini perfruebar... divinos tuos
vultus numenque sanctissimum intra pectoris mei secreta con-
ditum perpetuo custodiens imaginabor » (*Metam.*, xi, 24 et 25).
3. *De Is.*, 36.
4. *Tacenda quædam* (*Metam.*, xi, 27).

bitions qu'une naïve admiration de la nature.
L'abîme entre les cultes orientaux et le christianisme se découvre précisément en ceci qu'aucune imagination chrétienne n'irait chercher là
un insigne du divin.

Ce grossier naturalisme n'était pas le seul
péché de la religion isiaque. M. Lafaye en a
relevé d'autres. L'Égypte était le pays de la
magie ; les isiaques s'adonnèrent à la divination
sous toutes ses formes, astrologie, interprétation des songes, chiromancie, évocation des
morts. On ajoute qu'avec le temps la religion
devint plus spirituelle ; qu'à force de pratiquer
les purifications rituelles, les prêtres conçurent
l'idée d'une pureté intérieure, — au quatrième
siècle, sans doute, lorsque partout on sentit la
nécessité de se hausser quelque peu au niveau
du christianisme. Et il est vrai qu'au deuxième
siècle Apulée parle des continences prolongées[1]
qui permettent de pénétrer dans l'intimité de la
déesse. Mais tous les cultes, même ceux des
sauvages, ont connu ces abstinences rituelles.
Elles n'ont rien de commun avec les exigences
d'une morale qui règle toutes les actions, toutes
les paroles, toutes les pensées, et Apulée
lui-même n'a vu aucun inconvénient à faire
du panégyrique de la déesse le dernier acte
d'un roman licencieux. Et qu'on n'allègue
pas que la déesse a tiré son héros du vice ! S'il

1. XI, 6, *tenacibus castimoniis*.

était converti, il ne prendrait pas tant de plaisir à conter ses histoires milésiennes. Un certain mysticisme, le faux, s'accorde très bien avec le sensualisme. Cette association s'est rencontrée dans les bas-fonds du quiétisme espagnol; est-il étonnant qu'elle ait été fréquente dans la religion d'Isis?

Le fond le plus solide de la religion alexandrine, ce n'est donc ni le monothéisme prétendu, ni la morale; serait-ce l'espérance de l'immortalité? D'après M. Lafaye, ses symboles « parlent tous à l'homme de mort et de résurrection. Il semble que l'on n'ait pas assez de signes pour rappeler à l'homme qu'il n'est que poussière. Ces idées de la vie future, que les Grecs ne remuaient qu'à certains jours, deviennent alors la préoccupation constante[1] ».

Si la religion d'Isis avait inspiré aux hommes un tel élan vers le monde de l'au-delà, ce monde où il devait s'unir à Sérapis, il faudrait dire, en effet, qu'elle a servi « à préparer et à faciliter » l'avènement du christianisme.

Mais il doit y avoir dans cette vue quelque exagération.

S'il s'agissait de l'Égypte ancienne, on serait plus embarrassé. Aujourd'hui encore, à la vue de ce pays où il ne reste plus que des temples et des tombes, où les palais ont disparu comme les masures, on se demande si les anciens habi-

---

1. Ouvrage cité, p. 262.

tants ne se sont pas absorbés plus que de raison
dans la pensée de l'autre vie. La survivance de
l'âme, la réanimation du corps, les dangers du
monde de l'au-delà, la possibilité d'y échapper
par des formules et avec le secours de certains
dieux, le bonheur que goûtaient les morts
avec Osiris, étaient autant d'articles assurés de
la foi de l'Égypte, qui coûtaient aux vivants
des soins assidus et dispendieux en faveur des
morts.

L'influence de ces idées dans le monde ancien
est incalculable. J'y verrais volontiers un des
éléments de l'Orphisme et peut-être des mystères d'Éleusis. Mais il semble que cette foi, du
moins en ce qui regarde la résurrection, eut
précisément à lutter contre les tendances les
plus invétérées de l'esprit grec. Cet esprit critique et frondeur s'attaqua au vieux dogme dans
l'Égypte elle-même. L'antique séjour des morts,
qui était toujours autrefois « le bel Amenti »,
devint le pays du sommeil et de la nuit[1]; par
conséquent : « Mangeons et buvons, car nous
mourrons demain! » C'est à des épicuriens
d'Égypte que l'auteur inspiré de la Sagesse
oppose les espérances de l'immortalité. Puisqu'on reconnaît que la religion d'Isis, telle que
le monde romain l'a connue, était pénétrée d'é-
léments grecs, est-il vraisemblable qu'elle ait
vraiment porté les esprits à se dégager des

_____
1. Stèle d'Ahrès sous les Ptolémées, un siècle av. J.-C.

6

choses de ce monde pour se préoccuper exclusivement de celles de l'autre[1] »?

Les textes ne laissent pas cette impression. Assurément l'immortalité de l'âme faisait partie de la doctrine isiaque[2]. A cette époque, et avec le progrès des idées philosophiques, on n'aurait pas osé soutenir qu'il suffisait d'être initié pour être heureux dans l'autre monde, si l'on avait commis l'injustice ici-bas[3]. Du moins le rhéteur Ælius Aristide affirme que Sérapis jugera chacun selon ses œuvres. Mais l'on ne croira pas volontiers que pour la foule des dévots et même pour les initiés, la morale fût la grande affaire. Le dévot d'Isis espérait bien retrouver sa déesse au Tartare et dans les Champs Élysées, mais il est assez piquant que la récompense suprême qu'elle promet à son favori Lucius, s'il est très fidèle à son culte, c'est... de prolonger sa vie au delà de la limite marquée par le destin[4]. On ne peut pourtant pas demander à Apulée de dire avec saint Paul que la mort est un gain!

Quelle influence une pareille religion a-t-elle pu exercer sur le christianisme? Était-ce même

1. Lafaye, ouvrage cité, p. 168.
2. Les textes sont muets sur l'article de la résurrection.
3. On connaît le mot piquant de Diogène : « Parce que le voleur Patékion est initié, il sera plus heureux après la mort qu'Épaminondas? »
4. Le culte d'Isis rend heureux dans ce monde et dans l'autre, voilà ce qui est normal : *Quod si sedulis obsequiis et religiosis ministeriis et tenacibus castimoniis numen nostrum promerueris, scies ultra statuta tuo fato spatia vitam quoque tibi prorogare mihi tantum licere* (xi, 6).

une préparation? Où sont les rapprochements essentiels? Quand on nous présente Osiris comme « l'homme-Dieu [1] » des Égyptiens, dont ils pleurent la mort comme s'il était un homme, et qu'ils adorent comme s'il était un dieu, nous songeons aussitôt à la Passion du Sauveur. Mais Osiris n'est pas un homme-Dieu ; c'est — comme tant d'autres — un homme divinisé, et on a vu de quelle façon il était pleuré et adoré. Il faut répéter encore qu'un mot n'est pas une démonstration. Le monothéisme ne peut être confondu avec le plus vague des panthéismes, la morale dont s'accommodaient les amies de Tibulle et de Properce n'est pas celle du Christ.

Il semble pourtant que les premiers fidèles aient emprunté au culte d'Isis une belle métaphore. Faisant allusion à la vie bienheureuse, on la comparait à un breuvage frais, ou plutôt on pensait, comme les anciens Babyloniens, qu'elle était entretenue par la vertu d'une eau sacrée. On disait au défunt : « Qu'Osiris te donne son eau fraîche », ou même : « Qu'Isis t'accorde l'eau pure d'Osiris ». Ce trait est en parfaite harmonie avec la révérence témoignée à l'eau du Nil, symbole d'Osiris. Il est donc original parmi les sectateurs d'Isis, et lorsque les chrétiens ont écrit sur les tombes *in refrigerium,* « qu'il soit dans un lieu frais ! » ils ont peut-être transporté et sans doute aussi transformé une

______

1. Lafaye, ouvrage cité, p. 68.

formule osirienne. Il se peut aussi que telle représentation d'Isis allaitant Horus ait été prise pour une Madone, et que la piété envers la très sainte Mère de Dieu ait employé des termes qui avaient été adressés à la reine égyptienne du ciel. Rien de tout cela ne porte atteinte à la divine originalité du christianisme. On nous dit que la religion d'Isis en est une ébauche. Séduisante par l'étrangeté de son pays d'origine, par les grâces assez suspectes de son personnel féminin, un peu floue et pâle, cette ébauche ne faisait guère prévoir le chef-d'œuvre de la religion de Jésus.

Encore une antithèse, quand du culte d'Isis nous passons aux mystères de Mithra. Tout y est ferme; c'est une religion de soldats, à tout le moins une religion virile, puisque, normalement, les femmes en étaient exclues.

Nous entrons ici spécialement dans le domaine de M. Cumont. C'est à lui qu'on doit le répertoire des textes, des inscriptions et des monuments relatifs à Mithra. Il ne les a pas seulement catalogués, il les a expliqués et en a tiré le tableau le plus animé de sa religion[1]. Il y a sans doute quelque impertinence et beaucoup d'ingratitude à s'appuyer sur cet admirable travail

---

1. *Textes et monuments figurés relatifs aux mystères de Mithra*, publiés avec une introduction critique; voir aussi l'article *Mithra*, par le même, dans le *Dictionnaire des antiquités* de Daremberg et Saglio, et Dieterich, *Eine Mithrasliturgie*.

pour chercher chicane à l'auteur sur quelques points. Mais nos observations ne porteront guère que sur les rapprochements entre le mithriacisme et la religion chrétienne, où nous voudrions plus de précision... scolastique. Un examen rigoureux de ce point est d'autant plus nécessaire que des savants non spécialistes semblent avoir tablé sur les études de M. Cumont pour proposer des conclusions contre lesquelles il serait sans doute le premier à protester.

Voici par exemple ce qu'on lit dans l'*Orpheus* de M. Salomon Reinach (p. 102) : « Les analogies avec le christianisme peuvent se résumer ainsi : Mithra est le médiateur entre Dieu et l'homme; il assure le salut des hommes par un sacrifice; son culte comporte le baptême, la communion, des jeûnes; ses fidèles s'appellent *frères;* dans le clergé mithriaque, il y a des hommes et des femmes voués au célibat; sa morale est impérative et identique à celle du christianisme. »

M. Reinach conclut que le christianisme et le mithriacisme ont une source commune. On conviendra que nous avons le devoir de vérifier si les prémisses ne sont pas équivoques, et si les mêmes mots ne doivent pas être entendus dans des sens différents.

En attendant le moment de cette discussion délicate, nous pouvons prendre M. Cumont pour guide dans ces obscures origines.

Ce fut un trait de lumière inattendu, que la

découverte, à Boghaz-Keui, du nom de Mithra sur une tablette cunéiforme[1]. Ainsi, Mithra était déjà connu comme dieu en Asie Mineure, au quinzième siècle avant Jésus-Christ. Lorsque l'*Avesta* ne le nomme que comme un génie, c'est qu'il a perdu, dans ce système, la place qu'il occupait encore au temps des Achéménides, et qu'il gardera dans le monde romain. L'*Avesta* — quoi qu'on pense de son antiquité — est donc une caution fort suspecte quand il s'agit du culte de Mithra; nous tenons à le noter dès maintenant.

Cependant, Mithra est un dieu perse. D'après M. A. Meillet, son nom signifie « le contrat »; il est le contrat personnifié, « la puissance immanente du contrat-dieu, omniscient, surveillant tout, ayant pour œil le soleil... Ce n'est pas un phénomène naturel, c'est un phénomène social divinisé[2] ». J'éprouve, pour ma part, quelque répugnance à attribuer à des peuples primitifs de semblables abstractions. Mais il ne faut jurer de rien. Les Romains, précisément parce qu'ils n'étaient pas spéculatifs, avaient donné à leurs concepts des contours très concrets, et ils les adoraient.

On serait cependant plus porté à voir dans Mithra un dieu de la lumière, investi, comme le

1. Winckler, *Mitteilungen der Deutschen Orient-Gesellschaft*, déc. 1907, p. 51.
2. *Le dieu indo-iranien Mitra* (*Journal asiatique*, 1907, p. 143-159).

Soleil babylonien, du contrôle sur les actes des hommes. Celui qui voit tout a des chances d'être un bon juge. De toute façon, Mithra est presque le Soleil, le plus souvent il est devenu le Soleil.

Déjà nous venons de trouver le dieu perse en contact avec le Chamach ou Soleil des Chaldéens. Ce ne fut pas le seul cas. Même vaincue par Cyrus, Babylone n'avait pas perdu son ascendant religieux et surtout astrologique. Les Mages et les Chaldéens étaient à peu près synonymes dans l'antiquité, signe certain que la corporation sacerdotale de l'Iran se mit à l'école des Chaldéens pour pénétrer les secrets des astres. La religion de Mithra, chez les Romains, est comme enveloppée de spéculations astrologiques qui n'ont pu altérer son fond primitif assez rudimentaire.

Il ne semble pas que les Grecs se soient mêlés de débrouiller cette confusion. Les princes du Pont, de la Commagène, de l'Arménie, de la Cappadoce, se targuaient de descendre de Darius; ils n'étaient pas moins fiers de s'être frottés à la culture hellénique. Antiochus II de Commagène assimila Mithra à Hélios et à Apollon. On ne pouvait empêcher les stoïciens de raisonner sur cette religion et de lui appliquer leur panacée[1]. Mais,

---

1. Tertullien, *Adv. Marc.*, I, 13 : *Aridæ et ardentis naturæ sacramenta leones Mithræ philosophantur*. Je continue à croire, avec M. Cumont, première manière, contre sa rétractation, que la conflagration finale a été empruntée par les mages aux stoïciens. Je ne puis concevoir le livre d'Hystaspe, cité par saint Justin, autrement que comme un apocryphe nourri de phi-

en somme, l'hellénisme battit froid au dieu perse.
Les grands centres de la civilisation grecque lui
demeurèrent fermés; il dut franchir d'un bond
l'espace qui séparait l'Iran, ou du moins l'Anato-
lie orientale, du monde occidental devenu latin.

Ses progrès y furent rapides. Il apparaît sous
Pompée, mais il ne prend son essor qu'à l'é-
poque des Flaviens, et déjà il est au troisième
siècle le culte le plus actif du paganisme.

Phénomène étrange et vraiment déconcertant !
Le dieu perse s'est présenté sans masque aux
adorations d'un empire rival, et il est devenu le
favori des empereurs. En 307, Dioclétien va jusqu'à reconnaître en Mithra le protecteur de
l'empire reconstitué.

C'est cependant exagérer beaucoup que de
prétendre que le mithriacisme balança le succès
du christianisme. Il était fermé aux femmes, qui
avaient, il est vrai, la ressource du culte appa-
renté de la grande déesse. Ne faisant aucune
avance aux sentiments de douceur et de compas-
sion, il ne satisfaisait pas non plus l'intelligence.
L'élite des penseurs du temps s'attaqua aussi, et
même plus vivement, au christianisme, mais le
christianisme offrait un aliment à la pensée, et
les apologistes menèrent avec succès le combat
au nom de la raison elle-même ; le culte de Mithra
n'eut pour défenseurs que des philosophes éclec-
tiques, comme Porphyre et Julien, qui n'en

losophie populaire. Dans le texte de Dion, le mythe est bien
persan, mais les explications sont stoïciennes.

surent rien tirer. Ce seul fait nous permet déjà
de juger sa doctrine.

De l'aveu de M. Cumont, elle fut médiocre[1].
On plaçait au sommet de la hiérarchie une abstraction, Zervan Akaréné, le Temps personnifié,
ce qui permettait aux fortes têtes de la secte de
raisonner sur l'être. Mais le dieu qu'on adorait
était le seul Mithra, qui n'avait pas de compagne, et qui, pratiquement, était le Soleil. L'a-
doration du Soleil laissait les sectateurs de Mithra
libres de s'entendre avec les Sémites. On a dit à
quel point le Soleil était devenu dans le monde
romain le centre du culte.

A défaut d'un dogme précis, les mithriaques
tenaient beaucoup à leur mythe. Mithra était
né d'un rocher. En compagnie du Soleil, il avait
capturé le taureau primordial ; et, sur l'ordre
de son compagnon, il l'avait mis à mort. La
mort du taureau avait donné naissance au monde,
dont Mithra était donc le créateur. Il était le dieu
de la Vérité, — les Perses abhorraient le mensonge, — et aussi de la Justice, propice à ses fidèles pendant cette vie et après leur mort. La
résurrection, d'après Tertullien, faisait partie
du système. Certaines combinaisons de textes
ont permis de penser qu'à la fin du monde le
taureau serait immolé de nouveau pour ouvrir

1. « Mais les doctrines du mithriacisme ne sont pas celles de
Zoroastre. Ce qu'il reçut de l'Iran ce sont surtout ses mythes
et ses rites ; sa théologie, toute pénétrée d'érudition chaldéenne,
ne devait pas différer sensiblement de celle des prêtres syriens » (*Les Religions orientales*, p. 182).

l'ère du salut. On s'expliquerait mieux ainsi l'importance suprême de la scène du meurtre du taureau. Elle occupait le fond de tous les sanctuaires mithriaques.

Ces sanctuaires étaient des cavernes, naturelles ou creusées, ou bâties en sous-sol. Elles ne pouvaient contenir qu'une centaine de personnes. Les fidèles étaient donc peu nombreux dans chaque communauté, et tous initiés, répartis en sept classes, dont les trois premières étaient exclues des mystères proprement dits. On était Corbeau, Occulte, Soldat, Lion, Perse, Courrier du Soleil et Père. Les mystes revêtaient des déguisements appropriés à leur titre, et chacun jouait son rôle consciencieusement[1], y compris les cris d'animaux. De sévères épreuves étaient réservées aux postulants. M. Cumont a toute raison d'affirmer qu'on n'allait pas jusqu'à pratiquer l'homicide, mais on exigeait un simulacre. Commode, nous dit-on, prit les choses plus au sérieux et tua son homme[2].

Il faut le dire, ce mystère était un attrait puissant. Les mithriaques faisaient partie d'une société secrète où l'on n'était pas admis sans avoir fait ses preuves de courage. Dans ces petites communautés, on était étroitement lié. Les initiés se nommaient *frères*. L'affranchi y cou-

---

1. « Alii sicut aves alas percutiunt vocem coracis imitantes, alii leonum more fremunt. » (*Ps. Aug.* du IVᵉ s.).

2. « Sacra mithriaca homicidio vero polluit cum illic aliquid ad speciem timoris vel dici vel figi soleat » (Lampride).

doyait le clarissime. Rien ne prouve que cette fraternité s'étendît à tous les hommes, comme dans le christianisme; le titre n'en était que plus recherché. Et si l'on tient aux comparaisons, la franc-maçonnerie ne vient-elle pas à la pensée plus justement que la société chrétienne? Hâtons-nous d'ajouter, pour ne pas tomber dans le défaut que nous reprochons à d'autres, que les francs-maçons n'ont guère de commun avec les mithriaques que des épreuves plus ou moins sérieuses et un accoutrement plus ou moins extraordinaire.

Nous ne sommes pas dispensé, pour cela, d'aborder les points où l'on prétend que la religion de Mithra et celle de Jésus trahissent une origine commune. La discussion en est assez délicate; l'importance du sujet nous fera pardonner d'entrer dans quelques détails.

Mithra est créateur. Mais dans quel sens? Il a procuré la création des êtres animés en tuant le taureau; cela ne ressemble guère à la création par le Verbe.

On ajoute qu'il est rédempteur. C'est un nouvel abus des termes. Tout au plus pourrait-on dire qu'il est sauveur, se montrant, comme tous les dieux, propice à ses fidèles.

Il est médiateur, et l'on cite le mot grec *mésitès*, médiateur entre le Dieu suprême et l'humanité. Cela se répète avec un accord parfait, comme si les faits étaient assurés. Mais je ne trouve le mot que dans Plutarque, et avec un sens tout différent. Mithra y est médiateur, parce qu'il tient le milieu entre le dieu du bien et le dieu du mal[1]! Aucune des nombreuses inscriptions en l'honneur de Mithra ne le nomme médiateur; il était, pour ses dévots, le dieu suprême, car le Temps personnifié n'était qu'une abstraction. Nulle part on ne voit Mithra réconcilier le monde avec Dieu, moins encore par l'offrande de son sang.

Mais il y a « la communion », terme technique, s'il en fut, pour désigner la participation des chrétiens à l'Eucharistie. Il est vrai qu'on dit si souvent aujourd'hui « communier avec la nature »! C'est, je pense, un peu de cette sorte qu'on communiait avec Mithra. Cependant, M. Cumont nous dit très précisément : « Mithra, à la fin de sa mission terrestre, célébrait un festin, qui était commémoré par le banquet sacré des mystes, de même que, chez les chrétiens, la dernière Cène l'était par la communion[2]. » Et encore : « On plaçait devant le myste un pain et une coupe remplie d'eau, sur laquelle le prêtre prononçait des formules sacrées. Cette oblation du pain et de l'eau, à laquelle on mêlait sans doute ensuite du vin, est comparée par les apologistes à la communion chrétienne[3]. »

1. Il faut citer (*De Is.*, 46) : μέσον δ' ἀμφοῖν τὸν Μίθρην εἶναι· διὸ καὶ Μίθρην Πέρσαι τὸν μεσίτην ὀνομάζουσιν. Il n'y a aucune raison d'isoler l'explication de Plutarque de son renseignement. Μεσίτης peut signifier intermédiaire aussi bien que médiateur.
2. Textes, I, p. 174 et s.
3. Textes, I, p. 320.

Je ne doute nullement du banquet mitriaque, mais je doute beaucoup du festin de Mithra lui-même. En pareil cas, les spécialistes des religions n'hésitent pas à dire que le rite est la source du mythe. Le banquet en commun a été pratiqué dans presque toutes les sectes ; les mithriaques ont conclu, de leur usage, que Mithra lui-même avait célébré un festin. On ne peut pourtant pas comparer ces faits à l'institution très historique de la dernière Cène, dont l'Eucharistie est très certainement la commémoraison. Ce qui fait la confusion ici, c'est « la mission terrestre ». Ne dirait-on pas Mithra envoyé par son Père, et s'incarnant pour vivre avec les hommes? Or, le compagnon de la cène de Mithra, c'est le Soleil, ce qui nous transporte dans une existence plus mythique que terrestre. Quant au vin qu'on aurait mêlé à l'eau, il n'y a d'autre raison de l'y mettre que l'usage chrétien! Que l'on complète le mithriacisme d'autres traits de cette façon, et la ressemblance sera encore plus saisissante! Et ces formules sacrées prononcées sur le pain et l'eau nous font penser aussitôt, sans qu'on nous avertisse, à la consécration de l'Eucharistie. Mais les paroles qu'on prononçait alors ne sont sûrement que l'explication du symbole, et voilà encore une ressemblance de moins[1].

---

1. Justin (*Apol.*, 1, 66), auquel nous devons ce renseignement, dit que le pain et la coupe d'eau étaient placés μετ' ἐπιλόγων τινῶν, qu'il faut prendre dans le sens d'Aristote (*Rhét.*, II, XXI, 6).

La vraie ressemblance entre les deux Cènes est surtout plastique. J'avoue qu'en comparant certaines peintures des catacombes et certains reliefs mithriaques, on a l'impression d'assister à la même cérémonie. Mais on sait combien l'art est impuissant à rendre le sens intime et surtout théologique des choses. Et, s'il y a dépendance artistique, il faudrait se demander quels ont été les imitateurs. Les scènes des catacombes ne sont-elles pas antérieures ? Ce serait déjà un argument en faveur de leur originalité.

M Cumont lui-même semble reconnaître la dépendance des artistes mithriaques. C'est à propos de l'ascension de Mithra : « Nous remarquons une fois de plus, dans cette conclusion de la légende sacrée, une analogie remarquable et certainement voulue avec les récits de l'Ancien et du Nouveau Testament.

« Après avoir accompli sa mission ici-bas, après une dernière Cène célébrée avec ses compagnons, Mithra était remonté au ciel, et son ascension avait été accompagnée de prodiges au moins aussi remarquables que celle du Sauveur des chrétiens. Ainsi le voulait la rivalité des deux religions[1]. »

L'Ancien Testament figure ici à cause du récit de l'enlèvement d'Élie. La pensée de M. Cumont n'est évidemment pas que ce récit ait été inspiré

____

1. Textes, I, p. 179.

par le mithriacisme. Sauf des bas-reliefs danubiens du troisième siècle, on ne sait rien de l'ascension de Mithra. Qui ne voit de quel côté est l'imitation?

On nous dit encore que, comme Jésus-Christ, Mithra est juge. Il juge les âmes selon leurs mérites ou leurs démérites. Et il est constant que l'idée d'une rétribution très stricte est au premier rang des doctrines de l'*Avesta*. Je voudrais qu'on le prouvât de la religion de Mithra. Le dieu était probablement chargé de conduire les âmes à travers les sept sphères qu'elles devaient traverser, pour arriver au huitième ciel. A chaque sphère, l'âme revêtait un vêtement nouveau. Ne sont-ce pas, précisément, les sept déguisements des mystes? Est-on sûr que le degré d'initiation n'importait pas plus que les bonnes actions? Toute religion où l'initiation est réservée et secrète est exposée au péril de faire passer avant tout les intérêts de la secte.

Nous professons, nous aussi, « hors de l'Église, pas de salut », mais saint Paul disait, avec quelle force! que les pécheurs n'entreraient pas dans le royaume de Dieu. La morale de Mithra était-elle aussi impérative et aussi stricte? On le prétend, et c'est même la partie brillante du mithriacisme une religion de soldats, et donc une religion de fidélité au serment, de vérité, de loyalisme.

Je rends hommage à une religion de soldats, mais quelle raison a-t-on de célébrer la vigueur morale des mithriaques?

C'est que la religion des Perses est une religion dualiste. Le monde est partagé en deux camps : d'un côté le bien, de l'autre le mal ; on combat avec Ormuzd contre Ahriman. Quoi de plus propre à fortifier la volonté, que le choix d'un étendard, de l'étendard du bien ? — C'est la doctrine de Zoroastre dans l'*Avesta,* soit ! Mais on nous a averti que zoroastrisme et mithriacisme font deux. Du moins est-il peu correct de suppléer une doctrine par l'autre, si c'est à l'encontre de textes positifs.

On n'a pas oublié que, d'après Plutarque, Mithra est intermédiaire entre Ormuzd et Ahriman ; c'est un intermédiaire soucieux de ménager les deux partis. Comme il a enseigné à offrir des sacrifices au dieu bon, il a enseigné à offrir des sacrifices au dieu du mal. Le texte est formel. On ne saurait le « solliciter » et on ne gagnerait rien à le corriger : il y a des dédicaces des mystes au dieu Ahriman, et même, doit-on le dire ? de la part d'un *pater patrum* qui lui avait fait un vœu[1] !

La morale se serait élevée jusqu'à l'ascétisme : « Dans le clergé mithriaque, nous a dit M. Reinach, il y a des hommes et des femmes voués au célibat[2]. » M. Cumont admet, lui aussi, ce « monachisme mithriaque », d'autant plus remarquable que le mérite attaché au célibat est con-

---

1. N° 27 de Cumont : D(eo) Arimanio Agrestius v(ir) c(larissimus), defensor, magister et pater patrum voti c(ompos) d(at).
2. Passage déjà cité, *Orpheus,* p. 102.

traire à l'esprit du zoroastrisme[1]. De plus, jusqu'à présent, on ne connaît qu'une femme qui ait été affiliée au culte de Mithra! D'où lui viendraient donc ces « vierges » et ces « continents » dont parle Tertullien[2]? C'est une grosse difficulté que M. d'Alès a très bien résolue[3]. Dans le passage cité, Tertullien ne parle plus de Mithra, mais du diable. En même temps, s'évanouit le personnage du *Souverain Pontife* de Mithra, qu'on admettait sur l'autorité du même Tertullien, et cette ébauche d'église universelle dont il n'y a de trace nulle part ailleurs.

Loin de nous la pensée de rabaisser un culte dont la morale fut probablement supérieure à l'immoralité discrète du culte d'Isis. Toutefois, avant de donner à un mithriaque la communion sans confession, demandons-lui quels rapports il entretient avec la grande déesse? S'il n'en fréquente pas les mystères, il y envoie du moins sa femme et ses filles.

Mithra vit seul et, assure-t-on, il est chaste. Il y a d'autant plus de mérite qu'il voisine avec la *Magna Mater* dont le culte était le plus effrontément choquant de l'antiquité. S'il est vrai que « les deux religions vécurent en communion intime sur toute l'étendue de l'empire[4] », on attendra d'avoir percé le mystère des grottes

1. Textes, I, p. 324.
2. *De praescr.*, 40.
3. *Mithriacisme et Christianisme*, dans la *Revue pratique d'apologétique*, 1907, p. 519, note 3.
4. Cumont, *Les Religions orientales*, p. 81.

mithriaques pour célébrer la morale de leurs paroissiens.

Ce serait ici le lieu d'aborder les mystères de la grande déesse, celle des religions orientales qui pénétra la première dans l'empire romain. Mais il y aurait quelque pudeur à en parler à propos des origines du christianisme. Il suffira de rappeler avec M. Cumont ces Galles de la Grande-Mère qui provoquent l'extase « par l'éréthisme de danses vertigineuses et d'une musique étourdissante, ou même par l'absorption de liqueurs fermentées après une longue abstinence[1] ». Saint Paul ne nous crie-t-il pas : « Quel accord y a-t-il entre le Christ et Bélial[2]? »

Le plus rapide coup d'œil jeté sur les religions orientales aux trois premiers siècles de notre ère permet de constater que le christianisme ne leur a emprunté aucun article de son *Credo*. Le seul point vraiment commun est l'espérance de la résurrection des morts, attesté par Tertullien pour le culte de Mithra. Encore ne savons-nous pas si ses sectateurs l'entendaient d'une manière aussi spirituelle que saint Paul, et il est certain que Jésus a trouvé ce dogme admis par les maîtres d'Israël[3].

1. *Les Religions...*, p. 38.
2. II Cor., vi, 15.
3. Nous n'avons pas à discuter ici s'il appartenait aussi à l'an-

Nulle part, nous n'avons rencontré le monothéisme proprement dit, tel qu'il existait chez
les Juifs. Point d'homme-Dieu, point de rédempteur en dehors de l'Église chrétienne, point
d'Eucharistie. La morale des religions orientales
était celle des païens du temps. Aucun texte ne
nous autorise à supposer que les sanctuaires
aient exigé rien de plus, sauf des exercices rituels
sans portée pour la réforme de tout l'homme;
plusieurs textes nous obligent à conclure que la
moralité des rites et la conduite des prêtres
étaient au-dessous du niveau moyen des hon-
nêtes gens[1].

Ce n'est pas là le spectacle qu'offrait le christianisme. Avec quelle assurance Origène parle à
Celse de la réforme des mœurs opérée par la
foi chrétienne, de la certitude qu'il a de son
succès final; l'âme humaine, appelée comme
juge, se prononcera en faveur du bien !

Mais, répétons-le, la supériorité du christianisme n'est pas en question. Même si l'on exclut
l'influence positive des religions orientales sur

cienne doctrine persane; notons cependant qu'Antiochus de
Commagène ne le professait pas, puisqu'il s'attendait à ce que
son corps restât pour toujours dans le tombeau, pendant que
son âme monterait au ciel d'Oromasdès.

1. Saint Augustin a noté qu'on disait devant la statue de la
mère des dieux des choses qu'on n'oserait pas dire devant sa
mère : *quæ sunt sacrilegia, si illa sunt sacra ?* (*Cité de Dieu*,
II, 4). Le même saint Augustin avouait ne pas connaître ce qui
se passait dans les mystères, mais il était édifié sur le compte
de ceux qui les représentaient : *nescimus quid agant, sed
scimus per quales agant* (*Cité de Dieu*, VI, 7).

le dogme chrétien, il reste le problème d'une action indirecte qui aurait préparé, sinon la formation du christianisme, du moins son triomphe.

On est particulièrement impressionné en lisant que ces religions orientales, comme le christianisme, pleurent la mort de leur dieu et célèbrent sa résurrection. On ne peut soutenir sérieusement que la Passion du Christ a été écrite à l'instar de la passion d'Attis, d'Adonis et d'Osiris, et ce n'est pas non plus d'après les religions païennes que les disciples ont conçu la résurrection de Jésus. Mais enfin on assure que les âmes étaient conduites par ces histoires tragiques à admettre le drame du Calvaire.

Quelques-unes ont suivi cette voie, peut-être. Qui pénétrera dans les ressorts secrets qui mènent une âme à la conversion? Mais si la connaissance des religions veut mériter le nom de science, elle doit se défier des rapprochements qui ne touchent que la surface.

Ce qui fait l'intérêt religieux de la Passion de Jésus, c'est qu'il est mort pour le salut des hommes. Après avoir assis le principe inébranlable de l'unité de Dieu, le christianisme ajoutait que le Fils, égal au Père, un avec le Père, s'était incarné pour nous. « Il m'a aimé, et il s'est livré pour moi. » Le péché est effacé, et, pour le commettre de nouveau, il faut répandre de nouveau le sang du Fils de Dieu. Le chrétien converti commence une vie nouvelle, consacrée à l'amour du Dieu qui l'a aimé.

Quel rapport y a-t-il entre cette histoire et la mort accidentelle d'Attis, d'Adonis ou d'Osiris, pleurés par leurs amantes? Ces mythes, représentés sur la scène mystique ou chantés par les poètes, arrachaient des pleurs aux âmes tendres, comme les malheurs d'Œdipe ou d'Hécube. Une joie folle se déchaînait quand le jeune héros, divinisé, était rendu à l'amour — de sa déesse, plutôt qu'à celui de ses fidèles.

Encore, si les prêtres s'en étaient tenus à ce que toute douleur humaine a de sacré! Mais ils sentaient très bien que leurs légendes ne pouvaient inspirer que des idées fort basses sur la divinité. Qu'un philosophe vienne à passer, il raillera ces aventures aussi plaisamment que celles d'Aphrodite ou de Bacchus. Il fallait pénétrer le sens caché du mystère! Et les prêtres n'avaient d'ailleurs qu'à se rappeler le sens premier de tous ces mythes naturistes. On pleurait la mort du grain semé en terre pour renaître. La science moderne est ici parfaitement d'accord avec les observations des apologistes. Le fond le plus solide du livre récent de M. Frazer sur Adonis, Attis, Osiris[1], est d'avoir montré que ces dieux étaient le seul dieu-grain, et surtout que les anciens avaient assez nettement conscience du caractère agricole de ces dieux.

Firmicus Maternus l'a parfaitement compris

1. 2ᵉ éd., 1907.

d'Osiris[1] et d'Attis et il nous dit expressément que c'était l'explication des défenseurs de leurs cultes. Mais alors, disait le chrétien, pourquoi tant de mystère? Pourquoi ces histoires scandaleuses destinées à voiler un fait si naturel? Et enfin pourquoi pleurez-vous sur les fruits de la terre[2]?

Ainsi les défenseurs des mystères orientaux — comme ceux de tous les autres — n'osaient soutenir la réalité de leurs histoires parce qu'alors les partisans d'Évhémère auraient eu trop beau jeu pour en récuser la valeur divine. Ils se réfugiaient dans le naturalisme, ou plutôt ils n'en pouvaient sortir. On continuait à jouer les scènes traditionnelles, puis on expliquait qu'il n'y fallait pas croire[3]. On n'obtenait un sens divin du scenario légendaire qu'en recourant au panthéisme qui divinisait tout. Et quelle morale, quelle charité envers Dieu pouvait naître de ces spectacles peu édifiants ou de cette exégèse désespérée? Du sang qui coulait dans ces mystères, aucune vertu n'a germé.

Aussi bien, répétons-le, la mort des dieux n'avait aucun rapport avec les péchés des hommes. Ceux qui désiraient expier et obtenir leur pardon ne songeaient même pas à le deman-

---

1. Après Plutarque, nous l'avons vu.

2. *Defensores eorum volunt addere physicam rationem, frugum semina Osirim dicentes esse... cur plangitis fruges terræ? (De errore profanarum religionum, n).*

3. *Quærunt quemadmodun sarciant fabulas, nec inveniunt* (Aug., *Cité de Dieu,* IV, 10).

der au nom de la prétendue passion du dieu.

Mais ce besoin d'expier, cette inquiétude de l'âme, allant de purification en purification, sans être satisfaite que par l'effusion sanglante du taurobole, ce désir de s'unir à Dieu, ne préparaient-ils pas à recevoir la foi du Christ?

Il se peut encore. Tout plutôt que l'indifférence! Le dix-neuvième siècle, avec ses agitations et ses révolutions, était plus propice à l'action religieuse, aux *revivals,* que le dix-huitième siècle. On a vu des saint-simoniens poursuivre leur idéal de communisme jusque dans la vie religieuse. De pareilles conversions auraient été plus difficiles parmi les lecteurs de l'Encyclopédie. Il y fallut la Révolution. Les contemporains de Cicéron[1], irrévérencieux et sceptiques, n'auraient point été aussi avides de recevoir la bonne nouvelle que ceux qui s'empressaient aux initiations d'Isis ou de Mithra. Mais d'autre part, les religions orientales fournissaient une réponse à l'anxiété religieuse, un aliment à la dévotion; avant d'embrasser une foi nouvelle, il fallait avouer qu'on s'était trompé. Leurs prétentions scientifiques ne favorisaient pas l'humilité; quand on s'estimait si éclairé, arrivé au plus haut degré de la connaissance mystique, qu'avait-on besoin d'une révélation, prêchée le plus souvent par des gens simples et sans culture?

Tout compte fait, la sagesse vulgaire des poètes

---

1. Gaston Boissier, *La Religion romaine*, 2ᵉ éd., I, 398 et s.

comiques[1] exprimait mieux les sentiments de
l'âme « naturellement chrétienne », qui implore
la lumière et la grâce d'en haut. L'un d'eux,
assez inconnu, Anaxandrides[2] prêtait à l'un de
ses héros ce langage : « Pour ce qui regarde les
choses divines, nous sommes tous des sots, ou
plutôt nous ne savons rien. »

Ce qui eût vraiment disposé les âmes, c'eût été
ce qu'on imagine trop facilement, un appel vi-
brant vers les choses de l'au-delà, vers Dieu lui-
même, ce qu'on nomme le désir du salut. Mais,
cette fois encore, on pourrait bien avoir été entraîné par un rapprochement purement verbal.
Le mot de salut est équivoque. Il devient, il est
vrai, très fréquent depuis les Séleucides, et Cicéron en fait l'attribut le plus précieux de la divinité[3]. Mais le salut s'entend toujours du bonheur d'ici-bas ; pas une seule fois il n'est employé
de la vie future auprès de Dieu[4].

Voici, dira-t-on, qui est beaucoup plus précis,
et nous pourrons cette fois parler d'une préparation au christianisme. Après tout, il était de la
Providence de Dieu de disposer toutes choses
pour l'avènement de son Fils.

Au temps de l'empire, il s'est produit, il est

---

1. Les fragments de Ménandre se sont enrichis, à l'époque romaine, de belles sentences où il est assez souvent question de
Dieu.

2. Didot, *Frag. comic. grec.*, p. 422.

3. Cicéron, *Pro Lig.*, 38.

4. Wendland, Σωτήρ dans la *Revue allemande pour le Nouveau Testament,* 1904, p. 335 et s.

vrai, ce fait nouveau que la religion est devenue
à la fois individuelle et universelle. Il n'y a plus,
comme dira saint Paul, ni Grec, ni Barbare ; il
n'y a plus des patriciens et une plèbe ignorante
des rites sacrés ; il n'y a plus de trahison à adorer
les dieux de Véies quand on est né à Rome.
Chacun, citoyen romain ou provincial, maître ou
esclave, sénateur ou affranchi, embrasse le culte
où il croit trouver le bonheur. Et, du même coup,
les religions franchissent les bornes de la cité et
deviennent des religions universelles, supérieures en cela au judaïsme lui-même qui ne consentit jamais que la religion débordât la race.

Ce fait a une portée considérable ; il faut la
reconnaître, il ne faut pas l'exagérer. Les petites
cités ayant perdu l'autonomie, leurs citoyens
étaient devenus sujets, puis, par la grâce de
Caracalla, citoyens d'un grand empire. Les dieux
avaient naturellement suivi le mouvement. Leur
sphère d'action s'était agrandie, mais il fallait
qu'ils fussent soumis aux lois de l'État, aussi
bien que leurs adorateurs. Ceux qu'accueillait
le prince n'étaient plus des étrangers ; en devenant impérial, Mithra était devenu Romain.
Aussi jamais on ne pensa à Rome que la religion
eût cessé de regarder l'État ou d'être intime-
ment liée à la vie civile et publique. Si les Juifs
pouvaient adorer un Dieu aussi jaloux que celui des chrétiens, c'est qu'il était leur dieu national. Ils se conformaient au principe traditionnel ; il n'y avait rien à leur dire. Tout autre

était la situation des chrétiens. Ils avaient beau
affirmer leur loyalisme pour l'empire, leur dévouement à l'Empereur, on les traitait d'athées,
eux qui avaient le même Dieu que les Juifs,
parce que leur Dieu n'était le Dieu d'aucune nation.

Il n'y avait donc point alors de religion universelle dans le sens où nous l'entendons, indépendante de l'État ; les barrières avaient été
reculées, elles n'avaient pas disparu.

Et quelle était, dans cette tendance à l'individualisme, la part des religions orientales ? Elles
ont profité d'un état de fait, plutôt que créé un
principe.

C'est de la Grèce du quatrième siècle qu'est
sorti ce robuste individualisme qui seul pouvait
mettre sur la voie d'une religion universelle.
L'idée que la justice est absolue, qu'elle a sa
règle en dehors et au-dessus des institutions de
la cité, que l'individu doit la poursuivre pour
elle-même, cette idée vient de Socrate ou du
moins de Platon. Bientôt l'individu osera se dire
citoyen du monde, mais déjà Platon avait nommé
« cette cité gouvernée par Dieu, le véritable
maître des êtres raisonnables [1] ». Cette pensée,
beaucoup plus que le fait matériel de la fusion
des états, était de nature à promouvoir une religion universelle, qui attachât tous les hommes
au même Dieu. Seul le christianisme devait

1. *Lois,* éd. Didot, II, p. 224.

donner à ce principe de raison toute sa portée religieuse.

Quant aux religions orientales, osons dire toute la vérité. Si elles ont paru rompre avec la tradition des cultes officiels, c'est cependant bien l'Orient qui a fait renaître sous une forme plus odieuse la religion d'État. Seulement, — et ce n'était pas un gain, — la cité fut remplacée par un despote.

Pendant qu'on jouait les *Perses* d'Eschyle, les Athéniens furent surpris d'entendre les Perses traiter le grand roi d'égal au « démon », de « démon », de « dieu » enfin. Et sans doute ils étaient froissés dans leurs sentiments religieux, mais flattés aussi de leur propre supériorité sur des barbares, capables par flatterie de donner du divin à leur roi.

L'Orient prit sa revanche, car ce fut lui qui porta à la religion des Grecs et des Romains le coup le plus fatal, en leur suggérant de diviniser leurs maîtres. C'est l'Orient adulateur qui a imposé cette flétrissure à l'Athéné du Parthénon, d'en faire la complice des excès d'un Démétrius Poliorcète[1]. Les Athéniens, il faut

---

1. Dès l'an 302, les Athéniens chantaient en l'honneur de Démétrius : « Voici que les plus grandes, les plus chères des divinités sont dans notre ville : la fortune nous amène à la fois Déméter et Démétrius. L'une vient célébrer les mystères sévères de Coré ; l'autre est là, joyeux, beau, souriant comme il convient à un dieu. Salut, fils du tout-puissant Poséidon et d'Aphrodite! Les autres dieux sont loin de nous, ou ils n'ont pas d'oreilles, ou ils n'existent pas, ou ils ne font nulle attention à nous; mais toi, nous te voyons, tu nous protèges vraiment de ta présence, tu n'es pas

l'avouer, sont entrés vivement dans ce jeu dégradant, mais du moins on avait protesté quelque part en Grèce quand la rumeur se répandit qu'Alexandre avait trouvé la divinité en Égypte.

Une fois gagnés à cette religion nouvelle, les Grecs trouvent naturel d'adorer même des étrangers, pourvu qu'ils soient vainqueurs. Titus Q. Flaminius, en 196 avant Jésus-Christ, reçoit des Chalcidiens les honneurs divins. Vers la même époque, Smyrne bâtit un temple à la déesse Rome. En 45 avant Jésus-Christ, on élève à Rome un autel à César, dieu invincible; on avait bien adoré les Attalides à Pergame, les Séleucides en Syrie, les Ptolémées en Égypte. Puisqu'on veut dresser le bilan des influences orientales, il ne faut pas négliger celle-là. Et M. Cumont nous a appris encore que si les empereurs ont été si favorables à Mithra, c'est que son culte favorisait singulièrement les prétentions les plus extravagantes du despotisme impérial.

Au cinquième siècle avant notre ère, le christianisme se serait heurté à chaque pas aux remparts des petites cités; la soumission d'une ville au joug du Christ aurait été pour la voisine une raison d'expulser les chrétiens; les succès les plus brillants n'auraient eu qu'un retentissement très limité. Dans l'empire, la bonne nouvelle passait librement et pouvait espérer de gagner

une idole de bois ou de marbre. Aussi, t'adressons-nous nos vœux.» Dans Colin, *Rome et la Grèce de 200 à 146 avant J.-C.*, p. 284.

le monde méditerranéen en une seule bataille.
Mais aussi il suffisait d'un mot pour que la même
police, partout active, lui déclarât une guerre
sans merci. Il avait plu à Dieu que le théâtre
fût plus grandiose, mais non que la victoire fût
moins chèrement achetée. Or le grand adversaire, ce fut le pouvoir impérial, la religion de
César que l'Orient avait vraiment fondée, unie
à ce paganisme naturaliste et panthéiste commun
à toutes les religions.

Ce n'est pas seulement au quatrième siècle
qu'il n'y a qu'un seul paganisme ; à mesure que
les religions orientales pénètrent dans le monde
romain, on s'en aperçoit mieux.

On se tolère parce qu'on se comprend, on se
comprend parce qu'on a les mêmes croyances.
Si l'État romain s'opposa pendant quelques
années à l'introduction du culte d'Isis, c'était
pour obéir au droit public ancien, non pas au
nom d'une religion meilleure. Je ne sais où
M. Cumont a vu la trace de luttes intenses,
engagées par les prêtres orientaux, pour arracher les foules à leurs vieux cultes ancestraux[1].
Les inscriptions nous montrent les dieux syriens gagnant du terrain par l'assimilation au
Jupiter optimus maximus. Isis fusionnait avec
presque toutes les déesses, Mithra fut le Soleil
invincible. Quand les dieux gardaient mieux
leur aspect propre, ils fraternisaient. Les prê-

____

1. *Les Religions orientales*, p. 34.

tres du culte officiel affichaient leur dévotion aux divinités orientales.

Qu'il nous soit permis de citer ici M. Toutain[1] : « Ainsi, ce que les documents nous apprennent sans doute ni contestation possible, c'est que, dans les diverses provinces latines de l'empire, l'accord fut parfait entre les cultes officiels et les cultes païens, soit venus de l'Orient, soit particuliers aux anciennes populations. » Encore ne faut-il pas exagérer le triomphe des religions orientales sur les cultes officiels. Ceux-ci avaient pour eux une antique tradition, la splendeur des temples, les souvenirs littéraires, l'appui normal et constant du pouvoir.

« Les apologistes, nous dit-on, s'attardent à réfuter des erreurs vieillies. » Il se peut, mais ils ont aussi conscience des périls présents. Ni Origène, ni saint Augustin, n'ont ignoré les cultes orientaux, mais ce n'est pas de ce côté qu'ils ont vu le danger. Et en effet, si les chrétiens sont morts, c'est qu'ils ont refusé d'adorer le génie de l'empereur ou les dieux de l'empire. La colère des foules contre eux montre assez que le grief était grave et que la religion de l'empire était profondément enracinée. Et, au fond, il n'y avait vraiment en présence que la religion païenne, refusant d'adorer le dieu unique qu'elle pressentait, et le christianisme.

Cette unité du paganisme, M. Cumont la

1. J. Toutain, *Les Cultes païens dans l'empire romain*, I, p. 239.

reconnaît au quatrième siècle de notre ère, après que les religions orientales auront fait leur œuvre et enrichi le paganisme romain. Il y a plus, il est tenté de rapprocher cette religion païenne de la religion chrétienne elle-même. N'avaient-elles pas, en somme, le même Dieu ? « Les deux croyances opposées se meuvent dans la même sphère intellectuelle et morale, et, de fait, on passe alors de l'une à l'autre sans secousse et sans déchirement[1]. »

C'est là, je l'avoue, ce qui m'a le plus péniblement surpris dans un livre d'ailleurs si estimable ; car, la ressemblance des deux croyances fût-elle réelle, il faudrait se demander si le progrès n'est pas dû au christianisme, au lieu de l'attribuer « à l'esprit religieux et mystique de l'Orient ». Ou plutôt il faut voir dans la sublimité qu'affecte maintenant le paganisme, dans son effort pour constituer une morale religieuse, un effort suprême pour résister au christianisme vainqueur.

On nous cite un beau passage de Maxime de Madaure en 390 : « Il n'existe qu'un dieu suprême et unique, sans commencement et sans descendance, dont nous invoquons, sous des vocables divers, les énergies répandues dans le monde », etc. Ce monothéisme incohérent est-il supérieur à l'hymne de Cléanthe ? D'autres en jugeront. Mais n'est-il pas évident que Maxime,

____

1. *Les Religions orientales.*

écrivant à saint Augustin, a voulu élever son panthéisme au niveau du monothéisme de l'évêque?

Saint Augustin n'ignorait donc pas le point précis de la controverse, mais il répondait sans se lasser : c'est toujours la nature que vous adorez au lieu de rendre hommage à son auteur.

Pour la morale, les païens eux-mêmes ont senti le déficit.

« Julien avait voulu organiser dans les temples tout un enseignement moral[1]. » Il faisait donc défaut jusqu'alors ? Julien, qui était un fervent sectateur de Mithra, a-t-il essayé d'opposer sa rigueur morale à celle d'une religion abhorrée? Mais il est assez évident, je pense, que Julien, pour vaincre le christianisme, n'a rien trouvé de mieux que de l'imiter. Lui-même n'a-t-il pas excité l'émulation des païens par le spectacle des vertus chrétiennes ?

Le paganisme du quatrième siècle est donc une religion évoluée, — rien ne demeure immobile; — il n'est pas revenu à l'animisme, — rien ne retourne en arrière! Mais les hommes tombent parfois dans d'étranges aberrations, et ce fut une aberration que de chercher le salut dans les religions orientales. Elles étaient devenues plus savantes, plus spirituelles, plus soucieuses de s'unir à un dieu un, plus préoc-

---

1. Cumont, *Les Religions orientales*, p. 327.

cupées peut-être de l'existence de l'au-delà ; mais tout cela se trouvait aussi dans les religions officielles. Si donc on alla aux religions orientales, il y a lieu de croire que ce fut pour satisfaire un attrait des sens plus grossier, ou la curiosité qui s'attache à l'inconnu, ou le désir de s'assurer une sûreté de plus[1].

S'il y avait progrès depuis les jours des Hammourabi et des Touthmès, il avait surtout consisté à augmenter la séduction et la puissance d'une conception naturiste vieille à tout le moins comme l'histoire. Cela pouvait durer longtemps encore ; on ne voit pas que le monothéisme ait eu plus de chance de sortir d'un système qui lui faisait sa part pour éviter de reconnaître ses droits. Les esprits s'embrouillaient dans ce pathos. Le progrès ne conduisait pas au christianisme, il donnait des prétextes aux païens. La Grèce fournissait des arguments, l'Orient contentait certaines aspirations mal définies, rassurait les âmes par l'ascendant des traditions antiques, à l'occasion invitait au plaisir.

Ce sont bien toutes les forces de l'esprit humain, pour ne pas dire, avec les Pères, des démons, qui barraient la route à la vérité que prêchait le christianisme. Toutes les combinaisons étant épuisées, et la grâce de Dieu aidant, on se rendit.

---

1. Il semble bien que ce fut aussi le sentiment de M. Gaston Boissier, qui connaissait si bien les différents aspects de la religion romaine.

C'est ainsi qu'ont compris les Pères, témoins de la lutte qui s'est livrée dans les âmes, lutte qu'ils ont parfois éprouvée dans leur propre cœur avant de devenir des directeurs spirituels et des apôtres. Leur témoignage est d'autant moins suspect qu'ils ont volontiers rendu hommage aux vertus naturelles des Romains et à la perspicacité des Grecs. Leur impression très nette est que les païens, de leur temps, valaient mieux que leurs religions et que leurs prêtres. Les études récentes ne paraissent pas leur donner tort.

IV

DAPHNÉ, PAR ALFRED DE VIGNY

(*Le Correspondant*, 25 mars 1914.)

Alfred de Vigny compte aujourd'hui plus d'admirateurs que de son vivant. D'autres, plus
grands que lui, ont reçu davantage l'empreinte
de leur temps, et l'ont conservée. Ses poèmes,
les *Destinées* surtout, sont comme ces médailles
qu'on peut croire d'hier parce qu'elles n'ont pas
de millésime. Et si les « Vignystes » ne sont
toujours pas très nombreux, ils sont très fervents.
Aussi ont-ils appris avec joie la publication
d'une œuvre importante du poète philosophe :
Daphné.

Très soucieux de perfection, Vigny avait laissé
dans ses cartons l'ébauche d'un grand ouvrage
qu'il ne put jamais terminer. Une fois encore,
Vigny donnait, comme M. Faguet l'a si bien dit[1],
la sensation « du grand et de l'incomplet ». Car
il manquait un « peu d'haleine » et il avait trop

---

1. *Études littéraires, XIXᵉ siècle*, p. 141.

entrepris en rêvant d'encadrer dans un roman moderne l'histoire de trois grands réformateurs religieux : Julien l'Apostat, Mélanchton et J.-J. Rousseau. C'eût été, dans l'ordre religieux, le pendant de *Stello,* une deuxième consultation du docteur Noir.

Cependant, la première partie, relative à Julien l'Apostat, était écrite dans cet état défini- tif qui n'eût comporté que quelques retouches littéraires. Un poète très distingué, M. Fernand Gregh, a tenu à honneur d'éditer l'œuvre de celui qu'il se plaît à nommer « l'un des plus purs poètes et le plus profond de la langue française », et c'est *Daphné*[1].

Le titre donne à penser, ou plutôt à chercher. Daphné, en grec, c'est le nom du laurier. Ce fut aussi le nom d'une nymphe aimée d'Apollon et métamorphosée en laurier. D'après M. Ratis- bonne, c'était, dans l'œuvre de Vigny, l'héroïne d'un roman dont l'empereur Julien était le héros[2].

Ce singulier exécuteur testamentaire n'avait donc parcouru que bien distraitement les glo- rieux papiers que lui avait légués la confiance ingénue du poète! Car Daphné, c'est quelque chose comme l'Académie ou le Portique, un nom de lieu devenu celui d'une grande école.

---

1. *Daphné* (deuxième consultation du docteur Noir). Œuvre posthume publiée d'après le manuscrit original, avec une pré- face et des notes, par Fernand Gregh (Delagrave).

2. *Journal d'un poète,* p. 88, note.

Ce lieu est la charmante oasis, proche d'Antioche, consacrée à l'amie d'Apollon ; cette école, imaginée par Vigny, est censée celle de Libanius, rhéteur célèbre du quatrième siècle, que Julien affecta de nommer son maître. Le poète romantique, habitué des cénacles où se tranchaient les problèmes littéraires, le platonicien convaincu que fut toujours Vigny, eut l'idée de faire discuter par Libanius et ses disciples, y compris Julien lui-même, la tentative de restaurer le paganisme.

Daphné se trouve ainsi refléter la pensée du poète philosophe sur deux points très actuels : la réforme religieuse, ou le modernisme, et la morale dans ses rapports avec la religion.

*
* *

Le roman historique de *Daphné* se compose de quatre lettres. Celui qui écrit est un Juif. Dans le plan très complexe de l'auteur, le judaïsme devait être présent à tous les épisodes du drame. C'est le type d'une religion insensible au progrès, et d'une race très sensible au profit qu'elle tire de toutes les ruines. Le commerce des idoles brisées n'est guère propice à l'intelligence des mythes platoniciens. Nous sommes étonnés que la présence du jeune commerçant aux côtés de Libanius ne gêne pas l'intimité des initiés. D'ailleurs il ne risque guère, dans la controverse, qu'une flatterie biblique à l'adresse du maître du monde : « Tu as fait reculer le soleil de deux années, impérial Josué[1]. »

Ce qui nous choque vraiment, c'est que les disciples de prédilection de Libanius se nomment Basile de Césarée et Jean Chrysostome. Saint Basile et saint Jean d'Antioche sont nés de mères chrétiennes, cela se voit à leurs œuvres. Le malaise qu'éprouve l'historien à les trouver païens lui gâte leurs personnages.

Au moment où s'ouvre le dialogue entre Libanius, le jeune Juif, Basile et Jean Chrysostome, nous sommes à Daphné, dans la maison de Libanius, près du célèbre temple d'Apollon. « Le soleil se couchait, les ombres s'étendaient, et le silence était profond... Le ciel était sombre d'un côté et enflammé de l'autre, vers la mer. Les cyprès s'y découpaient en noir comme les petites pyramides de la Necropolis de Thèbes. Tout me rappelait la ville des morts. » C'est très volontairement que Vigny a donné aux riants bocages de Daphné, arrosés d'eaux bondissantes, cet aspect lugubre. Nous sommes loin de l'Ilissos et du gai platane qui entendirent Socrate se jouer aimablement de Phèdre, quand les Idées prirent leur essor sous le ciel lumineux de l'Attique. Le monde ancien se meurt. Le christianisme oriental est déjà menacé par les dissensions des sectes, l'envahissement du luxe, la contagion de l'esprit du monde. Le paganisme reprendra-t-il une vie

---

1. *Daphné*, p. 132. — Les citations sans renvoi sont toutes empruntées à ce volume.

nouvelle par les efforts de Julien? L'empereur
règne depuis deux ans, ou plutôt depuis deux ans
il lutte contre la religion du Christ. On l'attend
à Antioche, où déjà l'armée est rassemblée
contre les Perses.

Libanius et ses deux disciples, Basile et Jean,
puisqu'il faut leur donner ce nom, sont inquiets.
N'ayant aucune nouvelle de l'empereur, déposi-
taire de la doctrine de Daphné, ils trompent
leur inquiétude en rappelant comment le jeune
César est devenu l'un des leurs. Encore absent,
il occupe déjà la scène. Nous l'entrevoyons d'a-
bord dans sa prison princière de Macella. Élevé
dans une solitude impénétrable, c'est à peine s'il
sait que son père, ses oncles et ses frères, à l'exception de Gallus, son compagnon d'infortune, ont
été massacrés par les soldats, à l'avènement de
Constance. Il ne connaît encore que le christianisme et exerce même à l'église les fonctions de
lecteur. C'est là que Basile et un jeune esclave de
Libanius, Paul de Larisse, tentent de lui parler
pour le gagner à la mystique de Daphné. Paul de
Larisse n'appartient pas à l'histoire. Il n'en est
que plus vivant. Il est à la fois païen convaincu et
stoïcien, étant une âme religieuse et intrépide,
telle qu'on la rencontrerait plutôt parmi les jeunes
martyrs chrétiens. En mettant cet ami aux côtés de
Julien, Vigny a fait au paganisme un don qu'il ne
méritait guère. Le but de l'artiste était peut-être
d'opposer à la nature complexe, subtile, médita-
tive, dissimulée de Julien, un être dévoué, géné-

reux, tout d'une pièce. Dès le premier regard, il s'attache à Julien, parce qu'il reconnaît en lui un sentiment religieux profond.

En ce moment, le jeune prince, debout devant le pupitre du lecteur, priait la Vierge. Basile raconte : « Julien avait les joues couvertes de larmes ; ses yeux bleus étaient, en ce moment, touchés par un rayon échappé des voûtes du temple, et sa tête seule, éclairée jusqu'aux épaules, paraissait ne plus tenir à un corps humain. Quelque chose de l'enfance, quelque chose de naïf et de pur, était visible à tous..., comme si ce prince enfant eût reçu quelques gouttes d'un lait invisible et divin que son extase paraissait lui faire goûter..., son front large était humide et renvoyait près de lui, sur la colonne, un peu de la clarté pure du rayon d'en haut. »

Le charmant enfant de chœur continue sa lecture, mais voici qu'il aborde un sujet plus grave : le Verbe, le Verbe divin a été fait chair en Jésus. Sa foi est entière, et pourtant quelques traits révèlent déjà une nature impressionnable à l'excès et qui fut toujours trop empressée à se hausser aux choses divines : « Ses joues pâlissaient et rougissaient tour à tour à chaque parole qu'il lisait ; quelquefois il parlait avec une vitesse involontaire, comme dans la fièvre ; [il appuyait] sur d'autres mots, lentement, pesamment, sans raison ; par moment, entre deux syllabes, il s'arrêtait, comme écoutant quelque chose qu'on n'entendait pas et qu'il paraissait entendre... L'adolescent paraissait heureux. Il semblait avoir une vue claire, précise et radieuse de la divinité. »

De ces hauteurs où Julien, « plein de son rêve et de la vue céleste », prie, la tête nimbée, comme les élus d'une mosaïque byzantine, Vigny abaisse nos regards vers la foule qui remplit la nef, telle qu'il a pu l'observer dans une église de Paris, mais non pas, certes, aux messes ferventes des premières heures du jour. « Cette foule indolente, molle d'esprit, molle de cœur, faible, petite et pauvre d'intelligence, se remit à promener des regards à demi curieux, à demi assoupis, sur les prêtres et sur les orateurs, comme sur des acteurs... On ne prêtait qu'avec dédain aux discours une oreille distraite, et l'on donnait tous ses yeux aux objets avec une ardeur furtive. »

Frivolité, puérilité, indolence, n'y avait-il rien de plus dans le peuple chrétien? La passion religieuse se réveille, et avec une sorte de frénésie, aussitôt que l'évêque arien, Eusèbe de Nicomédie, prélat de cour assez méprisable, se jette dans la controverse. C'est ainsi qu'un grand artiste a mis sous nos yeux, — au détriment d'une vérité historique plus complète, — le dénouement de la crise religieuse dans l'âme de Julien. Celui-ci s'est donné, livré à Dieu en Jésus-Christ, avec une ferveur juvénile. C'est peu qu'auprès de lui, dans l'église, des chrétiens authentiques paraissent peu attentifs aux

saints mystères, il faut qu'un vieil évêque, dont
« le visage bilieux et ridé avait quelque chose
de la fouine et du loup », s'attaque au Christ et
dégrade au rang d'une créature le Verbe éternel
incarné en Jésus. Au moment où ce blasphème
s'exprime sans ambages, « un grand cri se fit
entendre..., et avant que personne le pût voir
et l'arrêter, le jeune Julien jeta, du haut de sa
tribune, le Livre des Testaments, qu'il tenait
ouvert devant lui, et s'écria en pleurant et se
tordant les bras : « Où est mon Dieu? Où est
« mon Dieu? Qu'avez-vous fait du Dieu? »

De ce coup, la foi chrétienne était morte
dans le cœur de Julien. Paul de Larisse le voit
déjà gagné au paganisme, et pour lui porter la
bonne parole de Daphné, il se vend comme
esclave, « car nous pensions, en ce temps-là,
ajoute Basile, que tout serait sauvé, si un des
maîtres futurs du monde recevait une seule de
vos pensées, Libanius ». Il fallait se hâter. De
tous côtés les barbares envahissaient l'empire
et les chrétiens, devenus les plus nombreux, se
souciaient peu de le défendre, les meilleurs absorbés par l'espérance d'une autre vie, les autres
divisés en sectes acharnées à se détruire. C'était
du moins ce qu'on pensait à Daphné. Or tout a
réussi mieux que Libanius n'eût pu l'espérer.
Julien a embrassé le paganisme avec passion; il
a renvoyé en Germanie les Francs et les Ala-
mans; il est seul auguste, et personne ne doute
de son triomphe futur sur les Perses.

Pourquoi donc Libanius est-il dévoré de tristesse? Il voudrait voir Julien, lui parler; puis il souhaite de ne plus se trouver en sa présence. Les débuts prestigieux d'un règne plein d'espérances n'ont pas ébloui le vieux philosophe. L'idée n'est pas satisfaite; déjà Julien est vaincu. On presse Libanius de s'expliquer : il laisse seulement entendre que Julien « a cru tout voir et n'a vu qu'à demi parce qu'il est trop dominé par sa mystique exaltation ». L'angoisse du maître étreint le cœur des disciples; le jeune juif s'efforce en vain de pénétrer le sens de ce qu'il entend. La nuit est tout à fait tombée. C'est le moment que le poète des *Destinées* aimait, « les heures noires » où il se retrouvait seul avec sa muse. « La nuit était en ce moment si muette que nous pouvions distinguer le bruit léger des sources de Daphné. Toutes les étoiles éclairaient le ciel par de si larges feux qu'il nous semblait que nous étions placés au milieu d'elles. »

Alors Julien entra, tenant par la main Paul de Larisse; Auguste et un esclave sont égaux à Daphné. Je ne puis tout citer : il faut lire ces pages qui ne sont point, je pense, indignes de Platon. C'est le suprême entretien de Daphné; ce qui se décidera entre ces hommes dans la région des idées réglera le sort du monde.

L'étranger s'approche de Libanius : « C'est moi qui suis Julien, votre disciple, que vous avez condamné »; et, jugeant au cri de Libanius que ses entrailles se sont émues : « Mon père, mon père, j'ai besoin de toi ! »

Le vieillard hésite, moins, on le sent bien, par respect pour l'Auguste et par la crainte de lui déplaire que par amour pour ce fils de sa pensée qu'il ne peut éclairer sans le jeter dans le désespoir. Il voudrait que lui-même comprît et, suivant la vieille méthode de Socrate, si secourable aux jeunes esprits qui ne savent pas encore lire en eux-mêmes, il accuse d'abord la poésie, à laquelle César croit avoir renoncé, mais qui domine encore son rêve religieux. Paul de Larisse, plus ardent et plus sûr du succès de son maître que Julien lui-même, entre en lice pour célébrer les grands actes accomplis en deux ans. Mais l'empereur sait combien peu toute cette action pèse aux yeux du philosophe ; il prend la parole pour défendre son œuvre. Cette œuvre, c'est l'hellénisme remis en honneur, la glorieuse tradition des poètes et des sages reprise, la pure morale de Marc-Aurèle imposée aux prêtres païens. Mais déjà Libanius l'arrête : « Les pures maximes, les institutions vertueuses, les lois prudentes ne se conservent pas, si elles ne sont à l'abri d'un dogme religieux. » Julien ne l'ignore pas. A-t-on reconnu en lui une foi inébranlable aux divinités du vieil Olympe ? ou bien, qu'a-t-il mis à leur place ?

Julien avait penché sa tête sur sa main, et son coude était négligemment étendu sur la table. Il réva, puis il sourit, puis il dit en attachant ses yeux sur les constella-

tions brillantes qui tremblaient derrière les feuilles som-
bres des cyprès, des lauriers et des cèdres : « Si le délire
est divin et s'il est permis de le regarder comme tel,
n'est-ce pas lorsque la mémoire des choses divines que
notre âme a connues avant la naissance devient en nous
si vive qu'il nous semble être rentrés dans le sein de la
divinité même? N'avons-nous pas reconnu que le raison-
nement est une arme aussi bonne pour l'erreur que pour
la vérité? Nous ne pouvons donc nous attester élevés jusqu'au sentiment du vrai, du beau et du bien, que dans
ces rares moments où notre âme, se souvenant de la
beauté céleste, prend ses ailes pour retourner en sa présence et la voir clairement devant elle, autour d'elle, se
sent pénétrée de son amour, et ne voit rien dans l'univers
qui ne soit tout illuminé des splendeurs de la divinité. »

Puis il explique son système, étrange fusion
du platonisme avec le culte du soleil, du monothéisme et du polythéisme, liant Dieu au monde
par l'intermédiaire des dieux et du soleil-roi,
emblème visible du Démiurge, du Logos, du
Verbe incréé et très pur.

Tout ce monde des Idées, reflet du Dieu intelligent, modèle des choses sensibles, ce n'est pas
ce qu'enseigne la froide raison dont Julien a
reconnu l'impuissance quand il s'agit des choses
divines. Et si c'est une révélation, à qui Dieu
a-t-il parlé? Libanius : « C'est vraiment par un
sentiment purement poétique que tu t'es exalté,
Julien, et il se trouve ainsi que, tandis que tu
croyais agir sur la multitude des hommes, tu
n'as agi que sur toi-même..., tu t'es enivré du
vin que tu leur avais préparé..., et tu viens de

boire devant nous, mon ami, le nectar de ta
poésie. » Et le vieux sage,

attachant ses yeux sur ceux de Julien, sembla y plonger
des regards comme deux épées... « Les hommes les plus
vulgaires ont un sentiment vague de la vérité. Ils pensent
que les dieux sont usés, que nous n'y croyons plus et que
leurs noms sont pour nous des idées de destinée, de justice, de force, de vertu que nous leur voulons rendre sensibles. J'ai cru quelque temps que l'on pouvait dorer les
idoles et blanchir les temples, mais je vois qu'ils n'en
paraissent que plus vieux. Le nouveau voile dont nous
avons enveloppé les idées est trop transparent; son tissu
est trop élégant et trop fin, on voit en dessous nos pieds
de philosophes et de savants; c'est ce qui fait que tout est
perdu pour le temps de notre vie. »

La réforme était donc condamnée d'avance.
Pouvait-on attendre mieux d'une reprise sincère
de l'ancien culte, tel que le pratiquait la tradition? Ou le monde était-il préparé « à comprendre la divinité, l'immortalité de l'âme, la vertu
et la beauté sans le secours grossier des symboles »? Libanius avait espéré, — propos étrange
dans la bouche d'un philosophe, — l'une ou
l'autre de ces deux solutions, mais depuis que
Julien a réussi, il a désespéré, parce que son
triomphe a été stérile. Et, chose plus étrange
encore, ce qui perd le monde, c'est pour ainsi
dire un excès d'hellénisme, car « la ruse de
l'esprit grec est le caractère universel des
hommes de l'empire : ils n'ont pas plus le désir
d'une vérité divine que d'une autre, trouvant
sous leurs mains autant d'arguments contre que

pour toute chose, et tout homme de notre âge est *sophiste* ». Que faire donc, car enfin il faut sauver le trésor de Daphné : « C'est l'axe du monde, c'est la sève de la terre..., c'est l'élixir de vie des hommes, distillé lentement par tous les peuples passés pour les peuples à venir : c'est la morale. Or il va périr, ce trésor, si nous ne le passons bien conservé à des mains plus sûres que celles des peuples sophistes... Ici, Libanius soupira profondément et, après nous avoir regardés avec douleur : « Il faut bien, — dit-il, « — le passer aux Barbares. »

A ce mot de Barbares, Julien ne sursaute pas ; il lui reste à entendre quelque chose de plus dur, dur aussi à entendre pour nous, par le mélange de la vérité et de l'erreur. Le trésor de la morale est comparé à une momie enfermée dans une boîte de cristal :

« Elle croise ses bras sur sa poitrine et y garde en paix notre trésor. Sur ce cristal énorme sont gravés et peints des caractères sacrés qui, faisant adorer l'enveloppe, ont conservé le trésor des âges anciens. Les dogmes religieux, avec leurs célestes illusions, sont pareils à ce cristal. Ils conservent le peu de sages préceptes que les races se sont formés et se passent l'une à l'autre. Lorsque l'un de ces cristaux sacrés s'est brisé sous l'effort des siècles et les coups des révolutions des hommes, ou lorsque les caractères qu'il porte sont effacés et n'impriment plus de crainte, alors le trésor public est en danger, et il faut qu'un nouveau cristal serve à le voiler de ses emblèmes et à éloigner les profanes par ses lueurs nouvelles, plus sincèrement et chaudement révérées. Or les Barbares dont nous parlons ont une crainte toute vraie, toute jeune et sans examen du nouveau dogme des chrétiens; s'ils la conservent pure, ce dogme sera le seul en vérité qui puisse sauver le trésor du monde...»

Libanius se tut tout à coup, et ce fut Julien qui à son tour se couvrit la tête de son manteau. Bientôt son pâle visage sortit de ses mains, et il prit le cotyle d'argent qui était placé devant lui; un doux sourire animait ses lèvres et son regard et, se levant avec nous en faisant une libation du côté de l'Orient, il dit : « Au Dieu Préservateur, quel qu'il soit! » Ensuite il versa la coupe et ajouta d'une voix paisible, et en souriant avec tristesse : « Tu l'emportes, Galiléen! »

La tragédie est terminée. Que Julien ait conduit les Romains victorieux jusqu'à Ctésiphon, qu'il ait montré jusqu'à son dernier combat les qualités morales d'un chef et la clairvoyance d'un bon général, tout cela, Vigny le racontera en quelques pages, mais c'est un épilogue qui comptait peu pour lui. L'idée de Julien vaincue, il ne lui restait plus qu'à mourir avec honneur, et c'est pour obéir aux lois de cet idéalisme dominateur que le mot légendaire de l'empereur mourant : « Tu l'emportes, Galiléen! » est déjà prononcé à Daphné, le vrai champ de bataille d'où le christianisme sort victorieux, et auquel Libanius lègue Basile de Césarée et Jean Chrysostome. Paul de Larisse, comme Julien, cherche la mort et se fait lapider par des barbares chrétiens irrités de ses blasphèmes.

*
* *

Après chacune de ses créations, *Stello, Servi-*

tude et Grandeur militaires, Vigny était assailli de questions. On voulait savoir ce qu'il y avait de vrai. Nous dirions aujourd'hui plus familièrement « si c'était arrivé ». « Pour les poètes et la postérité, répondait-il, dans son *Journal*, il suffit de savoir que le fait soit *beau* et *probable*. Mais il ne faut pas en vouloir au public, que nous décevons par l'art, de chercher à se reconnaître et à savoir jusqu'à quel point il a tort ou raison de se faire illusion[1]. »

Profitons donc ici de la licence que nous laisse le poète. Quand il s'agit d'une personnalité historique aussi considérable que celle de Julien, c'est presque un droit. Laissons donc de côté Joseph Jechaïah, symbole de sa race, Basile et Chrysostome, fourvoyés à Daphné, Paul de Larisse, digne de mourir pour une meilleure cause.

Libanius a été flatté. C'était un rhéteur, très crédule, attendri des attentions de Julien ; il le crut le Sauveur du monde et le pleura. Jamais on n'extraira de ses discours fleuris, de ses épîtres plus chargées de phrases que d'idées, l'élixir de vie, le trésor de Daphné. Mais en somme il importe peu, et qu'il n'ait eu guère plus de cinquante ans en 363 après Jésus-Christ. Il représente une moitié de Vigny et nous le retrouverons.

Mais Julien? Est-il vrai? Est-il même probable?

---

1. *Journal d'un poète*, p. 75.

On peut s'étonner, du simple point de vue de l'art, que le poète lui ait donné ces airs de grand garçon docile et doux, presque de fillette. Il est vrai que l'ancien garde du corps se souvenait d'avoir exercé une âme vaillante dans un corps fluet et délicat, menacé par la phtisie. Mais n'at-il pas décidément rompu l'équilibre qui se maintenait tant bien que mal dans l'empereur entre le penseur et l'homme d'action? Qu'il ait été trop doctrinaire, recherchant la société de ses amis, les théosophes, plus que le contact des foules, méprisant les instincts populaires, au point de n'être pas compris, ce fut une des causes de l'échec de Julien. Mais le jeune général, aimé des soldats, couchait sur la dure, mangeait avec eux et les avait traînés à sa suite d'un élan téméraire de la Gaule à Constantinople. Sa pensée même avait les allures de l'action, s'il est vrai, ce que remarque finement M. Allard, que ses plans ne sont pas suffisamment mûris, et qu'il pensait en écrivant[1]. Mais un artiste est toujours occupé de faire ressortir une qualité dominante, et Vigny a parfaitement saisi dans Julien le réformateur chimérique, enivré par ses rêves qu'il prend pour des extases. Ce trait est universellement reconnu aujourd'hui, mais il y avait du mérite, aux environs de 1837, à tracer ce portrait d'une main si sûre. Pour les encyclo-

---

1. *Julien l'Apostat*, t. III, p. 323 (Lecoffre-Gabalda). — C'est l'étude la plus complète et la plus impartiale qui ait paru sur le sujet.

pédistes, pour Voltaire en particulier, Julien était une sorte de Frédéric II, libre-penseur, tolérant par indifférence. Rien de plus éloigné de cette nature passionnée. Julien prit, il est vrai, le parti de ne pas persécuter les chrétiens à l'ancienne mode, de ne pas les placer entre la mort et l'apostasie. Mais il eut pour le christianisme une haine personnelle beaucoup plus ardente que celle d'un Dioclétien ou d'un Dèce, qui combattaient la religion nouvelle en tant qu'administrateurs. Marc-Aurèle déjà poursuivait le christianisme du mépris philosophique; mais il se contenta de le persécuter selon la tradition de l'État romain. Julien n'est point un prince qui suit la raison d'État; c'est le porte-parole et l'homme d'action du néo-platonisme, ce dernier rival du christianisme dans les cercles cultivés. Avec lui, c'est Daphné qui prend en mains le gouvernail.

Il ne nous déplaît pas que l'homme qui se hasarda à la rude tâche de faire reculer le soleil ait été paré par un poète de qualités admirables. Il était certainement d'un caractère élevé, passionné pour les choses de l'esprit, exempt de sensualité, simple dans ses manières, fidèle à ses amis, dévoué à sa patrie.

Voyons-le à l'œuvre. Vigny, trop absorbé par l'idée pure, n'a pas tenu compte du facteur le plus redoutable de toutes les grandes révolutions religieuses, le nationalisme. Il est vrai que ce nationalisme, pour Julien, c'est encore le lieu des intelligences, l'hellénisme, qui était moins l'attachement à un sol qu'au patrimoine des sciences, des arts, des lettres et de la philosophie. Julien crut de bonne foi que cette culture, noble effort de la raison, mais aussi tradition d'erreurs invétérées et saturée de polythéisme, admirable par la beauté humaine des dieux, mais trop souvent dépourvue de toute pensée vraiment divine, était, dirions-nous, un bloc à prendre ou à laisser, inconciliable avec le christianisme. S'il n'avait lu parmi les auteurs chrétiens que les Tatien, les Tertullien, les Lactance et les Arnobe, il eût pu se croire dans le vrai. Tatien, en particulier, oppose hardiment la religion des barbares, judaïsme et christianisme, à toute la civilisation grecque. A ce compte, Julien n'aurait fait que relever le gant. Il ne pouvait se résoudre à voir disparaître les chefs-d'œuvre de l'esprit humain. Il a pu estimer très sincèrement que livrer l'explication d'Homère à des maîtres chrétiens, c'était le profaner et l'exposer à être l'objet de la satire, plus que de l'admiration. Les Galiléens sont incapables de comprendre l'hellénisme ; puisqu'ils n'en veulent pas, qu'ils y renoncent tout à fait, qu'ils cessent d'enseigner dans les écoles.

C'est ce que les Pères de l'Église ont nommé une persécution, et la plus redoutable de toutes. Personne au quatrième siècle, au moment où la mythologie était encore vivante, n'a accepté de renoncer à la lecture des chefs-d'œuvre à cause du danger d'apostasie, à la condition qu'ils fussent expliqués par des maîtres chrétiens. Ainsi l'Église n'était point hostile à tout l'hellénisme et prétendait bien s'assimiler ce qu'il avait de raisonnable et de noblement humain. Elle se réservait de mettre les conquêtes de la raison au service de sa foi et de sa morale.

De son côté, Julien comprenait l'insuffisance morale et divine du paganisme. Il résolut de lui donner ce qui lui manquait : des dogmes, une morale, un sacerdoce digne de sa mission.

Le Libanius de Vigny ne lui rend peut-être pas justice. La réforme de Julien était condamnée d'avance, soit ; mais son originalité est de l'avoir tentée. Un véritable génie ne se hasarde pas de sa personne contre le mouvement qui emporte un siècle ; tout ce qu'il peut faire, c'est de le diriger. Soit encore. Julien n'est point un grand génie, ni même une âme profonde ; c'est une personnalité chimérique, mais très forte, et l'on peut dire avec M. Boissier que, « de toutes les entreprises dirigées contre le christianisme, aucune n'a été mieux conçue et plus habilement conduite que celle de Julien [1] ».

Son premier mérite est d'avoir compris, et Vigny l'a très bien vu, que la philosophie était impuissante à rien fonder dans l'ordre religieux. A la révélation chrétienne il ne peut, malheureusement pour lui, opposer que ses extases et

1. *La fin du paganisme*, t. I⁰ʳ, p. 131.

celles de ses amis, vaguement rattachées à la réminiscence de Platon et de Pythagore.

Sur le terrain de la morale, il est encore plus embarrassé. Son éducation grecque ne lui suggère que l'autonomie de la raison, seule règle de la conduite d'un homme libre. Volontiers il traite les chrétiens d'esclaves, incapables de s'élever à une vertu personnelle par un motif de dignité humaine.

Mais il n'est pas stoïcien, et si Marc-Aurèle déjà implorait le secours des dieux, combien plus Julien, l'homme le plus superstitieux de son temps! On regrette que Vigny, ne pouvant mettre Julien en contradiction avec lui-même, n'ait pas chargé le stoïcien Paul de Larisse de soutenir la morale indépendante. Mais ce qui gênait Julien bien davantage, c'étaient les admirables vertus des chrétiens. Il n'était point aisé d'accuser de lâcheté ceux qui depuis trois siècles avaient supporté sans faiblir tant de supplices. Dans ses lettres aux prêtres païens, véritables encycliques, l'empereur leur recommande de vivre honnêtement, de fuir les spectacles, les cabarets, d'éviter les mauvaises lectures, d'être charitables envers les indigents : « Il est arrivé que l'indifférence de nos prêtres pour les indigents a suggéré aux impies Galiléens la pensée de pratiquer la bienfaisance... » Ce qui a propagé si vite leur doctrine, « c'est l'humanité envers les étrangers, le soin d'inhumer honorablement les morts, la sainteté apparente de la vie... Il serait honteux, quand les juifs n'ont pas un mendiant, quand les impies Galiléens nourrissent les nôtres avec les leurs, que ceux de notre culte fussent dépourvus des secours que nous leur devons [1] ».

En vérité, la meilleure explication de la conduite de Julien, c'est celle qu'a déjà donnée saint Grégoire de Nazianze qui le connaissait bien, ayant été étudiant avec lui à Athènes : il a voulu imiter, et même, disait le saint docteur, singer le christianisme.

Cela, Vigny ne pouvait pas le dire, pour que son Julien ne cessât pas d'être intéressant ; et, pour qu'il ne cessât pas d'être sympathique, il a voilé sa haine implacable du christianisme. Il y était, dit-on souvent, voué par le malheur de ses jeunes années. Élisabeth d'Angleterre, bâtarde si le Pape était le chef de l'Église, ne pouvait régner qu'avec l'appui des protestants. Ainsi Julien ne pouvait oublier que Constance avait au moins toléré le massacre des siens et l'avait tenu dans une étroite surveillance sous une perpétuelle menace de mort. Mais l'épiscopat catholique, si maltraité par Constance, ne pouvait passer pour son complice !

L'impératrice Eusébie, qui était chrétienne, lui avait témoigné une grande bonté. Il était encore officiellement chrétien quand il prit la pourpre et, s'il n'a pas apostasié aussitôt, c'est

---

1. Boissier, *La Fin du paganisme*, t. Ier, p. 120.

pour ne pas mécontenter ses soldats, chrétiens en majorité. Sa cause personnelle n'était donc nullement liée à celle du paganisme, et Vigny a vu plus juste en expliquant sa conduite par l'influence des idées. Or l'antagonisme doctrinal n'exclut pas toujours la haine, encore moins le mépris. Julien était bien décidé à ne pas verser le sang, il le dit du moins, et dans des termes qui montrent que c'est à regret ; il espérait réduire le christianisme autrement. Pas un instant il n'a songé à ce qui est, — dit-on, — l'idéal d'un gouvernement moderne, et qui est si rarement pratiqué, surtout en France, une disposition sympathique envers toutes les religions, sans en favoriser aucune. L'Église venait d'apprendre ce qu'il en coûte d'être protégée par un Constance ; elle eût applaudi à un prince qui eût renoncé à la défendre pour lui laisser la liberté.

Julien préféra la guerre, une guerre dissimulée. Il affectait de rendre équitablement la justice, mais appuyait les païens de tout le poids de la faveur impériale. Bientôt il se trouva isolé, mal vu des chrétiens et mollement soutenu par le paganisme auquel il s'était livré corps et âme.

Les conquêtes qu'il avait faites sur le Christ, tristes recrues de courtisans et de jouisseurs, ne flattaient guère ce qu'il y avait en lui de noble. Les prêtres païens ne se souciaient pas de prêcher la morale et ne comprenaient sûrement pas pourquoi ils seraient tenus à une vie plus

sainte parce qu'ils étaient chargés d'immoler
des victimes aux dieux que l'on savait. L'Occident, attaché aux rites traditionnels, goûtait
peu la nouvelle philosophie religieuse et se
montrait peu disposé à incliner devant l'hellénisme la majesté romaine. Vigny n'a probablement pas exagéré en montrant l'empereur
découragé après deux ans d'efforts stériles.

Est-on sûr cependant que, s'il était revenu
victorieux des Perses, il eût contraint plus longtemps sa haine et hésité devant la ressource
suprême de ceux qui ont tort, la persécution sanglante? Mais, puisqu'il devait mourir, il était
assurément tragique de le montrer allant de
lui-même à la mort, doutant de son œuvre,
condamné par ses plus chers amis. « Tu l'emportes, Galiléen! » Ce Julien si doux, presque
ingénu, ce rêveur désabusé de l'action, si ce
n'est pas le Julien de l'histoire, c'est une création de l'art, qui a sa beauté.

* *

Aussi bien, ce qui nous intéresse le plus ici,
ce n'est pas la pensée de Julien, désormais bien
connue : c'est celle de Vigny lui-même, le poète
des idées. Il disait déjà, à propos de Cinq-Mars :
« L'*idée* y est tout ; le nom propre n'est rien que
l'exemple et la preuve de l'idée[1]. » Et parmi
ses notes sur Daphné : « Je m'impose cette loi,

1. *Cinq-Mars*, I, p. 18.

9.

que pas un mot ne sorte de ma plume qui n'aboutisse à un rayon de cette roue dont le centre est la question posée. »

Ne peut-on pas espérer que cette œuvre, gardée longtemps dans ses cartons et à laquelle il revenait sans cesse, livrera le secret de sa vie religieuse et de son trop célèbre pessimisme?

Car, si l'on est d'accord que ce pessimisme fut le plus profond et le plus douloureux de tous, dans une génération atteinte de mélancolie, on ne s'entend pas sur ses causes. D'après Brunetière, on naît pessimiste, et Vigny est né très pessimiste. M. Faguet dit, lui aussi : « Le comte de Vigny était né triste[1] »; mais cette tristesse avait quelque chose de philosophique, et un critique aussi pénétrant que M. Faguet n'a pas de peine à la construire en système : le génie est un don sublime, mais fatal, premier degré; le monde est mauvais, il faut donc haïr Dieu, second degré, et dans cette détresse garder sa dignité, troisième degré. Le quatrième degré est un retour vers les souffrants : « J'aime la majesté des souffrances humaines », et ainsi, « du fond du désespoir, le philosophe est arrivé au transport et au ravissement du pur amour ». C'est donc une philosophie complète : « Vigny a promené sur les choses un regard désolé, mais d'une pénétration, d'une étendue et d'une sûreté qui ne le cède à aucun autre[2]. »

1. Faguet, *Études littéraires*, *XIXe siècle*, p. 138.
2. *Ibid.*, 138.

A ce compte, on serait tenté de croire que Vigny a trouvé le repos de l'esprit dans une philosophie bien arrêtée. J'aime mieux penser, avec M. Faguet lui-même : « Le vrai tourment du mélancolique, qui est d'adorer l'idéal et de n'y pas croire, nul ne l'a si pleinement connu que lui, ni si constamment[1] », ou avec M. Maurice Masson : « Il y a dans la vie et l'œuvre de Vigny comme un va-et-vient douloureux de sentiments, d'idées et de goûts[2]. » En un mot, Alfred de Vigny fut la plus illustre, la plus noble, mais la plus infortunée des victimes du doute.

Ce va-et-vient douloureux est l'énigme de *Daphné*. Quand on croit avoir saisi la pensée du poète, on s'aperçoit bientôt qu'on n'en possède qu'une partie. C'est que, dans Vigny, il y a toujours deux hommes : le docteur Noir, qui représente la raison, la critique, « le mépris, pourquoi? perpétuel », et Stello qui est l'enthousiasme, l'idéalisme, l'adoration, « la commisération, hélas! éternel [3] ». Ils ont lutté, « les deux inséparables ennemis »![1]

La vraie nature de Vigny était une sensibilité extrême, mais cette sensibilité, ayant été refoulée, demeura, nous dit-il, « enfermée dans le coin le plus secret du cœur. Le monde ne vit plus, pour jamais, que les idées. *Le docteur Noir* seul

1. *Ibid.*, 128.
2. *Alfred de Vigny*, p. 4.
3. *Daphné*, p. 200.

parut en moi, *Stello* se cacha[1] ». Et voilà que maintenant le docteur Noir donne raison à son adversaire : « Tout bien considéré, j'aime mieux la folie du fils que la sagesse du père[2]. »

Serré de près par la logique du prosaïque docteur, Stello lui échappait d'un élan magnifique. Julien est, lui aussi, un Stello, et *Daphné* est l'histoire de sa tragique destinée. Cervantès et Molière avaient fait rire aux dépens de l'idéalisme. Les gens de goût ne s'y méprenaient pas et savaient que l'héroïsme de don Quichotte ou le pessimisme d'Alceste ne provoquent pas le rire sans que les larmes montent aux yeux.

Mais la foule? « Après avoir profondément réfléchi, a écrit Vigny dans une note sur la composition de *Daphné*, j'ai vu que la majorité incommensurable des lecteurs se méprennent éternellement sur la pensée des défenseurs de l'*Enthousiasme* et de l'*Idéalisme*, si, à l'exemple de Cervantès et de Molière (*Misanthrope*), ils le dépeignent ridicule pour le montrer disproportionné. C'est pourquoi j'ai entrepris de le peindre, non *ridicule*, mais *malheureux*, afin que, la *Pitié* étant excitée au lieu du rire, on ne pût se méprendre, et que la *société* s'accusât et non lui[3]. »

C'était bien déjà la moralité des histoires qui composent le volume de *Stello*. Les hommes de

1. *Journal d'un poète*, p. 61.
2. *Daphné*, p. 217.
3. *Ibid.*, p. 204 et s.

l'idée, ce sont d'abord les poètes. Ni le pouvoir absolu, ni le régime parlementaire, ni la révolution jacobine n'ont compris Gilbert, Chatterton, André Chénier, tous victimes de leur génie. C'est à la société de se frapper la poitrine.

Mais, dans *Daphné*, le problème est beaucoup plus complexe. Il est un enthousiasme plus élevé, plus entraînant et plus puissant que celui de la poésie : c'est la flamme de l'adoration religieuse. En 1833, Lamennais, l'auteur de l'*Essai sur l'indifférence*, le représentant le plus illustre d'un catholicisme très absolu, venait de publier les *Paroles d'un croyant*. Le prêtre à la foi naguère intransigeante, adversaire résolu de tout compromis royaliste ou gallican, désormais condamné pour ses outrances libérales, se posait en réformateur, espérant entraîner la démocratie vers une religion rajeunie et transformée qui n'eût plus été celle de l'Église.

Vigny avait perdu la foi très positive et très sincère qu'il avait tenue de sa mère. Il crut que le catholicisme se mourait. Serait-il sauvé par cette tentative hardie de l'accommoder au goût du jour? Ou bien Lamennais serait-il un nouveau Julien, tentant vainement de restaurer une religion défaillante?

C'est ici que se manifeste l'originalité de celui que M. Gregh se plaît à nommer « un génie intelligent ». A ses côtés, un plus grand génie, mais moins intelligent, Victor Hugo, renonçait peu à peu à des convictions religieuses qui ne furent

probablement jamais très profondes. Il estima
enfin assez sottement que la religion serait remplacée par le Progrès, par la Science, par les Lu-
mières, pourvu que le poète penseur qu'il était
devînt le Hiérophante de la société nouvelle.
C'était, on ne l'a pas oublié, l'une des deux solutions que Libanius avait rejetées.

Lamartine suivait l'autre voie. Si vous avez la
permission de l'index, lisez *la Chute d'un ange*.
Vous serez étonné d'y rencontrer toute la moelle
de ce qu'on appelle aujourd'hui le modernisme,
c'est-à-dire le christianisme sans dogme, presque réduit au déisme de Voltaire. Mais Lamartine remplace la déférence narquoise de Voltaire
envers le grand Horloger, ordonnateur de la
machine du monde, par l'adoration émue pour
le Dieu qu'il voit partout et surtout dans la nature. Voltaire raillait, dédaignait, méprisait;
Lamartine éprouve pour ses frères la plus cor-
diale et la plus humaine bonté; il se croit un moment appelé par Dieu à être le prophète d'une
religion sociale où tout le monde serait heureux.
Voilà justement ce que Libanius-Vigny a condamné dans Julien.

Donc pas de réforme religieuse qui sacrifie la
religion sous prétexte de l'améliorer, et cependant il faut une religion si l'on veut sauver la
morale, car sans cela la société se meurt. C'est
ce que Vigny constatait avec terreur, surtout
depuis la révolution de 1830.

Nul n'a retracé en termes plus désolés la tristesse des foules modernes. Dans le prélude de *Daphné*, le peuple de Paris se répand dans les rues un jour de fête ; il est en joie, une joie navrante : « Comme tous s'en allaient au plaisir lentement et tristement !... Des jeunes gens, — même les jeunes gens — se mettaient à courir en se tenant six de front, jetaient des cris sauvages dont ils ignoraient eux-mêmes le sens, puis s'arrêtaient et se regardaient entre eux, étonnés de n'être pas gais après des cris si joyeux. » Et ce trait digne de Pascal : « L'essentiel était de ne pas rentrer chez soi. » Ce sanglot où s'exhale l'âme de Vigny, du vrai Vigny :

Puisque la pitié divine est en moi, dit Stello, puisque le désir du bonheur des autres y est mille fois plus fort que l'instinct de mes propres félicités, puisqu'il suffit du présage de la moindre infortune pour me faire tressaillir jusqu'au fond du cœur plus que ceux mêmes qu'elle a menacés..., puisque cette foule mélancolique qui se croit gaie et ne sait si elle est heureuse m'intéresse pour un moment, et puisque je sens en moi trembler, frémir, gémir, sangloter à la fois ses mille douleurs et les mille flots de son sang couler par mille plaies, et mille voix s'écrier : « Où donc est l'inconnu ? où donc est le maître ? où donc est le législateur ? où le demi-dieu ? où le prophète ? » pourquoi ne pas laisser toute mon âme s'imprégner et se remplir de ce vaste amour de mes frères ? Pourquoi ne pas évoquer mes forces et ne pas me mettre à chercher avec eux ?

Pourquoi ? Mais parce que cela ne servirait de rien ! C'est la réponse de Vigny, et il n'est pas aisé d'abord de savoir comment il la motive. Il a d'abord rendu la société elle-même responsable

de cet échec certain. « Le monde se refroidit...
« Cet homme, le réformateur religieux dans un
siècle froid, sera broyé entre l'*enclume* et le *marteau* et du bon sens sortira l'idée. » Mais cela,
le penseur a déjà tort de ne pas le comprendre :

Dans l'*Emmanuel*[1], je dis aux masses ce que j'ai dit dans *Stello* aux hommes du pouvoir : « Vous êtes froides, vous n'avez de Dieu que l'or, vous fermez votre cœur et votre porte à ceux qui veulent vous sauver, et vous épurer, et vous élever. Vous les désespérez par la lenteur avec laquelle vous acceptez les idées. Ceux qui ont été d'une nature élevée se sont repentis de s'être dévoués à vous. Les plus sensibles sont morts dans l'action. Ordonnance en conclusion. Si vous êtes assez grand pour faire des œuvres religieuse et philosophiques, ne les faites qu'en vous isolant de votre nation, en les jetant de votre aire inaccessible. »

Voilà certes une attitude chère à Vigny, « le
gentilhomme », comme disait Sainte-Beuve avec
ironie. Et pourtant ce n'est pas encore toute sa
pensée. Luther et Voltaire ont réussi là où Mélanchton gémissait, où Rousseau finissait par le
suicide. Mais Luther et Voltaire, hommes d'action
plus encore que de pensée, sont d'une essence
moins rare ; leur succès, grossier et matériel, ne
prouve rien, comme Libanius le dit à Julien ouvertement. Si donc les esprits les plus hauts ont
échoué dans la réforme religieuse, c'est qu'elle
devait échouer. Nous savons déjà pourquoi, et
que la tentative même était inopportune. Ce que

1. Un des noms du héros du roman moderne qui encadrait *Daphné*.

Libanius dit à Julien, Vigny l'écrit à l'adresse de
Lamennais, sous le nom de Samuel. Et alors plus
de réserve ni de symbole antique, mais cette parole digne du plus croyant des chrétiens : « O
Samuel, vous croyez être religieux, non, vous
êtes philosophe. Si vous étiez religieux, vous se-
riez resté au pied de la croix. » Et encore :
« Faites venir la religieuse, dit le docteur Noir. »
Celle-là est peu instruite, un peu moins même
qu'il ne siérait. Mais le docteur lui fait dire le
nombre des sœurs qui sont mortes en soignant
les malades. Elle « est vraiment religieuse, dit le
docteur Noir ; vous n'êtes, vous, que des demi-
philosophes et des demi-poètes, vous qui ressem-
blez à Samuel ». « Emmanuel ou Samuel est dévoué, mais en aveugle », et son dévouement ne
peut que rendre les foules plus malheureuses :
« Vous vous écrivez, ô mon cher Samuel, des
paraboles apocalyptiques — évidemment les
Paroles d'un croyant — pour vous faire, entre
vous, de petites frayeurs... Les victimes de tout
cela sont les êtres simples de cœur et faibles de
nature qui sont pris par votre exemple. »

Pour tout dire, « Samuel a cette *religiosité
organisatrice* qui cherche toujours le code dans
les religions. La sœur Saint-Ange a la foi simple qui aime Dieu et aime tous les hommes pour
Dieu. Samuel remonte à la foi naïve ou plutôt,
faisant effort pour y revenir, y succombe. —
Sœur Saint-Ange l'emporte au ciel par ses
exemples ».

Vigny méditait donc une suite et une contre-
partie glorieuse d'Éloa. L'ange vierge s'était
perdue par pitié pour Satan; la sœur Saint-Ange
sauve, par sa foi naïve, mais sincère, ce Satan
déchu que fut Lamennais; on peut espérer que
Vigny fut sauvé de cette sorte.

C'est ici, sans doute, qu'on peut faire une
part au jansénisme de Vigny, connu des lecteurs du *Correspondant* par l'article si distingué de M. Séché[1], mais il faut, si je ne me
trompe, en réduire un peu la portée. Cette fois
encore, une comparaison peut être utile. Lamartine a beaucoup aimé sa mère; c'est elle qui lui
a inspiré son sentiment religieux. Or, à moins
que le fils n'ait expliqué la religion de sa mère
d'après la sienne, on dirait que cette admirable
femme était un peu plus déiste que purement
chrétienne, tout en pratiquant avec ferveur le
catholicisme. Rien de semblable dans la famille
de Vigny, qui fournit à l'Église des prêtres, et
peut-être des saints.

M. Séché a prouvé que cette piété avait pris
une forte teinte janséniste. Ce fut un grand
malheur pour le dernier héritier de leur lignée.
L'idée exagérée qu'on lui donna du péché origi-
nel lui fit tout d'abord entrevoir la vie comme
le régime d'un cachot, où les condamnés n'ont
d'autre consolation que de « tresser leur paille ».
Ame très tendre, il se détacha plus facilement

____

1. 10 septembre 1913.

d'une religion dont le Dieu lui parut injuste et cruel. Mais il y eut peut-être aussi ce profit que Vigny regarda toujours le christianisme comme une chose très sérieuse, une arche sainte à laquelle personne n'a le droit de toucher. Jamais il ne reconnut les prétentions de la philosophie à corriger la religion ou, sous couleur de réforme, à créer une religion nouvelle.

Toute sa vie, il sollicita de Dieu une révélation sur son œuvre, et s'il blasphéma, ce fut parce qu'il ne sut pas entendre sa voix.

Que lui restait-il donc à faire, sinon de se réfugier, lui aussi, dans le silence et de mourir comme son loup :

> Puis, après, comme moi, souffre et meurs sans parler.

Il parla cependant, parce qu'il ne pouvait consentir à la défaite de son rêve. « Le jour où il n'y aura plus parmi les hommes, écrit-il, ni enthousiasme, ni amour, ni adoration, ni dévouement, creusons la terre jusqu'à son centre, mettons-y cinq cents milliards de barils de poudre, et qu'elle éclate en pièces comme une bombe au milieu du firmament[1]. »

Ses derniers poèmes, les plus beaux, ceux qui font sa gloire, les *Destinées*, sont un hymne à l'idéal :

> Le vrai Dieu, le Dieu fort est le Dieu des idées.

M. Masson a cru y reconnaître « les sonorités

---

1. *Journal*, p. 54.

larges et triomphales d'un *Credo*[1] ». A ce *Credo*, il ne manque que des articles de foi. Rien de plus vague que cet idéal qu'il chante sans dire ce qu'il est. Je veux croire que ce n'est pas tout uniment l'Avenir de la Science. Peut-être Vigny a-t-il pensé que le spiritualisme de Platon était dans le christianisme ce qu'il y avait de plus solide, ce qui survivait, avec la morale, à toutes les transformations religieuses? Philosophie élevée, sans doute, et qui monte jusqu'aux nues, et qui se perd dans les nuages, mais solide non pas, et qui n'a pas de base. Sans être janséniste, ni même rigoriste, on pourrait aussi demander au poète d'où lui venait son grand zèle pour la morale, au lendemain de sa liaison si longue avec Mme Dorval, à la veille de nouveaux désordres fort peu compatibles avec la morale même antique, qui n'était pas indulgente à l'adultère? Puisqu'il avait compris que la morale ne peut se soutenir sans une religion positive, comment n'a-t-il pas vu que « telle morale, telle religion »? Et comment son Libanius a-t-il été assez aveugle pour ignorer que le christianisme triomphait précisément parce qu'il apportait la vraie morale avec la vraie religion? Et enfin de quelle morale parle-t-il? Car il n'est pas plus ferme sur ce terrain que sur celui du dogme. « Qu'est-ce que la morale et le bien moral? L'arbre de la science, quel est-il[2]? »

1. *Alfred de Vigny*, p. 85.
2. *Daphné*, p. 220.

On le voit, c'est toujours le doute, et ce ne
sont pas les maîtres de la morale laïque qui
l'éclaireront! M. Gregh avait bien raison de le
dire : « L'actualité de *Daphné* n'avait pas besoin
d'être démontrée, s'il n'est pas de problème
plus vital aujourd'hui que le problème de la
morale indépendante... La morale laïque ne
s'est pas encore constituée de façon solide et
indéniable[1]. »

On le constate aujourd'hui, après de douloureux avortements ; c'est l'honneur de Vigny de
l'avoir compris avant ces néfastes essais sur
l'âme des humbles. Mais quel douloureux état
d'esprit, de tenir à une morale, de comprendre
qu'elle ne peut avoir d'autre base que la religion, et de douter de la religion et de sa morale!

Or il n'était pas de ceux qui acceptent gaie-
ment de ne pas croire et ne conservent les
apparences de la religion que pour leurs gens.
Il a dit de l'homme moderne : « Le christianisme est mort dans son cœur. A sa mort, il
regarde la croix avec respect, accomplit tous
ses devoirs de chrétien comme une formule et
meurt en silence[2]. »

S'est-il donc interdit d'avance qu'on croie
à sa sincérité? Malgré tout, ceux qui connaissent
le mieux Vigny se refusent à voir dans cette
phrase autre chose qu'une boutade du docteur
Noir. Une telle dissimulation est indigne de son

1. *Préface*, p. 24.
2. *Journal*, p. 86 ; écrit en 1834.

caractère. Si donc il est mort en chrétien, c'est que, pour la dernière fois et la bonne, l'adorateur Stello l'a emporté. Dieu aura eu pitié de cet homme bon, affectueux, désintéressé, loyal, qui ne s'est jamais mêlé à la tourbe des ennemis de son Christ.

Mais quel apôtre eût été Stello, s'il eût moins écouté le docteur Noir !

V

SAINT JÉROME ET SAINT AUGUSTIN,

A PROPOS DES ORIGINES DE LA VULGATE

(*Bulletin de littérature ecclésiastique,* février 1899)

Depuis que le triomphe de la scolastique a introduit dans la théologie plus de régularité, de fixité et d'harmonie, on s'imagine aisément que tel a toujours été l'état des choses. Et l'on voudrait voir régner dans l'exégèse de la Bible un ordre aussi parfait, comme si les règles immuables de la déduction logique pouvaient s'appliquer avec la même rigueur dans une matière où la philologie, la critique littéraire, l'histoire, et combien de manières d'histoire, supposent nécessairement une certaine contingence. Évidemment les mêmes critères ne peuvent s'exercer dans la région des idées et dans celle des faits, et si la doctrine de la Bible demeure la même, il faut reconnaître que, dans le détail, l'établissement du texte, la traduction et l'exégèse ont subi d'immenses modifications. C'est parce qu'elles n'ont de ce fait qu'une idée très confuse, considérant l'exégèse des saints Pères comme une somme théologique, que beaucoup de personnes s'effraient à la pensée d'une interprétation nouvelle. Que peut-on dire encore de nouveau après tant de commentateurs, et l'épithète de « nouveau » n'est-elle pas une flétrissure? Il ne sera pas inutile, dans cet état d'esprit, de redire une vieille histoire dont chacun peut tirer facilement la moralité.

Au commencement du cinquième siècle, il existait une question biblique. L'esprit traditionnel, le respect dû à l'autorité ecclésiastique et aux usages consacrés se trouvait en présence d'un esprit nouveau, désireux avant tout d'asseoir sur des bases solides l'exégèse des Saints Livres et leur défense contre les ennemis de la foi. Les causes de ce malaise étaient lointaines.

Il s'agit surtout de l'Ancien Testament. L'Église ne l'avait jamais étudié dans son texte original. Lorsque le christianisme parut, dans tous les milieux hellénistes, ceux où il pénétra d'abord, l'Ancien Testament était lu en grec, dans la célèbre version que l'on attribuait aux septante vieillards. C'est dans ce texte grec que les premiers écrivains chrétiens lisaient les Prophéties et prouvaient, en les appliquant à Jésus de Nazareth, la divinité de sa mission. Cet argument avait pour but de convaincre les Juifs, et cependant il ne touchait que les Gentils, car les Juifs lui opposèrent bientôt une fin de non-recevoir absolue. Leur confiance dans les Septante cessa du jour où l'Église les eut adoptés ; cette version dont les chrétiens se faisaient une arme devint pour eux une infidèle. Ils répondaient déjà à Justin par la bouche de Tryphon : ce n'est pas dans l'hébreu ! il leur fallut une traduction nouvelle, celle d'Aquila. D'autres suivirent, et insensiblement le monde grec, qu'un simple démenti des Juifs n'aurait pas ébranlé, s'étonna que le texte hébreu fût susceptible d'interprétations si différentes.

Il ne soupçonna pas — on n'a reconnu que de nos jours — une des raisons principales de ces divergences. Dans l'ancien judaïsme les manuscrits avaient entre eux, comme il est naturel, des variantes nombreuses. Après la prise de Jérusalem, par un effort de cette volonté têtue qui lui conserva dans le monde ancien une existence nationale, le peuple juif avait immobilisé et pétrifié son texte, issu probablement d'un seul manuscrit, et par l'identité presque complète qui régnait désormais entre les divers exemplaires répandus dans tout le judaïsme, il en avait imposé. L'unité n'était-elle pas un signe de vérité ? Cette identité qu'on constatait dans l'étendue, on l'imaginait aisément remontant le cours du temps. On se croyait de bonne foi en présence de l'archétype et dès lors les différences que l'on constatait dans les Septante n'apparaissaient plus que comme des caprices ou des négligences, soit chez les traducteurs, soit chez les copistes.

Les Septante avaient mal traduit, les chrétiens mal copié, seuls les Juifs possédaient dans sa pureté immaculée la parole de Dieu. Il n'est que juste de remarquer que cette erreur pénétra dans l'Église par la voix critique. Erreur, disons-nous, si l'on entendait toujours et partout donner la préférence aux leçons de l'hébreu, car les critiques avaient raison de préférer dans son ensemble le texte original. Les Septante n'avaient de valeur réelle que pour permettre de restituer dans son intégrité le texte le plus ancien : cela fait, c'est évidemment dans sa langue propre qu'il faut étudier la pensée d'un écrivain si on veut la saisir sous sa forme génuine et dans sa sincérité native.

Le premier critique qui tenta résolument de remédier à la situation fut Origène. Puisque les Septante étaient reçus dans l'Église, il fallait en conserver le plus possible. Mais puisque le texte hébreu contenait seul la parole inspirée, il fallait en rapprocher les Septante soit en retranchant, soit en ajoutant. On sait le reste, et comment les labeurs incroyables d'Origène aboutirent à une solution moyenne; il indiquait par de petites broches ce que les Septante avaient en plus du texte hébreu, et il ajoutait, d'après Théodotion, et sous astérisque, ce qui leur manquait.

Origène avait agi en critique, mais c'est le malheur des critiques qui deviennent des autorités, qu'on se transmette leurs résultats par voie de routine, sans plus s'inquiéter de leur méthode et de leurs scrupules de savants. Le public conclut que pour Origène le meilleur moyen pour les Grecs de posséder la parole de Dieu était de corriger les Septante en les rapprochant le plus possible de l'hébreu, et on se mit à copier la colonne des hexaples qui contenait ce texte bâtard sans se préoccuper des astérisques et des obèles; ceux-ci ne regardaient que les érudits. Lucien et Hésychius entreprirent à leur tour des recensions dont nous n'avons pas à parler ici, et dès lors une confusion, jusqu'à présent persistante, se glissa dans l'Ancien Testament grec. L'Église grecque n'a rien fait, ni pour retrouver ses Septante antérieurs à Origène, ni pour s'assimiler le texte hébreu par une traduction nouvelle et immédiate.

Avec saint Jérôme le problème se posa pour l'Église latine.

Dans les milieux latins la situation était encore plus défavorable, mais l'excès du mal pouvait amener une réaction qui ne rencontrerait pas l'obstacle d'une tradition invétérée. On était en moins bonne posture parce qu'on n'avait en latin que des traductions des Septante, par conséquent un reflet affaibli de l'original, et parce qu'on suivait tant bien que mal, mais avec plus de confusion encore, les tentatives critiques de l'Orient. En revanche aucun de ces textes latins n'avait le prestige du texte des Septante et il pouvait paraître moins difficile d'en faire table rase pour revenir au texte hébreu.

Tout ce qu'on ambitionna d'abord, ce fut de se mettre, si possible, au rang des Grecs, du moins en se rapprochant d'eux. Ce ne fut pas, semble-t-il, l'esprit critique qui prit les devants, mais le génie administratif de Rome, toujours tendant à l'unité. Le pape Damase voulut obtenir plus d'uniformité dans les éditions latines, et le seul moyen convenable était de revenir aux meilleurs manuscrits grecs. Saint Jérôme se mit à l'œuvre, d'abord pour les Évangiles, puis pour les Psaumes et pour Job. Il parle même d'un travail analogue sur les Septante en général, mais nous ne savons rien de précis. Cependant brisé dans son labeur officiel par la mort de Damase, irrité et froissé des allures de quelques membres du clergé romain, celui qu'on voyait déjà pape s'enfuit en Orient comme simple moine. Toujours ardent à l'étude, en Palestine il apprend à connaître de plus près les Hexaples, et reprend l'étude de l'hébreu avec des rabbins instruits aux florissantes écoles de Lydda et de Tibériade. Il comprend clairement combien est insuffisante la tentative d'Origène, à juger comme lui de la supériorité absolue du texte hébreu. Les Grecs sont rivés aux Septante, soit, les Latins peuvent être affranchis; Jérôme avec sa culture tout orientale a le sentiment d'une patrie latine. Il parle avec affection de ses Latins, *mei, nostri*. Puisque dans la confusion des éditions latines on ne sait plus à

qui croire[1], et que personne chez les Grecs eux-
mêmes ne sait plus où sont les vrais Septante, il
n'y a plus qu'un remède, c'est de traduire une
fois de plus le texte hébreu, seul authentique,
puisqu'il est partout conforme à lui-même, mais
cette fois, et pour la première fois, en latin. Ce
sera aussi la première fois qu'un catholique en-
treprendra une traduction de l'hébreu, et Jérôme n'est pas insensible à l'idée d'honorer à la
fois et l'Église catholique et les lettres romaines.

En commençant cet immense travail sur les
instances de ses amis, le vieux lutteur n'ignorait
pas le péril : « Travail dangereux, disait-il, et
qui m'expose aux aboiements de mes détrac-
teurs : estimant les travaux de l'esprit comme
on juge le vin, ils m'accusent de remplacer le
vieux par du neuf... » Et ailleurs : « j'ai pleine
conscience de mettre ma main dans le feu »[2]...
Et c'était à peine assez dire! Qu'on songe à
l'attachement des premiers chrétiens pour la
lettre des Écritures, à l'autorité des Septante,
universellement commentés par tous les Pères,
reçus et lus dans les Églises, et tenus pour
inspirés par l'opinion à peu près unanime[3] des

1. « *Maxime cum apud Latinos tot sint exemplaria quot
codices : et unusquisque pro arbitrio suo vel subtraxerit
quod ei visum est.* » Praef. in Jos.

2. Préfaces sur le Pental. et sur Isaïe.

3. Saint Irénée, Clém. d'Alex., saint Cyrille de Jér., Théo-
doret, S. Chrys., le Ps. Justin; et parmi les Latins, Tertullien, saint Ambroise, saint Augustin, sans qu'on puisse citer
aucun témoignage contraire avant saint Jérôme.

docteurs! Il ne s'agissait plus de les compléter par l'hébreu, mais d'une refonte totale. Des milliers de phrases allaient disparaître, d'autres allaient être ajoutées, la disposition de plusieurs livres devait être changée, on se heurterait à chaque pas à des sens différents. Il s'agissait de réduire au silence des prophéties tenues pour messianiques, d'abandonner le texte dont les Apôtres s'étaient servis, qu'ils avaient par conséquent consacré de leur autorité infaillible : en d'autres termes, disaient les conservateurs, Jérôme entendait abaisser l'Église catholique devant la prétendue science des Juifs.

Pourtant Jérôme ne céda pas. Bien plus, il comprit qu'on ne pouvait lutter avec les Juifs sans les connaître, ni même sans leur emprunter ce qu'ils savaient de solide. Accusé de judaïser, il ne se gêne pas pour qualifier de divagations insensées l'exégèse des rabbins, mais il leur emprunte ou plutôt il leur achète à prix d'or leurs connaissances philologiques. Lui judaïsant! mais c'est précisément pour combattre les Juifs qu'il se livre à son rude labeur. Il sait que les Juifs se raillent de la science insuffisante des catholiques : il veut faire mieux qu'eux : « *illudentibusque Iudaeis, cornicum, ut dicitur, oculos configere*[1] ». Il est sûr d'avoir frappé juste et d'avoir porté aux Juifs le coup le plus sensible en relevant le niveau de la science catholique,

1. Préf. des Paral.

et il déplore que des catholiques moins clairvoyants dédaignent et même calomnient ce qui
préoccupe et afflige les ennemis de l'Église :
« *Quae enim audientis vel legentis utilitas est,
nos laborando sudare, et alios detrahendo labo-
rare? dolere Iudaeos quod calumniandi eis et
irridendi Christianos sit ablata occasio, et Ec-
clesiae homines id despicere, immo lacerare unde
adversarii torqueantur*[1]. » Jérôme connaissait
trop bien son temps et la gravité du sujet où la
foi était directement intéressée pour essayer
de ramener le public par des arguments simplement critiques. Ils auraient échoué contre
l'opinion régnante sur l'inspiration des Septante. En vain le grand hébraïsant aurait démontré clairement que tel passage de la traduction
grecque comparé à la sienne n'était qu'un contresens. Les plus modérés de ses adversaires
n'étaient pas fâchés de savoir ce que contenait
l'hébreu; mais si le sens des Septante était différent, qui donc pouvait empêcher l'Esprit-Saint
d'enseigner en grec une vérité différente de
celle de l'hébreu et peut-être plus belle?
comme ce fameux texte d'Isaïe : *Nisi crediteritis
non intelligetis*[2], où S. Augustin voyait l'illumi-
nation de l'intelligence suivant l'acte de foi, et
que Jérôme traduisait maintenant *Nisi credi-
deritis non permanebitis*. Et au fond toute la
question était là, posée entre les spéculatifs

1. Préf. de Jos.
2. *De doctrina christiana,* II.

absolus et les critiques attentifs. Assurément l'Esprit-Saint était le Maître. Il avait pu enseigner de cette manière, cela était possible, métaphysiquement, physiquement, moralement possible... en spéculation; car en fait cela avait l'air d'autre chose. En fait cela semblait tout juste un contresens. Jérôme aurait pu expliquer quelle fausse piste avait suivie le traducteur grec : il refaisait le travail de la pensée de celui-ci, qui tantôt avait méconnu le sens de telle forme, tantôt avait mal coupé les lettres, ou pris un nom propre pour un nom commun, et il lui paraissait étrange de faire de l'Esprit-Saint l'inspirateur d'un pareil travail. L'Esprit-Saint n'a enseigné qu'une fois, tout ce qui s'écarte de son texte ne peut être vrai[1]. Mais une semblable démonstration ne pouvait être utilement offerte au public d'alors. Hardiment, Jérôme tire à lui les Apôtres. Les Apôtres citent des textes qui ne sont pas dans les Septante. Les ont-ils inventés? Ici on ne peut plus appeler l'Esprit-Saint au secours des Septante. Ou les Apôtres ont erré, ou la traduction grecque est infidèle, il faut choisir[2].

Le chrétien éprouvé qu'était Jérôme souffrait cruellement de voir ses intentions méconnues,

---

1. « *Et utique non possit verum esse quod dissonat* », principe posé à propos des variantes des LXX, préf. de Jos.

2. « *Aut aliter de eisdem libris per Septuaginta interpretes, aut aliter per Apostolos Spiritus Sanctus testimonia tenuit : ut quod illi tacuerunt, hi scriptum esse mentiti sunt.* »

et par là même, croyait-il, son travail devenu
inutile : « Si je tressais des corbeilles de jonc,
ou si je liais des feuilles de palmier pour manger mon pain à la sueur de mon front, en pre-
nant grand soin de mon estomac, personne ne
me mordrait, personne ne me ferait de repro-
ches. Mais parce que, selon la pensée du Sauveur, je veux mettre en œuvre une nourriture qui ne périsse pas et débarrasser des ronces
et des épines l'ancienne voie des volumes
divins, on me déchire à belles dents ; on me
nomme faussaire, moi qui ne fais que corriger
des défauts ; je n'enlève plus les erreurs, je les
sème ! Car la routine est si forte que les défauts,
même reconnus, plaisent encore[1]. » Aussi
renonce-t-il au grand public et ne veut-il plus
travailler que pour ses amis : « On l'a dit, c'est
le comble de la démence que de lutter en vain
et de se donner de la peine pour n'aboutir qu'à
se faire détester... Évitez la critique de ceux
qui ne savent que juger les autres sans rien faire
eux-mêmes[2]. » Assurément ces paroles sont
vives. On a coutume dans l'Allemagne protes-
tante de parler à tout propos de la vanité de
saint Jérôme ; son irritabilité n'est pas moins
célèbre. Tendre et passionné comme il l'était,
détesté des Grecs dont il semblait menacer
toute la littérature exégétique sur l'Ancien Testament, méconnu d'un grand nombre de *ses*

1. Préf. sur Job.
2. A Domnion et Rogatien.

Latins, il était sensible aux éloges de ses fidèles. Qui oserait lui faire un reproche de s'être complu dans les encouragements de quelques amis d'élite et des admirables femmes qui partageaient son goût pour l'Écriture sainte, qu'elles aimaient à lire et à chanter dans son texte primitif?

Comme si l'intérêt de cette lutte d'un homme contre la coalition des opinions régnantes n'eût pas été assez grand, la Providence voulut placer encore dans les rangs des adversaires de Jérôme le plus beau génie de son église latine, saint Augustin. Non qu'il faille le juger à cette escarmouche. Évidemment il n'est pas sur son terrain. Pendant que Jérôme, formé au foyer de ce qui restait des élégances latines, sans cesse en route à la recherche des maîtres célèbres, avait encore orné son esprit de toutes les connaissances ecclésiastiques de l'Orient grec, sans négliger même la tradition grammaticale des maîtres juifs, Augustin, presque sédentaire, longtemps retenu dans la difficulté métaphysique du mal, n'avait jeté qu'un regard distrait sur la littérature de l'exégèse chrétienne. Quand il s'y appliqua, la connaissance de l'hébreu lui fit défaut, et le vol de sa propre pensée l'empêcha toujours de s'arrêter aux minuties de la grammaire, quoiqu'il en comprît l'importance. Entre ces deux hommes c'était au fond l'opposition du dogmatisme et de la critique avec les mêmes principes de foi et le même attachement à l'Église. On peut penser encore à Bossuet et à Richard, Simon. Les uns ont une école, parce que leur œuvre est fortement liée, ferme et synthétique. Les autres créent des mouvements parce qu'ils soulèvent plus de questions qu'ils n'en peuvent résoudre. Augustin règne encore sur la théologie catholique, et l'impulsion donnée par Jérôme est loin d'avoir atteint son terme, car l'ironie des choses n'ira pas jusqu'à faire de sa traduction, œuvre critique presque révolutionnaire, la borne de l'esprit critique.

Les arguments de l'évêque d'Hippone sont empruntés à l'esprit conservateur et traditionnel[1]. C'est d'abord une sorte de conservatisme général, d'un ordre humain, qu'on est étonné de rencontrer sous la plume d'un génie aussi actif, et qui suppose, il faut bien le reconnaître, une connaissance incomplète du sujet. Cela consiste à dire qu'il n'y a plus rien à faire ; après tant d'autres, la matière est épuisée. « Je ne puis assez m'étonner qu'il se trouve encore dans le texte et les manuscrits hébreux quelque chose qui ait échappé à tant de traducteurs très habiles dans cette langue. » Et alors, le fameux dilemme : les passages obscurs le seront toujours, puisque les plus habiles ne s'entendent pas ; les passages clairs ont dû être bien interprétés. — Jérôme savait que rien n'est plus facile à rétorquer qu'un dilemme. Il demande à Au-

---

1. *Epist. Aug. ad Hier.*, *P. L.*, XXII; c. 566.

gustin pourquoi son commentaire sur les psaumes? Ce n'est certes pas le premier; et alors qu'a-t-il trouvé de certain dans les passages obscurs, ou de nouveau dans les endroits clairs?

Augustin avait un argument plus fort, celui de la tradition ecclésiastique. Pour lui, la question n'était plus entière, les églises étaient favorables à l'inspiration des Septante[1]. Dès lors, il objecte à Jérôme l'intérêt supérieur de l'union. Si la traduction de Jérôme se répand parmi les Latins, c'est la division et le trouble qui pénètrent entre les deux Églises. Les Grecs ne manqueront pas de protester. Comment recourir à l'hébreu pour dirimer le point de fait? Et comment même donner raison à l'hébreu contre tant d'autorités grecques et latines? Jérôme avait-il la prétention de remettre en question toute l'exégèse ecclésiastique? — Il y a, dans la pensée d'Augustin, un sentiment juste et profond des intérêts majeurs de l'Église. La paix des chrétiens ne peut pas, ne doit pas dépendre de la solution de questions critiques. Aussi la réponse de Jérôme est-elle évasive. Il ne force personne à le lire! Il a conscience de faire une œuvre utile en révélant aux Latins la vérité hébraïque. Ceux que cela trouble n'ont qu'à le laisser de côté : *Si cui legere non placet, nemo compellit invitum.*

---

1. « *Septuaginta interpretes iam per omnes peritiores ecclesias tanta praesentia S. Spiritus interpretati esse dicuntur, ut os unum tot hominum fuerit.* » *De doct. christ.*, II, 15.

Et il y avait cela de vrai qu'on ne peut pas toujours, au nom de la paix et de l'union, entraver la vérité, car sans la possession de la vérité, la paix n'est pas véritable. Augustin voulait avec raison une version officielle qui ne fût pas troublée dans sa possession canonique et liturgique; Jérôme réservait les droits imprescriptibles de la vérité. La solution fut ménagée par la Providence. En fait, la version de Jérôme devint la version officielle et cette version déclarée authentique par le concile de Trente garantit aux fidèles l'unité dans la prière et la sécurité dans la foi. C'est cette version que soutiendrait aujourd'hui Augustin de toute l'autorité de son génie, et peut-être Jérôme maintiendrait-il, pour les critiques, le droit au perfectionnement indéfini dans l'ordre des recherches scientifiques et privées.

Après cela, il est inutile d'insister sur les autres raisons de l'évêque d'Hippone. Il y a des habitudes prises, — oserons-nous dire la routine? — que Jérôme heurte terriblement! Et ce n'est pas en matière légère! *Longe aliter... quam erat omnium sensibus memoriaeque inveteratum, et tot aetatum successionibus decantatum.* Oh! le poids des siècles, de tout ce qui est ancré dans les esprits et les mémoires! Et qu'elle est odieuse, cette prétention de faire mieux que les anciens! Est-ce que Jérôme ne peut pas se tromper? Est-il sûr d'avoir toujours raison? Augustin ne le pense pas: la petite histoire du livre de Jonas le

met en garde, et il déclare gravement qu'il ne
croit pas Jérôme infaillible : *Unde etiam nobis
videtur aliquando te quoque in nonnullis falli
potuisse.* — On n'était pas fâché au dix-septième
siècle de prouver, par l'autorité de saint Augustin, qu'il peut y avoir des erreurs dans la
Vulgate. Jérôme aurait pu répondre que c'était
la condition de tout travail humain, qu'il vaut
mieux dissiper de nombreuses erreurs que de
n'en commettre aucune, et qu'il faut envisager
le progrès général. Mais c'eût été un lieu
commun, peu sympathique à l'originalité pitto-
resque de son esprit et à la vivacité de sa polé-
mique. Il se raille de la courge ou du lierre de
Jonas : et puisque au fond tous deux sont hommes
d'Église, ce que Jérôme veut montrer à Augustin
c'est le goût de l'Église pour le progrès. Il prétend acculer à l'absurde un attachement excessif
à l'antiquité. Puisque Augustin est si épris des
Septante, qu'il les prenne tels quels, sans obèles
ni astérisques. Voilà du moins du vieux authentique. Mais Augustin aime ces astérisques. Sait-
il seulement à qui ils sont empruntés? A un Juif
blasphémateur! Et ne faut-il pas préférer à ce
replâtrage le travail sérieux d'un vrai chrétien?
D'ailleurs, reculer est impossible. Prendre les
Septante de l'ancienne édition, c'est condamner
le goût des Églises qui s'est prononcé pour un
rapprochement avec l'hébreu. Si Augustin veut
pousser jusqu'au bout son conservatisme, c'est
lui qui est en contravention avec le sens ecclé-

siastique : *Quod si feceris, omnes Ecclesiarum bibliothecas damnare cogeris.* On dirait que le vieux solitaire sent qu'il a pour lui les forces vives de l'Église ; c'est elle qui le pousse en avant, parce qu'elle ne veut plus qu'on lui reproche sa traduction insuffisante et des commentaires étayés sur des contresens ; il a conscience de travailler pour sa dignité et pour son honneur.

Et l'Église lui donna raison. Malgré les clameurs des partisans de l'ancien état de choses, le Siège de Rome ne prit pas parti contre Jérôme ; il ne prétendit pas non plus imposer sa traduction. Il laissa les préjugés se calmer, le temps faire son œuvre. Saint Grégoire le Grand se servait volontiers de la nouvelle version, sans renoncer à l'ancienne. Comment elles se trouvèrent toutes deux en présence, et comment la Bible hiéronymienne gagna peu à peu du terrain, c'est l'histoire de la Vulgate, racontée récemment par M. Samuel Berger. Son triomphe ne fut pas sans qu'elle reçût quelque blessure, et parmi les atteintes les plus sensibles à son intégrité, il faut compter ces Bibles *pleniores* où on a complété les Septante par l'hébreu d'après Théodotion. On sait aussi que l'ancienne version des psaumes ne put être dépossédée : n'est-ce pas surtout aux psaumes que pensait Augustin en menaçant Jérôme de la routine *tot aetatum successionibus decantatum?*

Sur d'autres points, le triomphe fut trop complet, car on avait éliminé ainsi bien des passages où le texte des Septante était meilleur, et tel est devenu le prestige de la Vulgate nouvelle que bien des gens ne voudraient pas lui préférer un texte des Septante, de peur de manquer au sens ecclésiastique et traditionnel! L'esprit traditionnel et l'esprit critique se sont donc toujours coudoyés dans cette histoire, et aucun des deux, — heureusement, — n'a été assez fort pour réduire l'autre au silence. Ne serait-il pas à propos de les voir réconciliés? Évidemment, rien ne doit troubler la tradition lorsqu'il s'agit de la version officielle, c'est l'arche sainte à laquelle nul n'a le droit de toucher sans l'ordre du chef de l'Église.

L'esprit critique ne serait pas aujourd'hui aussi hardi qu'au temps de saint Jérôme. Nul de ses tenants ne prétendra que sa version puisse jamais détrôner la version authentique. Mais il demande à interpréter les passages encore demeurés obscurs et espère pouvoir dire du nouveau, même sur les endroits clairs. A son tour, l'esprit traditionnel refusera-t-il d'accorder sa confiance à l'étude respectueuse et scientifique dans les limites des anciennes libertés? Assurément le souvenir de la grande révolution qui s'est opérée pacifiquement au cinquième siècle est de nature à rappeler à tout le monde que le vin vieux n'est pas toujours le meilleur et que l'Église n'a jamais refusé sa sympathie à la critique qui ne prétendait que la défendre et la servir.

VI

UN ÉVÊQUE SYRIEN DU Vᵉ SIÈCLE,

RABULAS, ÉVÊQUE D'ÉDESSE, † 435,

(*La Science catholique*, 15 septembre 1888)

Rabulas n'est point inconnu à ceux qui s'occupent de l'histoire de l'Église; on savait quelque chose de son rôle au concile d'Éphèse, on ne connaissait pas les détails de son histoire. La vie de ce grand évêque, si célèbre de son temps, que saint Cyrille proclamait « la colonne et le fondement de la foi en Orient », a été racontée avec une vive sympathie, par un contemporain, clerc sans doute de l'Église d'Édesse, qui avait appris de la bouche même de Rabulas ce qu'il n'avait pu voir de ses yeux. Son admiration s'augmente peut-être des appréhensions que faisaient naître dans une partie du clergé les tendances nestoriennes d'Ibas; on ne peut néanmoins suspecter sa sincérité, ni sa véracité, dans le tableau qu'il trace de la métropole d'Édesse, au vᵉ siècle. Cette narration était demeurée ignorée jusqu'à l'importante publication d'Overbeck.

Elle n'a pas été traduite en français et devrait l'être, car il y a un véritable attrait à se trouver chez soi dans un milieu si éloigné par le temps et l'espace. Quelques usages diffèrent des nôtres, l'esprit est le même. L'Église d'Édesse, la première peut-être des églises fondées parmi les gentils, si fière de l'apostolat de saint Thomas et du disciple Addée, joint son témoignage à celui des Pères grecs et latins sur nombre de points importants du dogme et de la discipline. M. Bickell a déjà indiqué ces points : le saint sacrifice de la Messe, la transsubstantiation, la vénération des saints et de leurs reliques, le Purgatoire, la canonicité des livres deutéro-canoniques (Baruch), le mérite du jeûne et des vœux de religion, l'obligation des clercs au célibat, l'indissolubilité du mariage, la sainteté parfaite de Marie, auxquels nous pourrions ajouter la nécessité de la grâce intérieure, non seulement pour éclairer l'intelligence, mais aussi pour fortifier la volonté. Nous ne parlons pas ici du dogme de la maternité divine et de l'unité de personne en Jésus-Christ que Rabulas défendit avec tant d'énergie. Si toute équivoque sur son rôle au concile d'Éphèse n'est pas dissipée, on verra du moins que son opinion dogmatique n'a jamais varié depuis le début de la controverse.

C'est surtout d'après les sources citées en note, que nous écrivons cette notice sur la vie et les œuvres de Rabulas en suivant ordinairement le biographe contemporain [1].

1. Voici la liste des documents concernant Rabulas, publiée par Overbeck en caractères *estranghelo*, avec la ponctuation

I

Rabulas (Rabboulah), devenu évêque d'É-
desse, racontait lui-même comment il s'était
converti.

Son père était païen et prêtre des idoles : « ce
fut par ses mains que l'impie Julien se sacrifia
lui-même aux démons quand il vint combattre
les Perses ». Sa mère était chrétienne. L'Église
tolérait alors ces mariages mal assortis (*impares*),
dans l'espérance d'une conversion. La mère de
Rabulas, véritable Monique, fit de constants efforts
pour amener son mari à la foi de Jésus-Christ;
tandis que le prêtre païen, moins indifférent
que Patritius, essayait de son côté de la gagner
aux idoles. Ils convinrent à la fin de se laisser

très imparfaite dont parle Noeldeke, p. 6 de sa *Syrische gram-
matik* :

' *Rabulæ : Vita, Canones, Monita ad cœnobitas, Præcepta et
monita ad Sacerdotes et Regulares, Epistola ad Andream
Samosatenum, Epistola Andreæ ad Rabulam, Pars epistolæ
ad Cyrillum, Epistola Cyrilli ad Rabulam, Ex epistola
ad Gamalinum, Ex eadem Epistola, Homilia quam Rabulas
habuit in Ecclesia Constantinopolitana, Supplicationes ordinis primi* (p. 159-250), *Rabulæ supplicationes ordinis quar-
ti, — ordinis septimi* (p. 362-379).

Quelques-unes de ces poésies semblent être de simples traductions des ménées grecques.

Le Dʳ Bickell, qui a si bien mérité des lettres syriennes, et
dont nous suivons la traduction, sauf en quelques points de
détail, a publié, en 1874 : *Ausgewaehlte Schriften der syrischen Kirchenvaeter Aphraates, Rabulas und Isaak
v. Ninive, zum ersten Male aus dem syrischen uebersetzt*, von
Dʳ Gustav Bickell, Kempten.

libres. Vaincue comme épouse, la fidèle chrétienne reporta ses espérances sur son fils et obtint qu'on lui donnât une nourrice chrétienne, détail qui ferait sourire si on ne savait combien les premières impressions sont profondes. Saint Augustin ne nous dit-il pas qu'il n'oublia jamais le nom de Jésus-Christ, parce qu'il l'avait appris sur les bras de sa mère?

Cependant Rabulas élevé « dans la science des Grecs » comme les jeunes gens distingués de Kennesrin (nid d'aigles), la Chalcis des Grecs, suivait la religion de son père. L'influence de sa mère fut encore assez forte pour lui faire épouser une chrétienne ; les deux femmes joignirent leurs efforts : tout était inutile. Rabulas occupait un rang élevé dans l'administration impériale; le biographe de saint Alexandre l'Acémète dit qu'il était préfet. Sous Théodose, si zélé pour l'unité catholique, ce n'était point une raison de demeurer dans le paganisme.

Rabulas ne s'y attardait pas non plus par ignorance ou attache à d'antiques superstitions comme les habitants des campagnes. Il semble, à lire son biographe, qu'il était retenu, comme tant d'autres grands personnages de ce temps, par le secret orgueil qui empêchait un homme d'un rang si distingué de s'avouer vaincu, et par le charme des souvenirs littéraires du paganisme. Il paraît certain, du moins, que son esprit fut convaincu longtemps avant qu'il eût le courage de faire la démarche décisive. Cette conversion

fut l'œuvre de la grâce. Rabulas se rendit parce
qu'il vit des miracles. Dans le monastère du bienheureux Abraham, à l'extrémité de ses domaines,
une paralytique recouvra la santé sous ses yeux.
« A la vue de ce prodige, le B. Rabulas est saisi
d'étonnement. Il se disait à lui-même, comme il
nous le raconta plus tard : Tu crains le déshon-
neur en reniant les dieux infâmes des Grecs pour
confesser un Dieu crucifié ! Vois pourtant ce qu'a
opéré en toi la mémoire de sa croix, quand cette
femme a été guérie : prends donc courage ! »
Quand la crise religieuse est toute morale, une
mère, et une mère qui prie, sent mieux qu'un
controversiste le progrès de la grâce : « sa mère
s'aperçut qu'il avait changé de couleur ». Non
moins modeste que la mère d'Augustin, cette
humble chrétienne, dont nous voudrions savoir
le nom, s'efface devant l'évêque. Son rôle se
borne à conduire son fils à celui qui doit ache-
ver ce qu'elle a si bien commencé : « Joyeuse et
prompte, elle se rend auprès du B. Eusèbe,
évêque de sa ville, pour lui apprendre ce qui se
passait dans l'âme de son fils. Il se réjouit à son
tour, appelle Rabulas et lui interprète plusieurs
passages des Écritures sur le Christ. »
C'était alors l'argument préféré : le triomphe
de Jésus-Christ sur l'idolâtrie, si clairement an-
noncé par les prophètes, frappait tous les regards. Rabulas ne se rendait pas : il avait besoin
moins de lumière que de force. Eusèbe, mettant
sur son propre compte cet insuccès, conduit Ra-

bulas « à l'illustre Acace, évêque de Halab, car ils étaient frères dans le Christ et avaient été instruits ensemble dans l'enceinte d'un monastère ». Acace, évêque de Halab, la Berée des Grecs, l'Alep d'aujourd'hui, était sans doute déjà célèbre pour cette dextérité qui devait le faire choisir, à l'âge de cent dix ans, pour être le médiateur entre saint Cyrille et Jean d'Antioche. Il semble, en effet, avoir compris tout d'abord que Rabulas ne reculait que devant l'humble aveu de son erreur. Après un charitable accueil : « Mon fils, dit-il à Rabulas, vous ne pouvez comprendre la force de la vérité et lui rendre hommage, si vous ne reconnaissez d'abord que votre croyance est erronée. Rabulas répondit : Comment puis-je savoir que j'adhère à l'erreur si la vérité elle-même par sa lumière ne m'apprend à distinguer entre le vrai et le faux ? Acace réplique fortement : Pour connaître la vérité, il vous faut voir que jusqu'à présent vous ne l'avez pas connue. Rabulas : Savoir que je ne connais pas la vérité, ce n'est pas connaître la vérité ; c'est seulement être convaincu que je suis dans l'erreur : et c'est la vérité que je veux connaître. Acace : Croyez que Notre-Seigneur Jésus est fils de Dieu et la vérité saura bien vous attirer. Rabulas : Et qui me persuade que le Christ est bien cette vérité que je dois reconnaître ? Eusèbe intervint : La vérité elle-même se fera connaître à vous si vous vous débarrassez de votre science et si vous reconnaissez la nécessité de la sienne.

Rabulas : Mais comment puis-je oublier ces choses dont le souvenir se présente à moi malgré moi? Eusèbe : Quand vous ferez demeurer dans votre âme le souvenir constant de Jésus, à sa vue les malins qui vous font la guerre fuiront loin de vous comme se dissipent les ténèbres aux rayons de la lumière[1]. »

L'entretien se prolongea. En vérité, de pareilles conversions n'étaient point faites à la légère. D'ailleurs, les évêques comprirent que la controverse était inutile.

Rabulas était plus éclairé qu'il ne voulait l'avouer : on peut avoir assez de lumière pour voir qu'une religion est fausse, sans cependant connaître la véritable. On eut recours à la prière. « Rabulas fit vœu d'aller prier à l'église des glorieux martyrs Cosme et Damien. Comme il était dans le temple, il vit un homme qu'il connaissait pour aveugle recevoir la vue, et admira la vertu de la Croix. Mais il s'étonna plus encore du prodige que Dieu opéra dans sa propre personne, car le Seigneur ouvrit ses lèvres, et il rendit une louange nouvelle, louange à Dieu, Père, Fils et Saint-Esprit. » L'œuvre de la grâce avait été longue : son triomphe fut éclatant. Comme tant d'autres grands convertis de ce temps, il se tourne aussitôt vers l'état monastique : cependant il veut

---

1. La vie de saint Alexandre l'Acémète attribue à cet illustre fondateur de la louange perpétuelle la gloire d'avoir converti Rabulas. Les deux récits peuvent aisément se concilier, sauf pour le lieu du baptême. *Acta Sanctorum*, I, p. 1020-1029.

voir Jérusalem et être baptisé comme le Christ, dans le Jourdain (vers l'an 400).

Il fut donc l'un des pèlerins qu'un mouvement général de la piété chrétienne poussait en Terre sainte. Il a pu rencontrer à Jérusalem Rufin et Mélanie, saint Jérôme et sainte Paule près de la grotte de Bethléem. Nous savons seulement qu'il a pleuré au Golgotha et qu'après avoir visité les saints Lieux, « il descendit vers le Jourdain, se présenta aux prêtres et répéta devant eux sa confession de foi : ils lui firent l'onction et le baptisèrent. Or, aussitôt qu'il remonta de l'eau, le vêtement qui, suivant la coutume des époux spirituels du Christ, ceignait son corps, parut ruisselant de tous côtés du remède unique, du sang du Christ, en forme de croix et tous ceux qui étaient là virent ce grand prodige » également attesté par le biographe de saint Alexandre. « Quand il eut participé aux saints mystères du corps et du sang de Notre-Seigneur, et qu'il eut été initié à chaque mystère divin, il revint à sa ville natale. » Vendre ses biens pour en distribuer le prix aux pauvres, affranchir ses esclaves et leur donner un pécule s'ils voulaient rester dans le monde, instruire les autres et les faire entrer dans les monastères, tout cela parut facile à Rabulas; son biographe ne paraît même pas s'étonner beaucoup de ce miracle de l'ordre moral que le Christianisme faisait souvent; il suit cependant la trace mystique de ces aumônes et remarque qu'elles pénétrèrent jusqu'à Édesse,

comme une prophétie par action du lien spirituel qui devait unir cette Église à son évêque :
« car le Christ la lui fiançait déjà par le gage des
aumônes, les pauvres étant les amis de l'époux».

Sa mère et sa femme, heureuses de voir leurs
prières exaucées, ne voulurent point se laisser
devancer par le généreux néophyte ; elles en-
trèrent dans un cloître, comme lui. Elles crurent
même que la vie religieuse offrirait à leurs enfants les sûretés nécessaires à leur éducation et
les placèrent en divers monastères.

La vie monastique comprenait sans doute en
Syrie les trois degrés dont saint Jérôme[1] nous
parle pour l'Égypte : grands monastères, religieux vivant par groupes de deux ou trois frères,
anachorètes du désert. Il nous semble que Rabulas parcourut ces trois carrières, car le mal que
dit saint Jérôme du second groupe ne s'applique pas nécessairement à tous les religieux de
cette catégorie.

Rabulas vécut d'abord dans le grand monastère du bienheureux Abraham : celui-ci le jugeant assez exercé l'invita à se faire un petit couvent[2].

---

1. Tria sunt in Ægypto monachorum genera : cœnobitæ quos in
commune viventes possumus appellare — hi bini vel terni, nec
multo plures simul habitant, — anachoretæ qui soli habitant per
deserta. Hier. *Ep.* 22.

2. M. Bickell n'admet pas cet état intermédiaire : je traduirais
volontiers comme lui si le contexte n'indiquait que Rabulas était à
la tête de ses compagnons, ce qui ne peut s'entendre du monastère
d'Abraham, et que le pain manquait, ce qui marque aussi qu'il

« Là il eut pour compagnons son frère et le bienheureux Eusèbe, qu'il fit plus tard évêque de Tella. Leur monastère était comme tous les autres une image de l'Église des Apôtres, car tout ce qu'ils possédaient était en commun. » Rabulas semble avoir eu la direction de ce petit couvent. Il eut souvent l'occasion de montrer sa force d'âme quand le pain, ordinairement fourni par les grands monastères, venait à manquer : et ses vertus brillèrent d'un si grand éclat, même dans cette solitude, que sa réputation naissante le poussa dans le désert. Rabulas « se déroba à l'empressement des hommes en pénétrant plus avant dans le désert comme avait fait le B. Antoine. Il trouva une petite caverne souterraine et à côté un filet d'eau. Là son unique occupation était la prière continuelle, l'office des psaumes et la lecture des Écritures. Ce sont là les véritables règles de tous les monastères bien établis », remarque notre biographe.

Pénétrer dans le désert, c'était en quelque sorte défier le diable à un combat corps à corps. Satan ne se laissa pas braver. « Il faisait ramper autour de lui et au-dessus de lui des reptiles et des scorpions, des basilics et des aspics, et quand tous furent vaincus par le signe de la Croix et que Satan se vit réduit à l'impuissance, il brisa le vase dont Rabulas se servait pour recueillir l'eau qui tombait goutte à goutte. » Trait de

s'agit de petits couvents auxquels les grands monastères envoyaient la nourriture.

basse méchanceté digne de Satan que nous retrouvons dans la vie du vénérable curé d'Ars.

Les anachorètes avaient encore d'autres ennemis, moins redoutables cependant, les Bédouins. Une troupe d'Arabes vint à son tour visiter le serviteur de Dieu : « mais voyant ce mort vivant dans cette grotte vide, ils se contentèrent de lui enlever son pain et sa couverture : ce dont il ne manqua pas de rendre grâces au Seigneur ».

Dieu, qui n'avait pas permis que saint Paul ermite mourût sans que sa vie admirable fût connue des hommes, ne laissa pas Rabulas au désert. Ses moines vinrent le prendre ; il se laissa faire, son zèle l'entraînant à une de ces actions extraordinaires qu'il est peut-être également téméraire d'imiter et de blâmer. Balbek était restée païenne. Rabulas et son ami Eusèbe y pénétrèrent pour briser les idoles ou recevoir la couronne du martyre. « Leur tentative n'eut aucun des résultats qu'ils espéraient ; les païens irrités se saisirent d'eux et les frappèrent jusqu'à ce qu'on les crut morts ; on les jeta ensuite du haut d'un escalier, mais ils se relevèrent vivants, réservés par Dieu pour obtenir à d'autres la couronne. » La mission que Dieu leur réservait était l'épiscopat.

II

« Diogène, évêque d'Édesse, étant mort, les évêques se réunirent à Antioche avec Acace, évêque d'Alep, auprès du patriarche Alexandre, afin de choisir celui qu'ils devaient faire asseoir sur le siège d'Édesse. »

Cette élection faite uniquement, à ce qu'il semble, par les évêques de la province, sous la direction du patriarche, se porta sur Rabulas qu'on arracha à son monastère pour l'amener à Antioche. De grands exemples d'une humilité sincère avaient en quelque sorte fait une loi aux élus de protester de leur indignité ; on n'en persistait pas moins dans le choix qu'on avait fait. Mais ces protestations, devenues banales, étaient assez aisément suspectes : « On disait pour la forme : Je ne puis prendre sur moi l'honneur de la puissance, je n'accepte pas, parce que je ne suis pas digne. Rabulas, au contraire, vraiment spirituel, n'essaya pas de se servir de ces expressions accoutumées. » Il vit dans le choix des évêques la volonté de Dieu : « J'ai obéi à sa parole en quittant un monde mauvais pour le suivre ; je reçois encore son ordre avec foi et rentre au milieu du monde ; je ne désire que sa volonté. »

Reçu avec enthousiasme par Édesse, Rabulas s'appliqua tout d'abord à la sanctification du clergé de son diocèse.

Le luxe tendait à l'envahir : « on avait fabriqué des vases d'argent pour servir aux dix tables des clercs ; il les fit vendre, leur conseillant avec douceur de se servir de vases de terre ». Il voulait vendre même les vases d'or et d'argent qui servaient au culte, mais il céda sur ce point aux prières des fidèles par respect pour les intentions de ceux qui les avaient donnés. Ses instructions à ses clercs sont pleines de bienveillance, animées d'un zèle éclairé. Le passage suivant montrera que la discipline tolérée par le concile d'Ancyre sur le mariage des clercs n'était pas la discipline ancienne de l'Église syrienne[1] : « Je vous en prie, par la douceur et l'humilité du Christ, avant tout, évitez la conversation des femmes. Que nul d'entre vous ne se permette de faire habiter avec lui la fille de son père ou la fille de sa sœur ; si c'est possible, et si cela ne vous est pas trop à charge, j'en dis autant de vos mères et de vos sœurs, pour l'honneur de la chasteté.

« Surtout n'abaissez pas votre dignité à prendre des servantes ou des serviteurs laïques : que plutôt votre charge soit honorée par des frères participants de notre mystère, comme il convient aux saints, ou même servez-vous les uns les autres quand l'un de vous demeure avec son collègue, comme il convient à la charité du Christ. »

Il leur recommande aussi de s'abstenir de manger de la chair et de prendre des bains sans nécessité, d'éviter l'avarice, les habits

---

1. On voit encore dans le traité de Jean, métropolitain de Darak, sur les mariages des prêtres (viii° siècle), que le vœu de l'Église était que « les prêtres fussent vierges, comme les moines ».

luxueux, les occupations séculières, les procès, les promenades oiseuses; il leur prescrit au contraire le jeûne, la prière, l'office divin dans l'Église et la lecture des saintes Écritures. On nous dit même « qu'à cause des changements que contenait le Nouveau Testament, il le traduisit du grec en syriaque, exactement, tel qu'il était ». Simple revision sans doute, mais qui montre bien son zèle pour la correction des Écritures.

Il savait punir les clercs indociles, honorer et élever aux grandes charges ceux qui marchaient dans l'humilité, fussent-ils d'une naissance obscure. Mais il comprenait que le bien de son Église dépendait du choix qu'il ferait lui-même de ceux qui devaient l'administrer. Là encore nous retrouvons nos coutumes latines; on croirait lire une page du Pontifical romain : « D'une voix élevée, il proclamait en face de toute l'Église les noms de ceux qu'il faisait entrer dans la cléricature, témoignant au nom de Dieu à tous ceux qui l'entendaient que s'ils connaissaient en eux quelque chose qui fût indigne de Dieu, ils l'indiquassent. » Jamais il ne voulut admettre d'ordination précipitée : il faisait une enquête, exigeait un sincère exercice des vertus chrétiennes, questionnait lui-même les ordinands. « Il voulait, autant que le permet la nature humaine, que les prêtres dans leur ministère fussent comparables aux anges du ciel. »

Son opinion sur l'usage que les clercs devaient faire de leurs biens n'est pas moins digne d'attention : « Pour nous, nous vivons du bien des pauvres, plutôt qu'ils ne sont entretenus par nous, à le prendre en stricte justice; car les possessions que l'Église reçoit des fidèles, c'est pour l'entretien des orphelins, des veuves et des indigents; nous, administrateurs, avons simplement le droit de prendre ce qui nous est nécessaire, comme le reste des pauvres. »

L'esprit de ces monitions épiscopales est parfaitement conforme aux canons et constitutions que Rabulas a formulés pour les clercs et les moines, et qui forment le droit canonique de l'Église syrienne.

Outre les recommandations déjà citées pour sauvegarder la chasteté des clercs, il leur interdit de faire des collectes extraordinaires sur le peuple, soit lors des visites épiscopales, soit en l'honneur des saints, de s'occuper de procès, de se mettre aux gages des séculiers, de se rendre à la cour sans sa permission ou de faire usage de lettres fausses au détriment de la justice[1]. Un autre canon indique plus nettement encore que les clercs avaient une certaine part à l'administration de la justice. On réserve aux prêtres, s'il y en a, de lire l'Évangile et de donner

___

1. Je crois voir dans ces canons deux mots latins *comitatum* et *falsum* simplement transcrits en syriaque. M. Bickell traduit le premier *cimetière*, le second, *lettre du palais*. Ov., pp. 219 et 220.

le signe, c'est-à-dire, suivant M. Bickell, le baptême ou la bénédiction en forme de croix.

Il devra y avoir dans chaque église un évangile *des distincts* : c'est-à-dire, comme l'a fait observer M. l'abbé Martin, les quatre Évangiles authentiques, séparés, et non une harmonie comme le *diatessaron* de Tatien. Il est prescrit de rechercher et de brûler les écrits des hérétiques ou de les envoyer à l'évêque, et de faire disparaître les derniers vestiges de l'idolâtrie en coupant les arbres sacrés et en détruisant les restes des temples. Ces prescriptions sont en accord avec la législation théodosienne, et on verra que Rabulas, employant ces matériaux à construire un hôpital, méritait bien de l'humanité.

Ces avis sont adressés principalement aux clercs d'un ordre supérieur, prêtres ou diacres. Il y avait encore à Édesse et dans les environs deux autres classes de personnes consacrées à Dieu : les moines et les clercs d'un ordre inférieur. Les moines sont connus, et nous donnerons tout à l'heure les canons qui les concernent. Les autres sont nommés fils ou filles du pacte, car il y en avait des deux sexes, ce qui indique nettement, comme aussi les avis qui leur sont adressés, qu'ils étaient liés par des vœux de religion. Les hommes remplissaient les offices des ordres inférieurs de l'Église, sous la direction des prêtres : ils étaient chantres, sacristains et portiers ; on ne confiait l'administration

de l'Église à des laïques qu'à leur défaut ; il leur
était interdit de se mettre dans le chœur au
rang des prêtres. Rabulas leur faisait les recommandations les plus strictes au sujet de la chasteté, ce qui relève encore l'importance de la
chasteté parfaite pour les degrés supérieurs de la
cléricature. Il leur donnait même des règle-
ments plus précis qu'aux clercs : « Ses paroles
s'étendaient à l'habit, à la chaussure, à la coupe
des cheveux. »

Les femmes consacrées à Dieu ou filles du
pacte semblent avoir été nombreuses. Elles vivaient sous la conduite des diaconesses. Toujours prête, à seconder l'évêque dans ses œuvres
de charité, elles étaient ce que sont aujourd'hui
les ordres actifs à demi-clôture ou sans clôture.
C'est à ces personnes qu'il disait : « Les épouses
du Christ ne doivent pas paraître aux yeux des
hommes dans la rue sans un voile modeste,
ni donner aucun signe de légèreté dans les
manières, ni aller à l'assemblée ou à quelque
autre lieu convenable, si ce n'est plusieurs
ensemble. Il voulait que toutes les filles (spirituelles) de chaque diaconesse vécussent avec
elle dans la retraite, la sainteté et la chasteté,
car la vie commune pouvait leur servir de gar-
dienne à toutes. »

Ancien anachorète, Rabulas n'oubliait pas ceux
qui vivaient dans la solitude, adonnés à la
contemplation.

On voit qu'il s'est préoccupé de maintenir

les moines dans la ferveur primitive, tout en contenant les excès d'un zèle mal entendu. Il insiste encore sur la chasteté, garantie par la double clôture, c'est-à-dire l'interdiction la plus formelle aux femmes de pénétrer dans les monastères, et l'interdiction aux moines de sortir, fût-ce pour cause de maladie ou pour s'occuper des affaires de leurs parents. La pauvreté y est recommandée non seulement aux individus qui ne doivent rien posséder en propre, mais encore aux communautés qui doivent éviter même les apparences de l'avarice. Tout en prescrivant aux moines l'attachement aux saints offices et aux saints livres, Rabulas ne voulait pas qu'ils donnassent des décisions d'après l'Écriture aux simples fidèles. Il ne permettait pas qu'on se lançât dans la solitude avant d'être éprouvé par de longues années de vie commune dans l'exercice des vertus. Ce qui sentait la singularité, cheveux longs, cuirasses et chaînes de fer, habits de poil, ne devait pas paraître au dehors.

L'Église a toujours évité la superstition dans le culte des saints : « Il ne doit pas y avoir dans les monastères d'ossements des martyrs; ceux qui en ont devront nous les apporter; s'ils sont véritables, on les honorera dans le sanctuaire des martyrs; sinon, ils seront placés au cimetière. »

Un autre abus consistait à donner aux malades une certaine onction destinée à les guérir, mais qui n'était pas l'extrême-onction administrée par les prêtres[1]. Rabulas ne l'interdit pas entièrement : « Si quelqu'un a manifestement cette grâce, qu'il donne l'onction aux hommes, et s'il y a des femmes qui en ont besoin, qu'on la leur envoie par leurs maris. »

Au contraire, pour l'eucharistie, la prohibition est absolue : « Aucun des frères, s'il n'est prêtre ou diacre, n'aura l'audace de donner la communion. »

Sur ce même point, Rabulas eut à réprimer un abus plus grave encore : l'intérêt du sujet nous fera pardonner d'entrer ici dans quelques détails. La *lettre à Gamalinus* est importante pour l'histoire de la foi et des usages de l'Église syrienne touchant l'Eucharistie.

Un abus étrange s'était introduit parmi les moines du diocèse de Perrha ou des Perrhiens. Ils se vantaient de ne prendre aucun aliment, pas même le pain et l'eau, nourriture frugale des moines les plus austères, afin de se mettre au rang des Paul et des Antoine que Dieu avait miraculeusement soutenus. Cependant il fallait vivre, et ces singuliers religieux avaient imaginé de ne vivre que de l'Eucharistie dont ils faisaient un abus sacrilège, « apaisant leur faim et leur soif avec le propre corps de Notre-Seigneur deux et trois fois dans le même jour ». Rabulas écrivit à l'évêque de Perrha Gamalinus ou Ge-

1. Bickell, *Conspectus Rei Syrorum litterariae*, p. 77.

mellinus une lettre fort vive où il exprime son indignation de pareils scandales.

Ces prétendus ascètes avaient la délicatesse de n'être point satisfaits d'un pain azyme, et faisaient fermenter celui qu'ils consacraient. Rabulas le leur reproche en des termes qui montrent clairement qu'on faisait alors, au moins dans l'Église syrienne, usage de pain azyme pour l'Eucharistie. Au contraire, il ne paraît pas les blâmer de mêler de l'eau chaude au vin dans le calice, mais seulement d'en boire avec excès : indice de l'antiquité de l'usage que les Grecs font de l'eau chaude. Nous voyons également que l'usage était établi de ne point consacrer pendant les jours de jeûne, règle que ces moines ne respectaient pas ; d'ailleurs, ils étaient loin de se contenter de la nourriture eucharistique, comme ils le prétendaient, si bien que Rabulas se vit contraint de rappeler aux règles les plus élémentaires de la tempérance ces ascètes affamés de réputation, que la vaine gloire ne suffisait pas à rassasier. Nous avouons sans détour que nous ouvrons ici une parenthèse, car un fragment de cette lettre soulève une grave question : quelle était la foi de Rabulas touchant l'Eucharistie?

Voici le passage incriminé[1] : « Ceux qui mangent avec foi le pain sanctifié, en lui et avec lui mangent le corps vivant du Dieu sanctifica-

1. Assemani, *Bibl. Or.*, I, p. 413 ; jusqu'à présent, on attribuait cette lettre à Paul d'Édesse, évêque monophysite du vie siècle.

teur, et ceux qui le mangent sans foi reçoivent une nourriture semblable au reste de ce qui entretient le corps. Car si ce pain était enlevé par violence et mangé par des ennemis, ils mangeraient un pain ordinaire, parce qu'ils n'auraient pas la foi qui fait sentir sa douceur. En effet, le palais goûte le pain, mais c'est la foi qui goûte la vertu cachée dans le pain. Car ce que nous mangeons n'est pas seulement le corps de celui qui nous vivifie, comme nous le disions tout à l'heure, mais ce à quoi nous participons avec lui, selon notre croyance. La vertu qui n'est pas mangée est participée avec le pain qui est mangé et devient une seule chose pour ceux qui la reçoivent; de même que des noms secrets sont unis aux eaux visibles, pour enfanter un nouvel homme, car au-dessus des eaux qui paraissent, l'Esprit couve secrètement et engendre le nouvel homme à l'image de l'Adam céleste. »

On aura sans doute été frappé de la parenté de ce langage avec celui de Ratramne de Corbie, et la comparaison entre l'Eucharistie et le Baptême qui se trouve dans les deux auteurs n'est pas ce qui les rend plus faciles à expliquer. Cependant les expressions de Rabulas sont beaucoup moins dures que celles de Ratramne[1] : Il ne faut pas oublier que, dans cette même lettre, il nomme à chaque instant l'Eucharistie le corps et le sang de Jésus-Christ, qu'il oppose la dignité

____

1. Noël Alexandre défend son orthodoxie.

« du corps vivifiant de Dieu le Verbe » aux pains de proposition d'une substance terrestre ; « ce n'est donc pas du pain dans le corps du Christ, comme il leur paraît, mais dans le pain est le corps du Dieu invisible, comme nous le croyons et le recevons simplement comme corps ».

Il faut donc expliquer ce qui précède, et tout cela s'entend naturellement dans la doctrine de la transsubstantiation. Ce n'est plus comme le pain de proposition une substance terrestre ; cependant les accidents demeurent, « le palais goûte le pain ». Mais il y a de plus ce que saint Thomas appelle *rem sacramenti*, la grâce que la foi seule peut goûter : « Ce que nous mangeons n'est pas seulement le corps de celui qui nous vivifie, mais ce à quoi nous participons, c'est-à-dire la grâce. » C'est à cette grâce reçue dans l'Eucharistie qu'il convient de comparer la grâce du Baptême ; Rabulas ne dit nulle part que Jésus-Christ est dans le pain comme l'Esprit est dans l'eau du Baptême, il compare seulement les grâces produites par ces deux sacrements.

Concluons avec M. Bickell que si la lettre à Gemellinus émane de Paul, évêque monophysite d'Édesse, « toute la patristique syrienne n'offrirait pas même une apparence de contradiction à la doctrine catholique sur l'Eucharistie » [1].

Revenons à nos moines.

Ces abus énormes sans doute, mais isolés,

1. Bickell, p. 253.

annonçaient la décadence de la vie religieuse
en Orient : elle florissait cependant encore.

Religieux et religieuses s'employaient au soin
des malades : là, comme ailleurs, le christianisme et le zèle d'un saint opérèrent leurs merveilles de charité; nous voyons apparaître, à
Édesse, les frères hospitaliers et les sœurs de
charité :

« Il fit une réforme importante dans l'hôpital
de la ville, car avant lui il n'en avait que le
nom et point l'office. Il lui assigna des terres
déterminées parmi les biens de l'Église, afin que
leurs revenus pourvussent à ses dépenses, ce qui
permit de lui faire des legs.

« Le plus dégoûté n'eût pas refusé de se
nourrir des aliments variés que ses soins fournissaient aux malades. On n'aurait su reconnaître qu'il y avait là des malades et des blessés,
tant était grande la propreté qui régnait par ses
ordres. Les lits étaient agréables à voir avec
leurs molles couchettes : on n'y voyait jamais
de couvertures viles ou sales. Des diacres fidèles
et diligents prenaient soin de leur traitement
avec des frères pleins de charité.

« Il fit de même pour l'hôpital des femmes.
Celui-ci n'existait même pas du tout. Ce fut
par ses ordres qu'on le bâtit avec les pierres
de quatre temples d'idoles détruits dans la ville
par son ordre. Il lui donna pour supérieure une
diaconesse avec des religieuses.

« Il avait une sollicitude spéciale des pauvres

lépreux qui habitaient hors de la ville comme
un objet d'horreur et d'abjection : il leur préposa
un diacre avec des frères pour les servir.

« Lui-même s'appliquait au soulagement de
leurs âmes. Combien de fois pour leur consolation ne donna-t-il pas le saint baiser de paix à
ces lèvres rongées par la lèpre? Il les encoura-
geait à ne pas défaillir sous l'épreuvre divine,
les excitant plutôt à rendre grâces à Notre-Seigneur de leurs souffrances, leur disant : Sou-
venez-vous, mes frères, de ce qui est écrit :
« Pour avoir supporté des maux Lazare a été
« jugé digne de reposer dans le royaume sur le
« sein d'Abraham. »

C'était encore une œuvre de charité d'attaquer
fortement la passion du cirque et du théâtre.

Il interdit expressément et absolument « ces
spectacles honteux où les bêtes féroces répandaient le sang humain dans le stade », et la
raison qu'il en donnait est touchante : « Se
peut-il que, dans une ville chrétienne, des
hommes qui mangent le corps de Dieu et boivent
son sang dans la foi aillent voir déchirer par
les bêtes la chair de leurs frères? »

Au milieu des sollicitudes de la vie active,
Rabulas n'oublia jamais qu'il avait été moine
et conserva dans l'épiscopat l'austérité de sa
première ferveur. Le tableau de cette dure existence est tracé avec admiration par notre auteur,
qui ne semble pas garder rancune à son prélat
d'avoir soumis son entourage à si maigre régime,

que « la pâleur de ses traits et l'aspect de ses
compagnons suffisaient à indiquer à la seule vue
ces pratiques austères ». Nous sommes habitués
au récit de ces merveilles par la vie des moines
de Nitrie : il n'est pas moins admirable de voir
ce métropolitain se contenter de trois onces de
pain, avec un simple plat de légumes, et envoyer aux malades et aux blessés de l'hôpital
ce qué les fidèles lui destinaient. — Un plat de
verre, une écuelle de terre avec une cuiller en
bois suffisaient à son humble table ; une tunique
de poil et un simple manteau étaient son vêtement ordinaire ; pour le service de l'Église il
avait un burnous (birounah) l'hiver, une
chasuble plus légère, l'été. Les souvenirs de sa
vie monastique le poussaient encore vers la
solitude.

« Il prenait, de temps en temps, une semaine
pour la prière continuelle. Il se séparait alors
des hommes et se retirait dans un lieu écarté
de son habitation, se dérobant à la vue de ses
commensaux : il cessait alors de lire pour se
recueillir pleinement dans le doux repos de ses
pensées. »

Cela même ne contentait pas, ou plutôt ravi-
vait son ardeur contemplative : « Chaque année,
pendant quarante jours, il quittait la ville et
prenait son vol pour fuir dans son monastère
de Kennesrin. » Il aimait d'ailleurs à se trouver
avec les moines ; dans chaque monastère il
avait sa cellule, il vénérait les reliques des

anciens pères « dont les ossements répandaient la bonne odeur du Christ » ; il se recommandait à leurs prières, montrant ainsi sa foi en l'intercession des saints.

Tant de vertus accompagnées du don des miracles ne restèrent pas sans résultat. La vénération publique se porta bien souvent à couper ses habits, qu'on se distribuait comme un gage précieux de la bénédiction divine. On aimait aussi à donner aux enfants le nom de Rabulas.

Il était devenu, comme tant d'autres évêques de ce siècle, l'appui des pauvres et des opprimés, et le véritable magistrat de la ville. Les désordres n'étaient pas rares, sur cette frontière toujours disputée entre les Romains et les Perses.

Rabulas semble avoir joué à Édesse le rôle de défenseur de la cité, si glorieusement porté par nos évêques de Gaule pendant les invasions barbares : « De son temps, les soldats non seulement s'abstenaient de faire du tort aux artisans et du désordre dans les campagnes, ils étaient même comme contraints d'honorer le caractère sacerdotal en ceux qui en étaient revêtus, fussent-ils d'une humble apparence. Qui eût osé, de son temps, piller un misérable, faire tort à un pauvre ou vexer son prochain? » Un passage du texte, malheureusement illisible en partie, nous montre cette influence s'étendant même sur les magistrats et les détenteurs du pouvoir qui n'osaient plus protéger les crimes des grands ou disputer ses droits à l'évêque. Sa vigilance s'étendait naturellement d'une manière particulière sur les mariages. « Il ne consentit jamais qu'un homme prît pour femme la fille de son frère ou la fille de sa sœur; moins encore qu'un homme renvoyât sa femme sous aucun prétexte; cela ne pouvait aucunement se faire s'il en était averti, car il ne permettait pas qu'on fît rien contre la volonté de Dieu. » Indice assurément remarquable de l'opinion primitive de l'Église orientale sur le divorce, et qui nous conduit à interpréter un canon du même Rabulas permettant la séparation en cas d'adultère, d'une simple séparation, non d'un véritable divorce autorisant un second mariage.

« Son zèle pour la justice, et la pénétration de son esprit lorsqu'il rendait sa sentence le firent comparer à Moïse; son ardeur à défendre la foi et à ramener les hérétiques, à Josué et à Josias. Car le pays d'Édesse envahi par l'hérésie ressemblait à la terre de Canaan. »

La simple énumération des sectes suffit à nous donner une idée de la tâche qui lui incombait.

A cette époque, il y avait encore, en Syrie, beaucoup de partisans de Bardesanes, dont la doctrine se transmettait avec les chants qu'il avait composés; on y trouvait des Marcionites, quelques Manichéens, des Borboronites, secte particulièrement impure, que Rabulas chassa de son diocèse, des Audiens, secte récemment fondée en Syrie, qui possédait une hiérarchie, des Massiliens : tous furent ramenés à l'Église, leurs temples détruits ou consacrés au culte catholique. On.était alors sous l'empire des lois d'unité, auxquelles la maison de Théodose fut toujours fidèle : Rabulas put donc recourir légalement à l'appui du pouvoir dans cette lutte contre l'hérésie ; cependant son biographe attribue son succès à la persuasion, à sa douceur et à sa miséricorde. Il n'excluait même pas les Juifs de ses aumônes et eut la consolation d'en amener un grand nombre à la foi.

Le biographe de saint Alexandre nous fournit un autre trait. Il y avait à Édesse des écoles où l'on admettait les enfants des environs, fussent-ils fils de païens. Rabulas les faisait venir deux fois par mois, les catéchisait et les baptisait avant de les renvoyer dans leur patrie.

« Le troupeau de Rabulas ne formait plus qu'un seul corps, le corps de l'homme parfait », lorsque éclata la grande controverse théologique sur la personne du Christ et le titre de Mère de Dieu, qu'on doit donner à Marie.

III

Notre intention n'est pas de raconter, même sommairement, des faits bien connus. On sait comment le concile d'Éphèse, trop hâtivement tenu sous la présidence de saint Cyrille représentant le pape saint Célestin, fut troublé par le mécontentement de Jean d'Antioche soutenu par les évêques de son patriarcat[1]. Nous avons cependant promis d'insister sur le rôle de Rabulas.

On l'a toujours rangé parmi les évêques orientaux qui suivirent le parti de Jean d'Antioche. Il n'aurait rompu avec eux qu'après le retour de Jean à Antioche et de saint Cyrille à Alexandrie, c'est-à-dire dans l'hiver de 431 à 432. Cette opinion s'appuie très fortement sur ce fait que le nom de Rabulas se trouve au bas de deux lettres envoyées par les dissidents, la première au peuple d'Hiérapolis, la seconde à leurs délégués à Constantinople[2].

Les documents publiés par Overbeck prouvent très nettement, comme l'a fait remarquer Bickell, que si Rabulas a eu quelque complaisance pour son patriarche, il a du moins dès le principe partagé la manière de voir de saint Cyrille. Peut-on aller plus loin et douter que Rabulas ait même pris part au schisme? Il faudrait pour cela infirmer l'argument tiré des signatures. Or, il ne suffit pas d'alléguer sans preuves la bonne foi assez suspecte des Grecs; mais il y a des raisons positives de croire que les Orientaux ont grossi le nombre de leurs adhérents.

Je cite l'autorité des partisans de saint Cyrille, le vrai concile d'Éphèse. D'après eux, le conci-

---

1. On est obligé de reconnaître que saint Cyrille alla trop vite, et que Jean put se plaindre de n'avoir pas été attendu. [Note de 1914.]

2. Hardouin, p. 1532 et p. 1537.

liabule de Jean, qui le 26 ou le 27 juin 431, jour de sa première séance, ne comptait que quarante-trois évêques, est toujours allé en diminuant. Le concile donna deux listes de ces évêques : Rabulas ne figure ni dans celle du 1er juillet, ni dans celle du 17 juillet. Ne peut-on dès lors supposer que les partisans de Jean ont enflé leurs listes et signé pour les membres du patriarcat absents, afin d'atteindre le chiffre de cinquante-trois signataires dans la première lettre, de quarante-deux dans la seconde, sans compter les huit partisans du schisme auxquels elle est adressée ?

Ce n'est là qu'une conjecture et je ne me la permettrais pas, si les documents nouvellement produits ne nous montraient dans Rabulas un adversaire résolu de Nestorius dès l'origine de la controverse; nous faisons allusion à sa lettre à André de Samosate et à son homélie prononcée dans l'église de Constantinople devant le tyran lui-même, c'est ainsi que le biographe de Rabulas nomme Nestorius; on doit donc, ou supposer que les dissidents ont ajouté quelques signatures, ou admettre une inconcevable légèreté dans cet évêque auquel saint Cyrille a pu écrire : « Votre piété s'est toujours signalée, mais surtout dans ce temps où vous êtes pour tous les Orientaux la colonne et le fondement de la vérité », auquel il soumettait ses écrits, et dont il faisait lire « les lettres devant tout le clergé et les évêques assemblés à Alexandrie, leur montrant ainsi que le Christ ne dort pas, mais qu'il a partout des luminaires qui remplissent le lieu de vie ».

Voici l'importante lettre à André de Samosate [1], de l'hiver 430-431 ; elle nous ramène au récit de la vie de Rabulas.

« Lettre de Mᵍʳ Rabulas à André de Samosate :

« A mon Seigneur très honoré et ami de Dieu l'évêque André, Rabulas. Je désirais beaucoup rencontrer votre Révérence ; mais tantôt une maladie qui m'est survenue, tantôt les rigueurs de l'hiver, tantôt la répugnance de votre Révérence m'en ont empêché. Peut-être si nous avions pu discuter ensemble amicalement nous aurions évité d'être froissés par des nouvelles venues de loin. Mais aujourd'hui, je suis contraint d'écrire à votre Révérence au sujet d'un traité qui m'est tombé dans les mains et qui contient la réfutation des douze propositions rédigées par le révérend Cyrille, évêque. D'abord je pensai que ce livre était du vénérable Nestorius, car il contenait manifestement les propres doctrines pour lesquelles nous le blâmons tous ; aussi lorsqu'on nous a affirmé que ce livre est de votre Sainteté, nous avons été

---

1. Codex maximæ auctoritatis manu nitida scribæ Edesseni anno græcorum 873 (A. D. 562) confectus, epistolam Rabulæ ad Andream Samosatenum, Cyrilli Alexandrini ad eumdem et Theodoretum, Andreæ responsum ad Rabulam et partem epistolæ Rabulæ ad Cyrillum continet (Overbeck, *Codicum descriptio*, p. xix).

surpris. Il convient donc que je vous écrive afin
d'être éclairé par la réponse de votre piété. Car
la distinction des natures, surtout après l'union,
m'émeut beaucoup puisqu'elle introduit deux
fils au lieu d'un, comme l'a dit l'admirable
Anastase au milieu de Constantinople : je con-
fesse le Père, le Fils et l'Esprit-Saint et Notre-
Seigneur Jésus-Christ : or, je suis loin d'adhérer
à tout cela, et [1] j'accepterais et supporterais
tout avec joie plutôt que de communiquer à
un tel blasphème. »

On voit par cette lettre que s'il fallait soupçonner Rabulas de n'avoir pas eu des idées très précises sur l'union de la divinité et de l'humanité en
Jésus-Christ, il serait plus facile de le convaincre
de tendances monophysites que d'idées nestoriennes. Cependant il faut se souvenir qu'Euty-
chès n'avait pas encore paru, et que saint Cyrille
avait admis l'expression d'union physique, qui,
dans sa pensée, signifiait union réelle de subsistence et peut-être d'existence, à la différence de
l'union morale de Nestorius ; comme les tho-
mistes disent prémotion physique pour exprimer
cette idée que Dieu meut la volonté non seulement par des attraits objectifs, mais par une véritable impulsion [2]. La même explication doit

1. Bickell traduit : « Car je ne puis accepter et supporter
avec joie rien de semblable, ni me rendre participant de tels
blasphèmes. »

2. Après les travaux récents il est inutile de signaler l'insuffisance de cette explication. [Note de 1914.]

être donnée aux expressions du biographe rapportant la doctrine prêchée par Rabulas pour combattre l'erreur nouvelle. Il affirme nettement que les propriétés de chaque nature restent intactes. Voici d'abord l'exposé de l'erreur nestorienne, peut-être légèrement exagérée : « Je frémis, seulement en rapportant les blasphèmes que Nestorius osait proférer : « la bienheureuse « Marie n'est pas la mère de Dieu ; elle n'a engen- « dré que l'homme : car si Marie est la mère du « Fils, Élisabeth sera la mère de l'Esprit-Saint ». Il osa dire que le Fils avait habité en Jésus comme l'Esprit en Jean. C'était le serviteur né de la femme, qui avait souffert selon sa nature ; et le Fils habitant en lui faisait des miracles. »

Rabulas s'émut et réfuta cette doctrine qu'il appelait un nouveau Judaïsme, à l'aide des écritures. On remarque avec intérêt ce passage de Baruch[1] : « Notre Dieu a paru sur la terre et a conversé avec les hommes », cité sous le nom de Jérémie[2].

Il ajoutait sa propre profession de foi : « Jean a dit : « Au commencement était le Verbe et le « Verbe s'est fait chair », non en changeant de nature, loin de nous cette pensée, mais lui, Seigneur de l'univers, a pris la forme de l'esclave, en devenant un homme parfait ; il n'a pas non plus cessé d'être Dieu, mais les propriétés de sa

1. Baruch, III, 28.
2. Les Syriens considéraient donc le livre de Baruch comme canonique, il était compris dans les œuvres de Jérémie.

divinité et de son humanité sont conservées, et
il est un, nature et personne du Fils éternel
comme il était avant de prendre un corps; ainsi
il a souffert dans la chair, parce qu'il l'a voulu,
lui qui naturellement ne pouvait pas souffrir. »
Si ces expressions ne sont pas claires, il faut s'en
prendre à l'imperfection du langage théologique
en formation, mais le dogme est évidemment or-
thodoxe, et on ne peut qu'admirer le zèle pieux
avec lequel l'évêque d'Édesse, fidèle aux traditions de l'Église syrienne si dévote à Marie, ne
cessait de redire : « Marie la sainte est vraiment
mère de Dieu », elle que, dans une de ses poésies, Rabulas disait être « parfaitement sainte ou
sainte de toutes manières ».

Cette clairvoyance et cette intrépidité ne l'a-
bandonnèrent pas à Constantinople où le conduisit certaine circonstance inconnue. « Il attaqua ouvertement l'erreur ancienne de ce nouveau
Juif; quoique cet argent réprouvé fût doré
dans l'épiscopat et qu'il fût assis, gonflé d'une
insolence arrogante sur le trône élevé de sa puissance; face à face, en présence de toute l'Église
assemblée, d'une voix forte et sans fausse honte,
il proclama avec droiture les paroles de vérité,
aux oreilles du tyran. » C'est sans doute une
partie de ce discours qu'Overbeck nous a fait
connaître. Le saint évêque avoue sans détour son
embarras à parler dans une église si célèbre :
« Car je ne suis qu'un villageois, habitant avec
les villageois et la plupart du temps ne m'expri-

mant qu'en syriaque, comment saurais-je enseigner cette église qui pourrait être la maîtresse de toutes les autres ? Je n'ai pas l'habitude d'écrire mes homélies, pour les apprendre et les réciter ; mais ce que la grâce fait naître dans mon cœur, je le dis sans préparation au peuple de Dieu. » Aussi bien, il aimerait mieux entretenir les fidèles des deux préceptes de l'amour, « voilà ce qui est utile à l'édification : car n'est-pas un scandale que de voir les simples fidèles discuter sur la nature de Dieu jusque dans les places publiques ? C'est là un fruit des intrigues de Satan qui nous a fait déchoir de notre premier état ».

On remarquera avec intérêt, à cause des rapports étroits entre le pélagianisme et le nestorianisme, que l'évêque d'Édesse affirme qu'à la suite de notre chute volontaire « notre intelligence s'est obscurcie ; par son Incarnation et sa Passion, Notre-Seigneur qui est notre salut à tous, nous a donné un secours puissant qui fortifie notre infirmité : ce n'est pas seulement pour nous une lumière, mais encore une vertu pour l'accomplissement de ses préceptes ».

Mais les circonstances exigeaient une profession de foi : « Je suis donc obligé de parler devant vous de ces choses qu'il faudrait seulement glorifier en silence. L'objet de votre recherche est donc de savoir si la Vierge Marie est vraiment mère de Dieu, ou si elle n'en a que le titre, ou si elle ne doit pas même le porter ; nous, donc, disons à haute voix et sans crainte que Marie est mère de Dieu, et que c'est à bon droit qu'on lui donne ce titre, car elle a été sur la terre mère du Verbe de Dieu, par son choix, lui qui par nature n'avait pas de mère dans le ciel. Car ce Dieu a envoyé son fils, et il a été de la femme, s'écrie l'apôtre. Si donc quelqu'un ose dire qu'elle a engendré le Verbe de Dieu selon la nature, non seulement l'expression est impropre, mais cette confession de foi est fausse, car nous appelons la Vierge sainte mère de Dieu, non parce qu'elle a engendré naturellement la divinité, mais parce que le Verbe de Dieu devenu homme est né d'elle. » Cette dernière formule paraît très heureuse; on voit donc que, lorsque Rabulas concluait : « il n'y a pas eu l'un dans l'autre, mais il est demeuré un celui qui était de toute éternité », il faisait allusion à l'unité de subsistence, ou résolvait comme saint Thomas la question « Utrum in Christo sit unum esse ».

Il ne suffisait pas de prémunir le peuple, attaché d'ailleurs aux prérogatives de Marie. Rabulas « n'hésita pas à découvrir l'erreur de Nestorius aux empereurs fidèles et amis du Christ ».

Cet évêque avait conservé une indépendance toute monastique. Il fit honorer son caractère par un beau trait de délicatesse. Il avait accoutumé de recevoir à Édesse d'abondantes aumônes, même des grands de l'Empire d'Occident : à Constantinople, il ne voulut rien recevoir quoiqu'on lui apportât de l'or, des habits et des bijoux, « afin, disait-il, qu'ils ne puissent croire que j'ai cherché un prétexte emprunté pour me faire voir et recevoir des présents ».

Il ne cessa de combattre à son retour l'impiété nouvelle, « jusqu'à ce que le bon Pasteur se levât contre elle dans un jugement définitif par l'entremise des saints évêques du Midi et de l'Occident qui, sous la conduite du Saint-Esprit, retranchèrent Nestorius et l'expulsèrent de l'ordre épiscopal, le réservant au juste jugement de Dieu où il rendra compte avec ceux qui tiennent pour lui ! »

Le biographe passe sous silence les événements qui suivirent, annonce « que les quarante-six lettres écrites aux évêques, aux empereurs, aux grands et aux moines, lettres qu'avec l'aide de la grâce nous travaillons à traduire du grec en syriaque, suffiront à faire connaître son zèle ». Ces lettres ne nous sont point parvenues. Mais la vigueur avec laquelle Rabulas poursuivit le nestorianisme, au moins après la conclusion du concile, nous est connue par les lettres de ceux qui se disaient les victimes de son zèle intempérant.

Rabulas n'hésita pas à tenir un synode pour condamner avec Nestorius celui qu'il considérait comme le vrai père de l'hérésie, Théodore de Mopsueste. Les écrits de Nestorius étant condamnés par l'autorité impériale, on traduisit en syriaque Théodore et Diodore. Rabulas depuis longtemps avait vu le danger de ces doctrines ;

ce sont ses ennemis mêmes qui le proclament en
attribuant son zèle contre Théodore à une vieille
rancune. Au surplus, l'Église syrienne est unanime sur cette question ; une lettre de Philoxène
de Maboug[1], publiée par M. l'abbé Martini[2], donne
là-dessus de curieux détails. Pour les Syriens,
Nestorius n'a été que le vulgarisateur de Théodore, et Rabulas se félicite même, dans sa lettre
à saint Cyrille, de voir cette plaie secrète devenue moins redoutable en se montrant au dehors.
Mais si Théodore avait ses ennemis, il avait ses
admirateurs. Un prêtre d'Édesse, Ibas, si célèbre
par sa lettre au persan Maris, se plaignait amè-
rement, soit dans cette lettre, soit dans une autre,
adressée à André de Samosate, des agissements
de celui auquel il devait succéder comme évêque
d'Édesse. « Ce tyran de notre cité, dit-il, non
content de persécuter les vivants, se permet
d'anathématiser les morts. » Origine obscure de
la fameuse querelle des trois chapitres ! André,
consulté sur la ligne à tenir contre l'audacieux
qui se séparait de tous les orientaux, en référa
à Jean d'Antioche, qui rompit à son tour la communion avec Rabulas. Celui-ci pouvait s'en con-
soler par l'amitié de saint Cyrille, dont nous
avons déjà cité la lettre, et put d'ailleurs se réjouir avant sa mort de voir l'union rétablie,
André de Samosate étant venu se réconcilier avec

---

1. Philoxène prétend que Nestorius et Théodore étaient cousins
germains et Perses d'origine.
2. Syro-chaldaicæ Institutiones, p. 71.

son métropolitain avant même que saint Cyrille et Jean d'Antioche eussent conclu la paix.

Dès lors, le saint évêque pouvait dire : « J'ai combattu le bon combat, j'ai accompli ma course, j'ai gardé ma foi. »

« Il tomba malade et, quoiqu'il fût souvent souffrant, il annonça que son heure était venue. Sa charité redoubla, il envoya dès lors toutes les aumônes qu'il distribuait d'ordinaire dans un temps plus long; elles pénétrèrent jusqu'à Jérusalem, suivant la recommandation de l'apôtre, mais elles s'adressèrent aussi à ses clercs. Plein de confiance dans la miséricorde et la justice de Dieu, il ne cessa de prier dans la souffrance; au moment de sa mort il dit : « Je re- « mets mon esprit dans la main de Dieu, » signa son visage de la croix, bénit avec amour ceux qui étaient devant lui et rendit avec joie son âme à son Seigneur (7 août 435). »

Nous ne suivrons pas notre biographe dans le récit des funérailles du saint évêque. Il a su rendre la douleur de la cité; peut-être même lorsqu'il s'écrie : Qui nous rendra un tel pasteur? gémissait-il de voir le trône épiscopal occupé par Ibas.

Les querelles théologiques allèrent s'envenimant de plus en plus dans cette terre des saints: longtemps encore cependant Rabulas demeura célèbre par son culte pour la mère de Dieu; il n'avait pas seulement défendu sa prérogative, il l'avait chantée dans ses hymnes, faisant al-

terner ses louanges avec celles des martyrs,
de l'Eucharistie et de la Résurrection, avec la
prière pour les morts et les sentiments de la
pénitence. On lira avec plaisir ces antiques
morceaux de liturgie syrienne.

De la mère de Dieu :

« Salut, parfaitement sainte, mère de Dieu,
Marie! trésor glorieux et précieux de toute la
terre! lumière étincelante et brillante, asile de
l'incompréhensible, temple très pur du créateur
de l'univers. Salut! Par toi nous avons connu
celui qui porte le péché du monde et le sauve. »

Des martyrs :

« Martyrs bénis, grappes raisonnables, votre
vin a réjoui l'Église. O vous! luminaires glorieux et divins, vous apprenez à combattre
joyeusement les épreuves. Lorsque les saints se
placèrent au banquet des souffrances, ils bu-
rent tous de ce vin nouveau que foula le peuple
au Golgotha, et apprirent les trésors cachés de
la maison de Dieu; aussi nous célébrons les
louanges du Christ : béni soit le Christ qui a
enivré les saints du sang de son côté. »

De l'Eucharistie :

« C'est un mystère céleste, révélé et expliqué
aux peuples, aux familles, aux tribus; c'est le
sacrifice expiatoire qui s'est offert au sommet
de la croix, en qui ont été pardonnés les fils de
l'Adam terrestre. En haut dans le ciel les
anges le servent; en bas sur la terre la poussière
le reçoit. Réjouis-toi, épouse, fille du peuple,

en ton fiancé devenu nourriture et breuvage
pour toi et pour tes enfants; chante donc et
dis : Christ qui nous as sauvés par ton sang,
Seigneur, gloire à toi. »

On a remarqué que l'Eucharistie est considé-
rée comme un sacrifice; les passages suivants
ne sont pas moins caractéristiques sur l'utilité
des prières pour les morts : c'est le *requiem* de
l'Église catholique.

Des morts :

« Le Christ, notre consolation et notre espérance, viendra dissiper nos tristesses, lui dont
toutes les générations et les tribus de la terre
attendent l'avènement; c'est pourquoi, ô mon
Seigneur, ô toi qui aimes les hommes, donne
le repos dans ta miséricorde à tes serviteurs
qui se sont endormis dans ton espérance. Ne
vous attristez pas, vous qui dormez dans la
poussière, de la corruption de vos membres;
car ce corps vivifiant que vous avez mangé, ce
sang expiatoire que vous avez bu, peut vous
ressusciter et revêtir vos corps de gloire; c'est
la voie et le pont sur lequel vous passerez la
terre de l'horreur. Christ, qui es venu pacifier
dans ton sang les hauteurs, les profondeurs et
tous les points du monde, donne le repos, mon
Seigneur, aux âmes de tes serviteurs dans l'é-
ternité que tu nous as promise. »

De la pénitence :

« Reçois dans ta miséricorde notre demande,
notre service, nos prières, et donne-nous un

13.

cœur plein d'amour et une langue qui chante ta gloire; que les paroles de nos lèvres et de nos langues ne soient pas, mon Seigneur, nuit et larmes; dans la miséricorde de ta suavité, pardonne les péchés de mon âme misérable, et je te rendraï grâce et je te louerai ainsi que ton Père et l'Esprit-Saint. »

Terminons cette étude comme l'humble scribe d'Édesse :

« Fin avec l'aide de Notre-Seigneur, et priez pour le pécheur qui a transcrit[1]. »

---

1. Une lettre de Mᵍʳ Rabulas Ephrem Rahmani, évêque titulaire d'Édesse (Mardin, 4 mai 1888), atteste que « l'Église syrienne a toujours considéré Rabulas comme un de ses saints les plus célèbres et, ainsi que l'attestent ses anciens et récents calendriers, elle a désigné le 17 décembre à sa mémoire ».

Lettre adressée au R. P. Dumini, missionnaire dominicain à Mossoul.

VII

LE MIRACLE GREC ET LES RYTHMES DE L'ART,
A PROPOS D'UN LIVRE RÉCENT

(*Le Correspondant*, 10 mai 1913)

C'était une des habiletés de Renan d'emprunter à la langue chrétienne des expressions qu'il
détournait de leur sens. Cette avance, preuve
apparente de sa bonne volonté, dissimulait mal
le parti pris de nier la chose auguste que le
christianisme entendait signifier. Tout le monde
comprenait, et l'assentiment s'accompagnait
d'un sourire, bien dû à cette aimable perver-
sité. C'est ainsi qu'il invitait au dessert ses « dirigées » à songer à leur salut, et c'est ainsi
qu'au miracle de la religion chrétienne, il a
opposé le miracle de l'art grec. Ce miracle,
évident à ses yeux, le rendait indulgent pour
la religion des Hellènes, et, comme l'a dit
M. Maurice Barrès, « dans le temps où il dé-
pouille Jésus de sa divinité, Renan maintient
celle de Pallas Athéné[1] ».

1. *Le Voyage de Sparte*, p. 59.

On sait assez dans quels termes Renan faisait sa prière à l'Acropole[1]. A sa suite, ses fidèles répètent avec componction, et sans y rien changer, l'hymne à la beauté grecque, toujours ancienne et toujours nouvelle, l'unique source des inspirations artistiques.

Le plaisir de cette admiration se relève, comme il convient, aux dépens de l'art chrétien. Quand on a suivi en esprit la procession des Panathénées jusqu'au sanctuaire de l'Athénée de Phidias, l'émotion artistique est avivée d'un petit frisson de pitié par un retour sur la sculpture des cathédrales du XIIIe siècle, de ce temps où, disait Taine, « les personnages sont laids ou dépourvus de beauté, souvent disproportionnés et non viables, presque toujours maigres, atténués, mortifiés et absorbés par une pensée qui détache leurs yeux de la vie présente, immobiles dans l'attente ou le ravissement avec la douceur triste des cloîtres ou le rayonnement de l'extase, trop frêles ou trop passionnés pour vivre et déjà promis au ciel[2] ».

. Certes, ce n'était pas l'extase qui rayonnait du corps des beaux éphèbes de la Grèce. La suprême perfection de la statuaire, d'après le

1. M. Salomon Reinach y voit un souvenir de Volney, mais ajoute : « Cela n'est pas dit pour diminuer Renan, qui domine le déclamateur Volney de toute la hauteur du génie » (*Revue archéologique*, janvier-février 1913). Tout de même, la prière à l'Acropole, quand elle n'est pas ironique, n'est-elle pas un peu déclamatoire?

2. Taine, *Philosophie de l'art*, t. II, p. 157.

même Taine, exige plutôt que l'âme ne rayonne pas du tout, « pour dégager la forme abstraite et pure ». La tête, par la bouche, par les narines, par les yeux surtout, exprime les sentiments de l'âme. Elle est par là même suspecte, et il faut s'en défier. « Les Grecs, ayant attribué au corps une dignité propre, ne sont pas tentés, comme les modernes, de le subordonner à la tête... Ils peuvent rester dans les conditions de la statuaire parfaite qui laisse les yeux sans prunelle et la tête sans expression [1]. » A tout le moins importait-il de bannir toute expression qui altérât la pureté des lignes, qui décelât une passion trop violente, même les transports de la joie, mais surtout les spasmes de la douleur.

Ce qui faisait la perfection et par conséquent le miracle de l'art grec, c'était donc sa sérénité, sérénité des âmes et santé des corps, tandis que l'esthétique chrétienne devait donner la préférence « à l'anormal, à l'exceptionnel, au maladif [2] ».

J'ai cité Taine et Renan parce qu'ils furent, à la fin du siècle dernier, les Dioscures de la critique, accouplés moins par une sympathie de nature que par le rang qu'ils occupaient. Leur influence, si souvent rivale, s'exerça cette fois dans le même sens. Taine, si précis, si consciencieux, si soucieux de ne rien dire de trop, a chanté la Grèce en poète lyrique ; Renan en a

1. *Philosophie de l'art*, I, p. 84.
2. Renan, *Patrice*, p. 126.

parlé sans réticences et presque sans ironie. Tous deux ont traité l'art chrétien avec le même mépris.

Mais ces jugements, sans être très anciens, datent cependant d'une époque où le développement de l'art grec était encore mal connu, où l'on ne pouvait encore juger sainement de l'art chaldéo-assyrien et de l'art égyptien, où l'art des chasseurs de rennes et celui des Crétois étaient encore ignorés, où la sculpture du moyen âge était mésestimée de parti pris.

Voici qu'aujourd'hui M. Deonna, ancien membre étranger de l'École d'Athènes, archéologue distingué, a entrepris une enquête diligente et détaillée sur *l'Archéologie, sa valeur, ses méthodes* [1]. Il a rencontré sur son chemin cette antithèse entre l'art grec et l'art chrétien, l'un, calme, parfait, l'autre, « maladif et sublime, qui a exalté et détraqué l'esprit humain [2] », et il n'a pas hésité à dire que « tout cela est outrageusement faux et systématique [3] ».

Cette protestation n'est pas d'abord pour nous déplaire. Nous aimons à voir un archéologue, n'ignorant rien des beautés de l'art grec, proclamer que « l'art du moyen âge n'est nullement maladif, puisque au contraire il rappelle, au xiiie siècle, l'art serein du ve siècle grec [4] », et

---

1. Trois volumes, Laurens, Paris, 1912.
2. *Philosophie de l'art*, 1, p. 97.
3. Deonna, I, p. 105.
4. Deonna, I, p. 106. — C'était déjà l'opinion de M. André Michel, à propos du tympan de la porte gauche de Notre-Dame

nous applaudissons, quand telle remarque ingénieuse, appuyée sur les observations les plus précises, s'enfonce comme une épingle dans les périodes boursouflées des admirateurs béats de l'unique perfection grecque. Mais nous ne sommes pas sans inquiétude lorsque cet ennemi résolu des thèses reçues trop vite esquisse à son tour une théorie de ce qu'il nomme les rythmes de l'art. Ces rythmes, conçus comme la thèse et l'antithèse, et déterminés par une sorte d'instinct fatal, plutôt que clairement perçus, résultent de l'alternance du réalisme et de l'idéalisme. Ce qui s'est passé en Grèce s'était passé déjà dans les arts plus anciens et s'est passé ensuite au moyen âge; il en sera de même dans la suite des temps. Le vi[e] siècle avant Jésus-Christ correspond au xiie siècle de notre ère comme une période d'essais déjà fructueuse; mais la technique est encore imparfaite. Au ve siècle et au xiiie, l'idéalisme domine et produit ses chefs-d'œuvre. Le ive siècle et le xive tendent au pathétique et font la transition qui conduit l'hellénisme et la fin du moyen âge chrétien à un réalisme décidé.

Puis l'idéalisme reprend l'offensive au xvie siècle avec Michel-Ange et Raphaël; il se prolonge

de Paris : « Sur tous les visages fleurit une pudeur charmante, mais qui n'efface pas le caractère et l'expression... (Ces figures) ont la sérénité de l'art antique, dont la grâce et la beauté sont ici rendues au monde... » (*Histoire de l'art*, t. II, 1, p. 146).

au xviie siècle. Le xviiie siècle, avec sa grâce profane, rappelle à la fois l'art de l'hellénisme et le vieil art crétois. Il n'était pas terminé que déjà avait éclaté la réforme classique de David.

C'est donc une loi d'évolution qu'on prétend établir avec un déterminisme rigoureux. Au sortir de la période des tâtonnements informes, l'idéalisme précède le réalisme. « Mais le réalisme, par ses abus, amène une réaction : *L'art retourne à l'idéalisme*, et c'est dès lors une perpétuelle oscillation entre ces deux formules [1]. »

Et qu'on ne s'y trompe pas, ce n'est point là une simple constatation historique, en partie justifiée. Ce qu'on prône, c'est, dans la critique d'art, l'avènement de la méthode scientifique, qui ne se laisse plus égarer par le sentiment. Comme la critique littéraire scientifique de la nouvelle Sorbonne, elle veut savoir le plus possible, pour comprendre le mieux possible; la formule est, si je ne me trompe, de M. Faguet, et on ne peut que l'approuver; la nouvelle méthode comprend, et elle explique, ce dont il faut lui savoir gré. Mais il ne faudrait pas que, sous prétexte de détachement scientifique, elle se montrât injuste envers les plus belles œuvres. Le critique d'art affecte de ne pas prendre parti : « A chaque époque correspondent les formes artistiques qui lui conviennent, dont chacune est aussi belle que l'autre, puisqu'elle est en harmo-

1. Deonna, III, p. 505.

nie avec le milieu qui l'a créée[1]. » Et M. Deonna complète cette formule par des termes empruntés à Renan : « La décadence n'a lieu que selon les esprits étroits qui se tiennent obstinément à un même point de vue en littérature, en art, en philosophie, en science[2]. »

Donc tout se vaut, et l'ancienne théorie du progrès est aujourd'hui bien morte. Tout au plus peut-on concéder un progrès de la raison : « Les sentiments, les croyances ne changent pas[3] », sinon d'une façon toute superficielle.

« Comme la foi religieuse, le sentiment esthétique peut changer d'objet, revêtir des noms différents, mais il ne meurt jamais et il revêt la même apparence matérielle quand les circonstances redeviennent semblables[3] », et pour le dire plus clairement, « quelle différence y a-t-il entre les créations idéalistes du ve et du xiiie siècle ? »

On le voit, c'est le renversement de la critique de Taine. Au lieu de l'antithèse entre l'art grec et l'art chrétien, nous n'avons plus qu'un art humain, s'inspirant d'idées religieuses, au fond identiques, évoluant suivant des systèmes déterminés d'avance, et aboutissant dans les périodes parallèles aux mêmes apparences esthétiques.

A ce jeu, nous perdons plus que nous ne gagnons. C'est quelque chose de reconnaître la

1. Deonna, I, p. 89.
2. *L'Avenir de la science*, p. 389.
3. Deonna, III, p. 533.

valeur artistique des imagiers chrétiens et de comparer les chefs-d'œuvre de la sculpture du xiii° siècle à ceux du siècle de Périclès, mais cet avantage serait bien chétif, et notre succès plus que compromis, si la pensée religieuse chrétienne était du même coup mise sur le même rang que la pensée religieuse des Grecs. Franchement, j'aimerais mieux qu'on accusât l'art chrétien d'avoir sacrifié le corps dans l'élan qui emportait l'âme. Il y a donc au fond de ces thèmes une question religieuse, et c'est peut-être ce qui m'autorise à tenter un examen sommaire de ce que M. Deonna a nommé les rythmes de l'art ancien, réalisme et idéalisme, surtout religieux.

Les conclusions se dégageront ensuite, et comme d'elles-mêmes, des indications que nous aurons rencontrées sur notre route.

*
* *

Les premiers musées furent des cavernes. C'était au temps où nos contrées venaient d'être débarrassées de l'envahissement des glaciers, mais où la température était encore très froide. L'homme « aurignacien » et « magdalénien » chassait le renne. Sur les parois des grottes naturelles qu'il habitait, il a peint et gravé des animaux, et aussi, quoique plus rarement, des êtres humains. Il a modelé l'argile. Il a ciselé des « bâtons de commandement ». Un des maîtres de la préhistoire a essayé déjà de tracer l'évolution de cet art [1] : période archaïque de tentatives plus ou moins réussies, période de style libre d'un naturalisme admirable, stylisation et décadence, qui se prolonge pendant l'époque néolithique, et décadence si profonde qu'on a pu croire à la disparition complète de l'art.

Dans tout cela, il n'est point question d'idéalisme, et l'on s'accorde assez généralement sur ce point, que les artistes, chasseurs de rennes, poursuivaient l'utile plus que le beau. Comme leurs peintures sont parfois placées dans des profondeurs ténébreuses, ils ne se proposaient donc point d'exciter une émotion esthétique, et le mot de musée, que je viens d'employer, eût été, au sens propre, tout à fait mal choisi. Cette utilité, c'était, croyait-on, d'assurer par ces représentations, servant à des rites magiques ou qui y étaient assimilées, la multiplication des animaux comestibles et la fécondité des épouses. Une récente communication de M. l'abbé Breuil à l'Académie des Inscriptions et Belles-Lettres [2] a montré des hommes et des femmes mêlés, les hommes nus, avec des plumes sur la tête, les femmes habillées de robes. Peut-être faut-il en conclure que la représentation des femmes n'avait point le but utilitaire qu'on conjecturait.

1. Breuil, *L'Évolution de l'art quaternaire*, dans la *Revue archéologique*, 1909, 1, p. 378 et suiv.
2. 18 février 1913.

De toute façon, nous demeurons dans l'incertitude sur les idées religieuses de ces primitifs. Leurs œuvres, qui sont vraiment belles, par l'observation, la décision du dessin, le mouvement et la vie, prouvent une fois de plus que le sentiment artistique, si inconscient qu'on le suppose, n'est point né seulement chez les Grecs ou à leur imitation.

On a plutôt insinué de divers côtés que les Grecs eux-mêmes ont été à l'école de deux grands peuples, la Chaldée et l'Égypte.

La Chaldée, positive, calculatrice, pratique, a poinçonné sur l'argile des milliers de contrats, de titres de propriétés et de créances; elle a gravé ses lois sur la pierre, pendant que l'Égypte écrivait sur le papyrus le guide de l'âme dans les pays mystérieux de l'au-delà, et couvrait les tombeaux de hiéroglyphes destinés à assurer son bonheur.

Et dans l'ordre religieux, les différences, moins apparentes, ne sont pas moins réelles. La Chaldée, et après elle l'Assyrie, adore des dieux puissants, redoutés, situés dans les hauteurs des cieux. Entre le ciel et la terre, les démons et les génies, tantôt malfaisants, tantôt tutélaires, toujours actifs. Si les anciens rois reçoivent un culte, on n'attend rien de bon de la vie qui se prolonge, oisive et débile, dans les régions inférieures où l'on ne mange qu'une nourriture de rebut. Aussi tout l'intérêt se concentre sur la vie présente, au grand soleil, durant laquelle l'homme a le loisir d'exercer ses muscles, de combattre et de vaincre sous la direction du monarque, presque toujours dompteur de bêtes fauves et destructeur de cités, encore qu'il soit aussi pieux bâtisseur de temples ou législateur.

Un pareil peuple, si avide d'étreindre le réel, devait créer un art qui n'est pas seulement réaliste; il est décidément musculaire. Aussi a-t-il très bien saisi les formes des animaux, mieux caractérisées que les nôtres pour une action extérieure appropriée, et leurs mouvements, rythmés par l'instinct, surtout la démarche majestueuse du lion, ses emportements et sa rage. C'est déjà, par sa préférence pour les grands fauves, un art royal. Et, s'il s'agit des hommes, le roi est presque seul en scène, puisque les foules sont toujours ordonnées à sa personne.

La Chaldée, sumérienne ou non, — et je ne connais en tout cas qu'un art sémitique, — a été moins tourmentée du démon de la guerre que l'Assyrie. Les statues du cycle de Goudéa, calmes et dominatrices par l'intelligence, sont dans la bonne voie des statues archaïques grecques. Les têtes qui ont été conservées ont de la noblesse, et tandis que de nombreux orientalistes s'efforcent d'y reconnaître les indices d'une race déterminée, M. Heuzey, beaucoup mieux inspiré, y a vu l'atténuation du type national, conduisant à

une conception toute voisine du profil hellénique[1].

Mais l'art chaldéen n'alla pas plus loin,
et les Assyriens ne surent pas s'élever si haut.

Exprimer la majesté royale simplement par
l'attitude du corps et l'expression de la tête est
une tâche difficile. Déjà les maîtres chaldéens
avaient insinué la sagesse du monarque par le
plan déposé sur ses genoux. Les Assyro-Babyloniens ont eu recours à des procédés encore plus
significatifs. Les rois s'assurent le respect par
leur barbe soigneusement tressée, leurs tiares
surchargées d'ornements, leurs vêtements brodés
et bordés de franges, par les attributs qu'ils
tiennent en main. Pour être plus sûr de
son effet, l'artiste leur donne parfois une plus
grande taille.

Que reste-t-il pour le monde des dieux? L'art
assyro-babylonien a, comme tous les autres,
représenté les dieux sous des formes humaines,
surtout dans la glyptique, cylindres et cachets;
mais il a, plus que tout autre, versé dans le
symbolisme ou dans la représentation naturelle
des dieux sous l'aspect des astres, le soleil, la
lune, la planète Vénus. Les grandes statues de
dieux sont très rares. Dans la stèle de Naram-
Sin, au-dessus du roi, géant qui escalade les
montagnes, il y a place encore pour une idée
transcendante, le symbole des dieux astraux

____

1. *Catalogue des antiquités chaldéennes*, p. 249.

qui dominent la scène. Le dieu soleil, sous une forme humaine, se manifeste en dieu, lorsque Hammourabi se tient debout devant lui, dans l'attitude du respect. En effet, on reconnaît la divinité soit par ses attributs, soit par l'adoration de ses fidèles. Représenter le dieu isolé, sous les traits d'un homme, sans aucun attribut, c'eût été le faire descendre de son piédestal, et c'est à quoi les Sémites ne pouvaient consentir. Quant aux génies, intermédiaires entre le monde des dieux et celui des hommes ou des animaux, on les figure comme des êtres composites, joignant à la hardiesse du lion la force du taureau et l'intelligence de l'homme. Mais les plus formidables d'entre eux, les colosses animaux à tête humaine, sont eux-mêmes subordonnés à la majesté royale, comme gardiens des palais.

C'est encore pour faire honneur aux exploits du souverain que l'art aborda le paysage. On ne l'a pas aimé pour lui-même, ni pour faire ressortir aux yeux les personnes principales, comme ces fonds délicieux des primitifs chrétiens. Il est là parce qu'il est nécessaire pour faire comprendre les faits de guerre : passage d'un fleuve, arbres coupés, tours qui s'écroulent sous les béliers des envahisseurs. Tout cet art des grands reliefs est officiel, lamentablement. Parmi les exécuteurs des volontés royales, il y eut assurément de grands artistes, mais ils ne furent pas poussés par une opinion sensible au progrès, éprise de nouveautés, applaudissant à tout ce qui agrandissait le domaine de l'art. Aussi a-t-il disparu avec les commandes royales. Cependant il s'étalait au soleil et était à sa façon un instrument de règne. Il disait très haut : Craignez les dieux, puissances mystérieuses et terribles; craignez surtout le roi, qui, en personne, transperce les lions, détruit les villes, et crève les yeux des captifs. C'est là tout son idéalisme.

L'art babylonien est bien représenté au Louvre; l'art assyrien a des pages admirables le long des parois du *British Museum*. L'art égyptien ne peut être connu qu'au Caire; M. Maspero, organisateur du musée des antiquités égyptiennes, est aussi le maître qui nous en a révélé les secrets, et surtout ses attaches avec la religion[1].

Comme l'Égypte elle-même, avec son Nil, ses palmiers, ses déserts, l'art égyptien a la réputation d'être monotone. Quand on voit les statues, espacées sur une période de quarante siècles, se présenter toutes de face et la jambe gauche en avant, on est tenté de croire que les sculpteurs égyptiens n'ont fait que se répéter. Le musée du Caire est disposé pour combattre ce

---

1. *Histoire générale de l'art, Égypte*, Paris, 1912, Hachette. — Dans cet admirable petit volume, M. Maspero a indiqué le premier ce qu'on peut attribuer à certaines écoles régionales. Ce détail ne saurait trouver place ici et ne change pas les vues d'ensemble.

préjugé. A prendre les époques très en gros, on y distingue nettement trois grands moments : l'art memphite des IVe et V[e] dynasties ; l'art thébain des XVIIIe et XIXe dynasties ; l'art du Delta de la XXIe à la XXVIe dynastie, art qui se prolongea jusqu'au IIIe siècle après Jésus-Christ.

Peut-on regarder ces floraisons comme des alternances d'idéalisme et de réalisme? Non, car chacune obéit, à peu près également, aux deux tendances. L'idéalisme tient assurément plus de place en Égypte qu'en Chaldée ou à Ninive. Dans la vallée du Nil, en effet, l'art du sculpteur est tout entier un art d'outre-tombe ou un art d'au-delà. A la différence du Babylonien, l'Égyptien rêvait d'une vie future agréable, la même qu'ici-bas, mais meilleure, pourvu qu'on échappât aux périls du passage qui conduisait aux champs de l'autre monde, et qu'on fût maintenu en existence par les soins des vivants. Le plus efficace de ces soins était de représenter le défunt en personne, soit par la ronde-bosse, soit par le relief, au milieu de ses gens, et continuant ses occupations ordinaires. Cette seconde existence avait quelque chose de divin. Aussi convenait-il de représenter le bienheureux comme un être beau. Mais il devait garder son individualité. Aussi était-il exigé qu'il fût ressemblant. Le problème était résolu en lui donnant ses traits propres, mais sous leur aspect le plus favorable, en dissimulant les difformités ou les infirmités de la vieillesse.

L'art égyptien était donc, de par son utilité religieuse, sous l'impulsion d'un excellent principe, où, en somme, le réalisme dominait. Et, dès lors, en effet, il créa des œuvres qu'il n'a pas dépassées. Les oies peintes de Méïdoun, les boiseries de Hosi, le *Cheikhel-beled* du Caire sont des œuvres admirables d'observation, de naturel, de vie; le scribe accroupi du Louvre peut donner une idée de ce réalisme sincère qui cherche avant tout la ressemblance, en notant cependant une particularité de la physionomie ou un trait du caractère. Lorsqu'il s'agit d'un souverain, ce trait s'accuse davantage. Du scribe du Louvre, on ne saurait dire s'il est plus attentif à recevoir des ordres qu'à les transmettre avec suffisance à des inférieurs, tandis que plus d'un Pharaon évoque l'idée dominante de la souveraineté: tel ce Chéphrên en diorite du Caire dont M. Maspero a écrit qu'il fait penser à « Pharaon en général ».

L'aspect réaliste de cet art se manifeste par le choix des sujets. Ils sont constamment empruntés à la vie réelle. Si l'on connaît si bien les métiers, l'industrie, l'agriculture, la chasse, la pêche, la danse, dans l'ancienne Égypte, c'est que les tombes de Saqqarah reproduisent sur leurs parois le tableau fidèle de la vie du temps.

Lorsque la prépondérance passa à Thèbes, au temps de la XIIᵉ dynastie, l'art, depuis longtemps déchu, reprit une vigueur nouvelle. Mais c'est avec la XVIIIᵉ dynastie que sa curiosité s'éveilla.

L'Égypte, alors, déborda sur l'Asie et sur la côte des Somalis. Il est tout naturel de comparer cette expansion à celle de l'hellénisme avec Alexandre, et le même réalisme teinté d'exotisme, varié et mouvementé, se retrouve alors en Égypte. On s'efforça de rendre dans leur vérité les distants paysages du pays de Pouânit, avec leurs huttes sous les arbres; de suivre, d'un ciseau étonné, les formes adipeuses de la reine, fière de sa prodigieuse laideur, ou l'attitude dégagée des ambassadeurs de îles, portant des vases artistement travaillés. Il n'y avait d'ailleurs aucune raison d'embellir des étrangers. Sans parler des nègres, un Libyen se distinguait aisément d'un Asiatique. Les Bédouins, nettement reconnaissables, avec leur nez aquilin, leur barbe peu fournie, leur coiffure plate sans perruque, sont certes très loin du canon de la beauté égyptienne. Le naturalisme envahit même le portrait du souverain quand le Pharaon fut ce bizarre Aménophis IV, le roi hérétique adorateur d'Atoun. La tête en pain de sucre, avec un menton en galoche, la figure extatique quand il est en prière, ou souriante quand il joue avec ses filles, il ne respire plus la majesté du Pharaon en général, et jamais non plus vache ne fut plus éloignée de la « vache en soi » que cette bonne bête de Déîr el-Baḥari, naguère découverte par M. Naville, si individuelle, si vivante, douce, forte, puissante, naturelle.

Avec Setoui Ier, on croirait d'un retour d'idéalisme, tant la physionomie du Pharaon est régu-
lière, fine et délicate. Mais on le reconnaît toujours, même sous les attributs du dieu Amon. Le
prince était donc, en effet, d'une beauté rare,
avec une teinte de grâce et de mélancolie qui
s'imposa à l'imitation servile de son temps.

En tenant compte de tous ces faits, peut-on
conclure que l'école thébaine est à l'école memphite ce qu'est l'hellénisme par rapport au siècle
de Phidias?

Oui, s'il s'agit des circonstances extérieures, de
la variété de l'art, de sa curiosité, éveillée par
l'étendue de son domaine. Mais voici une discor-
dance. Tandis que l'art des Grecs a perdu de son
élévation morale, de sa dignité, de son sentiment du divin, tout au contraire, en Égypte, sous
l'influence des spéculations sacerdotales très ac-
tives à Thèbes dès le temps de la XVIIIe dynastie,
l'art, par sa tendance intime, va en s'éloignant
de la nature et en se pénétrant de symbolisme.
Dans les grands hypogées de la Vallée des rois,
la mythologie envahit tout, avec une profusion
de symboles bizarres. Cette bonne vache de Déîr
el-Bahari, elle-même, est grotesquement encom-
brée d'emblèmes mystiques. Un cauchemar d'objets difformes a remplacé la riante vision des
Champs Élysées de Saqqarah.

Le roi est souvent paré des signes divins,
comme de leur côté les déesses s'inclinent pour
le nourrir de leur lait. Le divin et l'humain se

confondent, et l'animalité prend une place de plus en plus disproportionnée dans ces tableaux. Les têtes de lionnes, d'éperviers, de chacals ont été soudées avec beaucoup d'habileté à des corps d'hommes, mais n'est-ce pas malgré tout une injure pour le corps humain? Au lieu de devenir plus humaine, la sculpture égyptienne est de plus en plus l'instrument de conceptions théologiques, et ces conceptions elles-mêmes se perdent de plus en plus dans des combinaisons bizarres, sous prétexte de mettre de l'ordre dans le chaos des anciennes religions amalgamées.

Sous les dynasties saïtes, l'art égyptien jeta un dernier éclat. M. Maspero a relevé un indice de réalisme. Pour mieux assurer la ressemblance des statues qui représentaient le défunt, on n'hésita plus à lui laisser les tares de la vieillesse. Ce fut donc moins pour respecter la nature que pour se conformer plus sûrement à une prescription religieuse. Pour tout le reste, on proclamerait le triomphe de l'idéalisme, si des physionomies sans caractère et surtout des corps sans formes précises ne révélaient pas plutôt la négligence des artisans. On faisait très joli, très poli, très élégant, pour attirer la clientèle; on ne poursuivait pas la beauté. C'est d'ailleurs le jugement très dur de M. Maspero sur un art dont personne mieux que lui ne connaît l'âme : « Il ne cherchait pas à créer et à noter le beau pour le beau même[1]. »

1. *Histoire générale de l'art, Égypte*, p. 303.

L'artisan n'a pas cherché le beau et le public ne le lui a pas demandé; c'est le secret de l'immobilité de l'art égyptien, en dépit de tant de modifications très réelles. Il faut, certes, admirer le soin avec lequel ont été exécutées des œuvres condamnées à des ténèbres éternelles, jusqu'au jour où la lumière électrique a permis de les contempler. Conscience des ouvriers, ou conscience des surveillants, le phénomène n'en est pas moins extraordinaire; mais enfin puisqu'il s'agissait, en somme, d'un rite, il suffisait qu'il fût mis en œuvre correctement. Il importait que des êtres, humains ou divins, fussent reconnaissables, et il convenait qu'ils fussent beaux, dessinés avec précision, enrichis des couleurs les plus somptueuses; mais l'artiste et celui qui l'employait devaient compter sur l'indulgence des esprits mystérieux. Personne n'était là pour admirer les œuvres et leurs créateurs; chaque relief, une fois dessiné, gravé et peint, était littéralement condamné à l'oubli de la tombe. Quel sculpteur, si épris qu'il soit de créer le beau — faut-il excepter Michel-Ange? — n'a été porté plus haut par l'espoir d'imposer son œuvre à l'admiration?

L'art égyptien s'est promené sur des champs divers, on n'y reconnaît pas une marche continue dans un sens donné. Depuis sa première œuvre jusqu'à la dernière, il a été dominé par le principe de la frontalité. Encore s'il ne s'agissait que de partager le corps en deux parties égales et de le situer toujours de face! Sous les Ptolémées, et même à l'époque romaine, les bas-reliefs demeurent fidèles à l'antique convention qui dessine la tête et les jambes de profil, l'œil et le buste de face, avec un ventre qui fait la transition. Jamais le nombril ne fut plus accentué sur des jambes de profil qu'à Dendéra ou à Edfou. La peinture, qui semblait à l'origine si bien lancée, fut complètement subordonnée à la sculpture, et c'est sans doute pour cela que les Égyptiens ne connurent jamais la perspective[1].

Le maître que nous avons fréquemment cité nous a appris à tous quels liens solides attachaient l'art à la religion en Égypte. Toujours dominé par l'idée religieuse, l'art fut presque exclusivement à son service; il devait succomber avec elle. Loin qu'il pût être assimilé par le christianisme, il se refusa à toute alliance avec l'art grec. Les types hybrides sont rares, et, selon la loi de cette espèce, sont demeurés inféconds.

Peut-être cette mainmise de la religion sur l'art, ou plutôt cette création de l'art dans l'intérêt de la religion, ne nous paraîtrait pas si évidente si les hiéroglyphes n'avaient pas parlé. Nous le sentons surtout quand nous abordons en Crète, où les fouilles de M. Evans à Cnossos, et de la

---

1. Un moment ils parurent y toucher, lorsque les personnages figurant dans plusieurs registres vont en diminuant de grandeur du haut en bas. Mais ce cas est demeuré isolé, et il néglige encore une composition véritable du sujet (Maspero, ouvrage cité, fig. 292).

mission italienne à Phæstos, venant après les fouilles de Schliemann à Hissarlik et à Mycènes, après la découverte des gobelets d'or de Vaphio, ont révélé l'existence, d'environ 2500 à 1500 ans avant Jésus-Christ, d'un art original. Mais les inscriptions ont gardé son secret avec celui de l'écriture.

Nul doute cependant que la religion n'y tienne une place notable. La divinité y est lumière, et il faut mettre la main devant les yeux pour ne pas être ébloui de son éclat. J'ai estimé, après M. Savignoni, l'un des directeurs des fouilles italiennes, que les sarcophages indiquaient, par leurs symboles, la migration des âmes dans un paradis [1]. L'influence reconnue de l'art égyptien me paraît encore assurer à cette opinion une solide probabilité. Mais nous sommes toujours très embarrassés quand il s'agit des symboles.

Ce qui est certain, c'est que l'art crétois est beaucoup moins dominé que l'art égyptien par les exigences de la religion. C'est bien un « art du palais », comme l'a nommé M. Evans, élégant, varié, mais en même temps pénétré de sympathie pour la nature, et surtout animé d'une fougue juvénile, quoiqu'il ait dépassé de beaucoup l'ère des tâtonnements.

On a pu le comparer très justement à celui des cours hellénistiques. Et de fait les Crétoises, vêtues avec recherche de robes à volants, les che-

---

1. *La Crète ancienne*, p. 47 et suiv.

veux flottant avec une grâce négligée, semblent accuser de rusticité les Korés d'Athènes au sixième siècle, gênées dans leurs tuniques collantes. Les hommes sont presque nus, mais des scènes de pugilat mettent en relief une connaissance approfondie du corps humain. Aucune œuvre considérable de ronde-bosse ne nous est parvenue en entier; pourtant, en pareille matière, quelques échantillons suffisent à faire naître l'émotion esthétique et à nous éclairer sur les notions que possédait l'artiste. M. Deonna s'est amusé à mettre en regard un torse grec archaïque et un torse en stuc de Cnossos, antérieur de quelque mille ans. Le torse archaïque, à peine dégrossi, les bras ballants, fait ressortir la science du maître crétois : « Le bras replié sur la poitrine, et tous les muscles, durs et secs, sont marqués : le grand pectoral avec son insertion sur le bras, le deltoïde, le biceps; on dirait presque avoir sous les yeux une préparation anatomique[1]. »

Et cependant cette science n'exclut pas la vie. La procession des porteurs de vases a bien la dignité de la frise phidiaque, mais le cortège dit des moissonneurs marche sur un rythme qui dérouterait les partisans convaincus de la sérénité. M. Deonna paraît approuver mon expression : les artistes crétois « n'ont jamais regardé le corps

---

1. Deonna, III, 97. — L'auteur me reproche d'avoir rappelé, à propos de l'art crétois, Phidias et Michel-Ange. En cela je n'entendais pas comparer l'art crétois à une époque donnée, mais indiquer une lignée de grand art.

humain que dans cet état de tension extraordinaire qui lui donnait, à leurs yeux, plus de
beauté[1] ». Il ajoute pour son compte : « Aussi
leurs formes paraissent-elles souvent disloquées
et leurs attitudes forcées[2]. » Il est vrai qu'ils n'ont
pas reculé devant le rendu des exercices d'acro-
batie.

Encore est-il que ces artistes fougueux étaient
des observateurs patients de la nature et qu'ils
ont fait au monde végétal une place de choix
dans leurs fresques et sur leurs vases peints.

L'instinct animal lui-même n'a pas échappé à
leur regard sympathique : la tendresse de la
chèvre sauvage qui allaite ses petits, la convoitise du chat qui guette sa proie, la fureur du
taureau pris au piège, peut-être même le mugis-
sement vainqueur du taureau qui a exercé sa force
de mâle[3].

Or ce sont bien là les traits d'un art consommé,
et M. Deonna est parfaitement en droit de comparer « les lutteurs du vase d'Haghia Triada, dont
les muscles sont tendus dans un effort violent,
dont les attitudes sont emportées, aux dieux et
aux géants qui combattent sur la frise de Pergame[4] », comme aussi les femmes qui assistent
en caquetant aux grandes fêtes minoennes rap-

1. Lagrange, *La Crète ancienne*, p. 40.
2. Deonna, III, p. 91.
3. C'est l'interprétation donnée par Riegl d'un des gobelets de
Vaphio.
4. Deonna, III, 95.

pellent les commères syracusaines de Théocrite qu'on croit rencontrer dans mainte statuette hellénistique, attifées et minaudières.

Or, si ces Crétois préhelléniques ne sont pas des Grecs[1], que devient le dogme du miracle grec, et si ce sont des Grecs, que devient le dogme de la sérénité?

Car, en Crète, la sérénité n'est certes pas un

---

1. J'ai peine à croire, pour ma part, que les Crétois de l'époque minoenne aient appartenu à une race tout à fait étrangère à celle des Hellènes de l'histoire. M. Mackenzie les a rattachés aux Libyens d'Afrique. Des peuples venus du Nord, remarque-t-il, ne se seraient pas dépouillés de leurs vêtements en venant dans des contrées relativement plus chaudes, comme la Crète; le vêtement une fois adopté, on ne le quitte plus. Or les Minoens sont ordinairement représentés nus, avec un simple pagne. Ce sont donc des Africains; habitués à ce costume léger, ils l'ont gardé malgré les intempéries de l'hiver en Crète. Mais l'argument a peu de portée, puisque les dames crétoises sont richement vêtues. Et c'est, précisément, le même contraste, plus accentué encore, que présentent les *kouroi* archaïques, complètement nus, et les *korés*, dont les formes sont cachées par la tunique et le manteau. On sait que les Grecs mirent beaucoup de temps pour arriver au type de l'Aphrodite nue dans la statuaire; on attribuait cette dénudation à Praxitèle. Les Minoens suivaient donc la même règle que les Hellènes, qui ne sont pas venus d'Afrique, et s'ils ont aimé à rendre le nu masculin, c'est sans doute à cause de la beauté spéciale que lui donnaient les exercices du sport, déjà très en honneur, au moins sous la forme des courses de taureaux.

L'origine africaine écartée, il reste l'origine européenne que tout rend vraisemblable. Le chemin du Nord au Sud est celui qu'ont suivi les Achéens, destructeurs probables des palais crétois, puis les Doriens qui ont à leur tour colonisé la Crète. Entre les Achéens et les Doriens, il y a de nombreuses affinités; ils se regardaient comme appartenant à la même race. Il est tout simple de supposer que longtemps avant eux d'autres hommes, détachés du même tronc, étaient venus coloniser l'île de Minos. Ce vieux fond de la population demeura, sans doute, en dépit des massacres de l'invasion.

caractère dominant. Et rien ne prouve que les Minoens soient arrivés à leur réalisme mouvementé après un stade dans les régions plus calmes de l'idéal. La majesté, divine ou royale, qu'ils ont su exprimer, ne saurait passer pour un trait d'idéalisme décidé, pas plus en Crète qu'en Égypte ou en Assyrie.

C'est en Grèce qu'il faut venir pour rencontrer enfin l'alternance de l'idéalisme et du réalisme. Mais nous n'y sommes arrivés qu'après avoir constaté chez des peuples plus anciens des arts qui ont produit des chefs-d'œuvre. L'étincelle de ce feu sacré, allumé avant eux, ne leur a-t-elle même pas été transmise? Déchus du rang d'inspirateurs uniques, faut-il les ranger parmi les imitateurs? N'ont-ils pas tâtonné aussi longtemps que d'autres et non sans s'aider de ceux qui étaient plus avancés qu'eux? Les partisans les plus convaincus de l'originalité des Grecs se contentent ordinairement de soutenir qu'ils ont su donner une forme propre à leur art et qu'ils l'ont conduit plus près de la perfection qu'aucun peuple ancien, ce qu'on ne peut sérieusement contester. Comment prétendre, en effet, qu'ils ont tout commencé par le commencement, comme s'ils n'avaient pas eu de modèles, quand il est avéré qu'ils ont connu des œuvres déjà si belles? Il est vrai qu'on n'est point d'accord sur la portée ni sur l'efficacité de ces influences.

D'après M. Poulsen, les Grecs n'ont pu voir sans

en profiter les œuvres de cette civilisation que nous nommons hétéenne, répandues dès l'an 2000 avant Jésus-Christ dans l'Asie antérieure et jusqu'aux portes de Smyrne. M. Lœwy voit une filiation directe entre les Crétois et les Grecs. A ce *pancrétisme*, M. Pottier oppose une opinion qu'on ne saurait, sans injustice, qualifier de *panionisme*. Ce maître a eu le mérite de ruiner, *dans le domaine de l'art*, la thèse de Renan : « La Grèce n'est que l'antithèse du dorien et de l'ionien[1] », en montrant que l'action des Doriens sur l'art n'a pu être directe. Peut-être a-t-il encore exagéré l'action morale de la race dorienne : « C'est à son école, dit-il, que les Ioniens de l'Attique ont conquis cet équilibre, cette saine mesure, qui est devenue une partie si savoureuse de leur génie[2]. » Car, enfin, sait-on si l'Attique, qui a été préservée de l'invasion dorienne, ne possédait pas ces qualités, et peut-on nommer doriens les vases du Dipylon[3], quand l'on reconnaît dans les formes si sveltes de leurs personnages l'influence mycénienne[4]? Cette influence, M. Pottier la fait à bon droit très large, et les Ioniens d'Asie n'interviennent dans son système

---

1. Renan, *Patrice*, p. 98.
2. *Catalogue des vases antiques*, p. 626.
3. Ces vases gigantesques, ainsi nommés de l'endroit où ils ont été trouvés à Athènes, sont une des curiosités du musée du Louvre.
4. Cette opinion de M. Pottier me paraît préférable à celle de M. Deonna. Partisan convaincu de la naissance à nouveau de l'art grec, ce dernier voit dans ces tailles étranglées une simple maladresse de commençant.

que comme les héritiers des Mycéniens, héritiers eux-mêmes des Crétois. Mais les Ioniens, probablement sous l'influence de la sculpture assyrienne du viiie siècle, ont fait pénétrer en Grèce plus d'un motif oriental et leur canon aux proportions courtes et trapues[1].

On ne peut discerner encore exactement comment l'esprit grec trouva sa voie entre ces croisements si divers; ce qui est certain, c'est qu'il trouva sa voie et qu'il y marcha en avançant toujours.

Aujourd'hui — et M. Deonna s'y est employé plus que tout autre — on ne nomme plus Apollons archaïques ces robustes jeunes gens qui apparaissent au sixième siècle avant notre ère, roides, les yeux grand ouverts et sortant presque de leurs orbites, les mains collées au corps, les pieds fixés à plat sur le sol. Ce sont simplement des *Kouroi*, des jeunes gens, frères des célèbres Korés ou jeunes filles, l'ornement du musée de l'Acropole. Elles sont charmantes, infiniment plus séduisantes dans leur grâce encore fruste que les banales Aphrodites plus ou moins inspirées de Praxitèle, quoiqu'un peu raides dans les plis serrés de leurs tuniques, et le corps terminé presque en pointe. Sur leurs lèvres, comme sur celles des *Kouroi*, s'épanouit le plus souvent le sourire, ce sourire divin qui charmait les hellé-

---

1. C'est, en effet, par suite d'une erreur aujourd'hui reconnue que les formes robustes et courtes étaient attribuées aux Doriens.

nistes; car les Grecs les premiers, disait-on,
avaient fait sourire les dieux. Mais puisque ces
statues ne représentent plus des dieux, ne faut-
il pas convenir, avec M. Deonna, que ce sourire n'est au vi^e siècle qu'une élégance affec-
tée?.

Cependant ce fut bien la religion qui guida
ces débuts. Ces statues, si elles sont humaines,
étaient consacrées aux dieux, et ce sont bien les
dieux qui figuraient sur les frontons des temples;
c'est leur assemblée qui décore la frise du trésor
de Cnide. Dès ce moment, l'art grec franchit le
degré qui le met au-dessus des autres.

Ce qu'il consacre à ses divinités, ce ne sont pas
des statues ressemblantes, ce sont des œuvres
belles, aussi belles qu'il sait les faire. Quand cet
idéal de beauté s'est élevé, quand la main de
l'ouvrier est plus sûre, au ve siècle, il en fait
profiter les dieux, Le sourire, même le rire, et
le rire inextinguible était pour eux une parure
dans l'Olympe d'Homère, mais le temps d'Eschyle et de Sophocle a une plus haute idée du
divin. L'Aphrodite qui se plaint parce qu'on
l'a blessée, ne pouvait non plus figurer parmi
les immortels, graves et impassibles, heureux
d'une béatitude sereine et sans mélange. « Ainsi,
dit M. Pottier, se forme, dans l'art grec, un
idéal, fait de puissance musculaire et de sérénité morale, qui est resté aux yeux de la foule la
formule classique de l'antiquité tout entière,
mais qui n'est, en somme, que le rêve très per-

sonnel du siècle de Périclès, car les âges suivants ont réalisé de tout autres conceptions[1]. »

Doit-on même dire que c'est le rêve de tout le monde au siècle de Périclès?

L'auteur du *Catalogue des vases antiques* et de l'agréable monographie de *Douris* ne nous le permettrait pas. Il nous a fait connaître, au temps des guerres médiques, « une grande école de réalistes qui surgit et qui, en quelques années, arrive à une étonnante maîtrise[2] ». Ce n'est pas dans l'Olympe qu'elle nous introduit; c'est la vie athénienne qui est prise sur le vif, non point encore dans l'intimité du gynécée, mais dans des scènes de banquets, égayés par la présence des joueuses de flûtes et des courtisanes. Les exploits de Thésée alternent avec les exercices de la palestre auxquels se livrent les jeunes Athéniens, trop souvent accompagnés d'hommes barbus qui les admirent. Cet art-là, sans parler des thiases bachiques, hérités de l'époque antérieure, ni des entreprises pétulantes des Silènes, n'a rien de solennel. C'est de lui que M. Pottier a écrit : « Le réalisme des Grecs a connu les pires audaces et les pièces de « musée secret » n'y sont point rares[3]. » Les dieux eux-mêmes étaient

---

1. *Diphilos*, p. 56.
2. *Catalogue*, p. 828. — D'ailleurs, les vases corinthiens du viie siècle étaient déjà un album de la vie populaire, où l'on voyait défiler mineurs, potiers, marins, cavaliers, chasseurs, soldats, de la vieille Corinthe du roi Périandre (*Catalogue*, p. 448).
3. *Catalogue*, p. 822.

mêlés à d'assez scabreuses aventures. Ce qui distingue l'art du ve siècle dans son ensemble, ce n'est donc pas qu'il s'est attaché à représenter des idées descendues du ciel, toutes, nobles, graves et sereines dans des corps aux formes parfaites, aux têtes dépourvues de prunelles, c'est plutôt qu'il s'est passionné pour l'étude de l'homme, envisagé sous tous ses aspects, non point sous des traits individuels, mais avec les traits qui donnaient le mieux l'impression de corps sains et robustes et d'âmes fermes. Les dieux ont bénéficié de tout ce que les exercices du gymnase avaient donné aux corps de souplesse et de force musculaire, les hommes ont reçu en échange quelque chose de l'impassibilité divine. Cette communication des attributs éclate surtout dans les monuments officiels où les hommes et les dieux sont mélangés.

Oui, ce qui distingue ce temps de tous les autres, ce n'est pas qu'il ait donné de la divinité une idée plus haute que ceux qui la voilaient sous des symboles ou qui rassemblaient en elle toutes les énergies de la vie, même animale, c'est qu'il a concentré toutes ses forces dans l'étude de l'humanité, rendue aussi belle que l'homme pouvait la concevoir, assez belle pour appartenir aux dieux. Et même lorsque cette humanité est laide, grotesque, ou comique, ce qui est rare, c'est toujours l'homme qui pose. L'animal, sous des formes naturelles ou combinées par la fantaisie de l'Orient, avait cheminé sur les cercles des amphores corinthiennes du VIIIe et du VIIe siècles; il disparaît, si ce n'est comme accessoire de l'homme. La plante intéresse encore moins. La richesse des habits est un luxe ornemental qu'on méprise. Les dieux ont la forme humaine. Des monstres multiformes, il ne reste que les Centaures et les Silènes. L'homme seul demeure en scène, soit nu, comme il l'était dans les exercices de la palestre, soit drapé simplement, et la femme, toujours vêtue, est vêtue de draperies plus légères comme si les vêtements eux-mêmes avaient pris un sexe tant ils entraient dans l'ordre humain.

Bientôt on n'hésita pas à sacrifier ce qu'une tenue trop austère semblait dérober à la pure image de l'homme réel. Dès le IVe siècle avant Jésus-Christ, l'Aphrodite de Praxitèle n'a plus d'autre souci que de paraître belle. Les corps se plient en attitudes symétriques et balancées. Les traits sont toujours réguliers, mais plus expressifs; l'Agias de Delphes et surtout l'Héraclès de Tégée font pressentir ce que put être le pathétique douloureux et l'intensité du sentiment qui rendirent célèbres Lysippe et Scopas.

Cependant, avant de se rendre aux attraits du réalisme, l'art grec donna une preuve suprême de son goût pour l'idéalisme abstrait. C'est dès la dernière moitié du Ve siècle et au début du IVe siècle qu'on voit apparaître sur les vases peints des figures allégoriques. D'après M. Pottier, l'allégorie est comme la conciliation de deux genres, le divin et le réel. Et il ne faut pas oublier, en effet, que le Désir, pour ne nommer que lui, était presque une divinité. Peut-être faut-il voir aussi dans l'allégorisme une suite logique de l'idéalisme. Un jeune homme est reçu dans la vie par la Santé, la Joie, la Beauté[1]. Mais n'est-ce pas la santé, la joie, la beauté de ses éphèbes qui faisaient l'orgueil d'Athènes? Combien de fois le potier n'a-t-il pas inscrit καλός, « beau », sur ses vases, à l'adresse de l'un des plus brillants parmi la jeunesse dorée d'A- thènes, avant d'inscrire « la Beauté » comme nom d'une femme? C'est parce qu'on savait ex- primer par des traits la pudeur, la justice, la persuasion, qu'on se hasarda à en faire des per- sonnes morales.

Quelle expression entendait-on donner aux dieux? Au ve siècle, on était au point le plus élevé de la religion grecque. Jamais la piété antique n'a trouvé des accents plus pénétrés de respect envers la divinité que dans les tragédies de Sophocle. L'art religieux exprimait les mêmes pensées. Était-ce vraiment la bonté que respiraient ces physionomies sérieuses, ces ports de tête solennels, ces attitudes tranquilles? C'est l'opinion de M. Pottier que le Zeus olympien faisait une impression de majesté et de bonté surhumaine où l'on reconnaissait « le créateur

1 Pottier, *Catalogue*, p. 1045.

de toutes les choses de la vie, le père et le sauveur des hommes[1] ». Si la formule est de Dion Chrysostome, je crains qu'il n'ait prêté à Phidias ses propres conceptions sur la divinité. C'est sous les Séleucides, beaucoup plus qu'au Ve siècle, que le dieu fut honoré comme Sauveur. Tout ce que je peux lire sur les répliques qui nous permettent de nous faire quelque idée des chefs-d'œuvre anéantis, c'est l'impassibilité sereine. Une expression positive très caractérisée fait défaut. M. Pottier nous engage à admirer au Louvre « l'expression si doucement pénétrante du beau masque de Dionysos... L'artisan qui l'a modelé avait pu voir de ses yeux l'image qui arracha, dit-on, des larmes d'émotion au dur romain Paul-Émile et dont la beauté, selon l'expression de Quintilien, « avait ajouté quelque « chose à la religion elle-même[2]. »

Ce beau Dionysos, avec des grappes dans sa chevelure, est toujours un dieu-nature, le dieu du vin. Sa bonté, qui apparaît peu sur ses lèvres closes et sur ses yeux sans expression, aurait donc consisté à réjouir les hommes par la liqueur qui leur fait oublier — pour un moment — les peines de la vie.

Je suis obsédé, en l'admirant, par le souvenir d'une autre acquisition, très récente, du Louvre, ce Sauveur bénissant, de Giovanni Bellini (1430-1516), dont les yeux d'un bleu si clair expri-

1. *Diphilos*, p. 60.
2. *Ibib.*, p. 60 et suiv.

ment une mélancolique bonté; la bouche entr'ouverte prononce des paroles consolantes, dont le sens est expliqué par l'attribut des stigmates.

Encore cette beauté grave du Dionysos attique parut-elle trop austère au siècle qui suivit. « Le Dieu du vin est alors un éphèbe efféminé, aux longs cheveux flottants, tel qu'on le voit dans nombre de statues de marbre et dans les *Bacchantes* d'Euripide[1] », ou encore un enfant porté sur les bras de son grand frère Hermès; il s'élance pour saisir la grappe qu'on fait miroiter devant son désir[2].

Ainsi la religion va descendre de son piédestal. Les dieux, impuissants à s'assimiler les mortels, et trop ardents dans leurs faiblesses pour garder longtemps un masque de gravité, s'abaissent franchement au rang des humains. En se montrant tels qu'ils étaient dans le mythe, ils auront plus de naturel et de vie. Le réalisme va commencer, Aphrodite laisse glisser un peu sa tunique avant de l'oublier tout à fait au vestiaire.

Avant de passer outre, il faut revenir à cette parole profonde de Quintilien : la beauté a vraiment ajouté quelque chose à la religion des Grecs, assez indigente par elle-même. Et le culte de la beauté n'a-t-il pas été une bonne part de leur religion? Je suis tenté maintenant de prendre leur défense contre M. Pottier lui-même.

1. *Diphilos*, p. 67.
2. C'est le sens de l'Hermès de Praxitèle.

On est aujourd'hui très porté à faire de l'utile
le mobile principal de l'art. En Égypte, le principe s'explique sans difficulté. Mais en Grèce?
Le maître que nous suivons si souvent nous dit :
« L'utile a été la base unique de l'art; il en fut
la force et la santé. Je ne crois même pas qu'au
v⁰ siècle on ait jamais fait une statue pour le
seul plaisir de créer une œuvre belle[1]. » Le seul
plaisir, il se peut. Mais l'artiste et même l'artisan
goûtaient sûrement un extrême plaisir à poursuivre et à réaliser le beau. Tout un peuple
l'exigeait d'eux. Faut-il supposer qu'ils en ont
été moins touchés que le vulgaire? Aussi suis-je
étonné que le même M. Pottier ait expliqué par
une raison d'utilité le renversement de l'alliance
des couleurs sur les vases peints. On aurait remplacé les figures noires par des figures rouges
pour avoir une plus grande surface imperméa-
ble. Mais quand nous sortons de la salle des figures noires pour entrer dans celle des figures
rouges, il nous semble quitter des ombres chi-
noises opaques, à peine éclairées par le ciseau,
pour aborder l'atelier où triomphe la ligne, où
la lumière émerge des ténèbres, où tous les traits
sont clairs. Il est impossible que les Grecs
n'aient pas éprouvé cette sensation. Cette fois
encore ils auront été guidés par la beauté.

Aussi bien, j'ai sans doute tort de critiquer
quelques formules, car M. Pottier nous fournit

1. Pottier, *Douris*, p. 27.

la meilleure preuve que les Grecs aimaient le beau pour lui-même, c'est qu'ils ne croyaient jamais l'avoir saisi. « Ce qui frappe le plus dans cette période, c'est un état de mobilité perpétuelle, un effort constant pour le mieux qui, une fois atteint, paraît encore insuffisant et se déplace sans cesse [1]. »

Voilà donc enfin ce principe du progrès qui a manqué aux Égyptiens, et qui est vraiment le miracle grec ou plutôt, « il n'y a là aucun prodige. Ce qui doit nous frapper, au contraire, c'est la continuité et l'enchaînement logique des types [2] ».

Ce fut sans doute une heureuse condition pour ce progrès que l'effort, avant de se répandre sur la nature tout entière, se soit concentré dans la seule représentation de l'homme. Le problème à résoudre était mieux circonscrit et le génie artistique des Grecs en trouva la solution. Les plus grands artistes des vases peints, au début du ve siècle, en sont encore à la gauche convention de l'œil vu de face dans un visage de profil. Peu à peu, la prunelle se déplace et vient prendre sa place naturelle au coin de l'œil. On ne se préoccupait donc plus de tracer une figure au complet, avec la prunelle ronde, mais de dessiner ce qu'on voyait. Le principe nouveau autorisait les raccourcis. Aussi bien le profil était insuffisant pour exprimer les senti-

1. *Catalogue*, p. 874.
2. Pottier, *Diphilos*, p. 62.

ments de l'âme. On s'en apercevait par les effets merveilleux que les sculpteurs savaient tirer des statues. On en vint donc à peindre les visages de trois quarts. Dans cette position, le visage est à la fois dans la lumière et dans l'ombre. Le rendu des ombres conduisit au modelé. On croyait savoir qu'au ıv^e siècle Parrhasios créa le clair obscur.

Dans le même temps, la sculpture s'était dégagée de la frontalité pour créer les attitudes plus libres qui donnaient une certaine beauté à l'être humain selon le côté qu'on envisageait, en recherchant cependant la symétrie de l'ensemble. Après un siècle, les Grecs s'étaient donc dégagés des conventions qui pesaient sur l'art ancien pour poser des principes de dessin et de sculpture qui sont simplement les principes permanents de l'art.

Cette supériorité technique était entre les mains du peuple le plus curieux de l'univers, qui avait déjà compris que la vieillesse et la laideur elle-même ne sont pas sans un certain attrait esthétique. Et ce peuple était aussi le plus épris du changement. Si l'on ne possède pas deux vases peints absolument semblables, que penser de l'activité qui poussait les grands artistes à aborder toutes les formes de la vie, tous les sentiments qu'ils se sentaient capables d'exprimer? L'idéal national s'étant abaissé en même temps que l'idéal religieux, le monde oriental s'étant ouvert plus largement avec

Alexandre, rien ne les retenait plus dans l'enceinte de la cité, encore moins sur les sommets de l'Acropole. Il faut même s'étonner qu'on soit demeuré si fidèle au culte de l'humanité. C'est toujours elle qui est au premier plan, avec ses différences de races et de costumes, c'est elle que rehausse la perspective désormais connue et le paysage. Pour figurer la guerre des Athéniens contre les Perses, Phidias avait mis aux prises les Lapithes et les Centaures dans une lutte tragique, mais digne et mesurée comme une joute intellectuelle. Le triomphe des Attalides sur les Gaulois subit encore l'ancienne règle qui dissimule la réalité historique trop récente sous l'apparat de la victoire des dieux sur les géants, mais avec quelle intensité les frises de l'autel de Pergame n'expriment-elles pas le combat et la souffrance! D'ailleurs, sur le sarcophage dit d'Alexandre, découvert à Sidon, les Grecs se distinguent facilement des Perses, qui se défendent mal, dans leurs étoffes gênantes, contre l'élan emporté des vainqueurs. Enfin, le portrait où les Romains seront maîtres apparaît dès l'époque hellénistique.

Dans l'art plus modeste des statuettes, les grotesques se font plus nombreux; le rendu de la vieillesse tourne à la caricature. Décidément, la sérénité a fait son temps! Un art très vivant, très réaliste, très varié, a remplacé l'art phidiaque, et cependant c'est bien un art grec, procédant en droite ligne des antiques *Kouroi* et des antiques *Korés*. Encore me paraît-il nécessaire de faire ici une restriction. L'art des vases peints, dès le IV° siècle, est sous l'empire des chefs-d'œuvre de la peinture et de la sculpture; il a quelque chose de plus classique, de plus conventionnel, de moins vivant, que les scènes si mouvementées, disons presque endiablées, des figures noires dès le VII° siècle. Et ces Aphrodites et ces Éros, qui, dans les statuettes de Myrina et de Smyrne, étalent si impudemment leurs « charmes », n'ont certes pas le charme de vie réelle des anciennes statuettes de Tanagra. Tout ce monde mythologique est une collection de répliques d'œuvres d'art; tandis qu'au temps dit de l'idéalisme, ces jeunes filles, les mains entre-lacées, ou cet éphèbe qui réfléchit, ou cette promeneuse, ou cette mélancolique ont été saisis dans la vie réelle. Nouvelle preuve de l'imprudence qu'il y a à ranger des époques entières sous des rubriques trop exclusives.

*
* *

Je suis tout excusé d'avoir tenté cette course rapide à travers les musées de l'art ancien si j'ai réussi à suggérer à ceux qui l'ignorent encore, — je ne m'adresse pas aux gens trop instruits, — que notre connaissance du développement de l'art grec n'est guère moins renouvelée que celle de l'art égyptien. Ce n'est pas dans les ouvrages de Taine et de Renan qu'il faut s'instruire, mais dans ceux des Perrot, des Collignon, des Pottier, des Lechat. L'enquête de M. Deonna sera très utile pour marquer les progrès incontestés de l'esprit scientifique dans l'archéologie; on regrettera que le sentiment esthétique en soit presque exclu par une austérité de méthode exagérée. Il est regrettable aussi qu'il n'ait pas précisé sa pensée au sujet des termes d'idéalisme et de réalisme qu'il emploie souvent. Je n'ai pas voulu m'en expliquer dès le début pour ne pas m'imposer un canon trop absolu dans l'examen des faits, mais il est temps maintenant de remonter à ce que le Racine des *Plaideurs* nommerait « l'idée universelle de la cause ».

Cette idée, qui domine tout, est celle du beau. Même en faisant une part très large aux excitations et aux inspirations de l'utile, on conviendra que l'artiste n'a pas réalisé ce que nous attendons de lui s'il n'a pas réussi à faire naître une impression de beauté.

Qu'est-ce que le beau? C'est, dit saint Thomas, l'éclat jeté par la forme, ou la qualité intérieure, sur un ensemble proportionné[1]. Cette définition paraît la meilleure précisément parce qu'elle concilie les prétentions qu'on dit opposées du réalisme et de l'idéalisme.

Car la forme dont saint Thomas parle ici, ce n'est point la forme extérieure, circonscrite par des lignes, c'est le principe intérieur qui donne

---

1. *Resplendentia formæ super partes materiæ proportionatas.*

à tout être, même inanimé, sa physionomie; ce n'est point une idée abstraite, c'est une idée devenue sensible par un dehors qui est le sien. Quant à ce dehors, il doit être reproduit tel qu'il est dans la nature, maîtresse de proportions et d'ordre.

Tout artisan trop peu exercé pour rendre les objets tels qu'ils sont, ou plutôt tels qu'ils paraissent aux yeux, par la ligne, par la couleur, ou par les contours, manque à l'une des conditions de l'art. Et de même, tout ouvrier qui sait imiter et transposer les dehors de la nature, qui sait même figurer la vie, mais qui ne met en relief aucune idée notable, nous laisse l'impression qu'il n'a pas atteint la beauté.

C'est ainsi que la définition de saint Thomas s'accorde avec le but que Taine a assigné à l'œuvre d'art : « Rendre dominateur un caractère notable : voilà le but de l'œuvre d'art[1]. »

L'art du xviii° siècle est réaliste. Cependant les pastels de La Tour expriment des caractères notables, la grâce, l'esprit, le désir de plaire et de séduire, l'élégance, le goût le plus délicat. Ces caractères appartenaient aux modèles, mais il fallait les percevoir et les faire dominer. Il y a encore là un idéal, s'il n'est pas des plus élevés. Si un portrait ne décèle qu'une âme vulgaire, toute l'habileté de la technique n'en fera guère une œuvre d'art. L'idéalisme et le réalisme sont

____

1. *Philosophie de l'art*, II, p. 237.

des conditions nécessaires qui s'exigent mutuellement au lieu de s'exclure.

Pourquoi donc les distinguer ?

Les deux tendances existent cependant, et, étant des tendances, elles se distinguent peut-être surtout par le but que poursuit l'artiste, déterminant le chemin qu'il suit.

L'artiste réaliste regarde autour de lui et s'éprend de ce qu'il voit, de ce qui est concret et individuel. Il s'applique à n'en rien laisser échapper, et sa part d'idéal consistera surtout à choisir des sujets déjà pourvus d'une qualité notable qu'il fera dominer. Mais, lors même qu'il croira être le plus près de la nature, il mettra en œuvre des procédés qui sont ceux de l'art de son temps et le résultat d'une longue série d'efforts.

L'idéaliste regarde en dedans de lui-même, selon la formule de Cicéron et la conception de Michel-Ange. Conscient de posséder une habileté technique qui lui permettra de ne pas s'écarter de la nature, il part de l'idée qu'il veut mettre en lumière, la sérénité et la noblesse des êtres supérieurs, ou même des abstractions, comme les vertus, l'immortalité, la gloire.

Si ces principes sont exacts, on pourra en déduire cette conclusion : l'idéalisme suppose déjà de patientes tentatives pour conquérir les procédés, et ce dessein arrêté de se servir de l'art pour incarner des sentiments hauts et nobles ou même des idées abstraites suppose aussi un niveau moral et la perception d'idées générales qui ne peuvent être le fait de toutes les civilisations.

Et, en effet, l'art n'a pas commencé par l'idéalisme, à moins qu'on ne donne ce nom au procédé naïf des enfants. Comme ils savent que tout homme a deux yeux, deux oreilles et deux jambes, ils tracent sur les murs des personnages pourvus de tout ce qui est dû à la nature humaine, sans s'inquiéter de savoir si leur pantin est vu de face ou de profil. Mais ce n'est point là de l'art.

La période de formation est donc une période de réalisme, un long tâtonnement pour rendre des objets naturels reconnaissables sous leur expression artificielle. M. Deonna objecte que « ce réalisme est souvent illusoire et provient de ce que l'artiste est encore incapable de se forger un idéal[1] ». C'est donc, au contraire, le réalisme le plus absolu que l'on puisse concevoir! Ou faut-il que le réalisme, pour être tel, soit conscient et réfléchi comme une doctrine choisie de plein gré? Le réalisme le plus pur est précisément celui qui ne songe pas à autre chose. Comme l'a très bien dit M. Lechat : « La tâche principale des sculpteurs du vi[e] siècle a été d'observer de plus en plus exactement et de copier de plus en plus fidèlement la nature vivante. Ils n'étaient point assez avancés encore pour dégager des formes réelles qu'ils avaient sous les yeux une

---

1. T. III, p. 501.

forme idéale, comme l'ont fait leurs successeurs du ve siècle; ils n'en avaient même pas la pensée[1]. »

Et je crois bien que ni les chasseurs de renne, ni les Assyriens, ni les Égyptiens, ni même les Crétois n'ont atteint à cet idéalisme pur.

Chez les Grecs eux-mêmes, l'idéalisme phidiaque n'eut qu'un temps, et un temps très court, parce que, après l'héroïque effort des guerres médiques, et la victoire, triomphe d'une race supérieure par la pensée et par l'éducation physique aux barbares envahisseurs, la religion baissa, en même temps que le pur amour de la patrie. L'art qui est nécessairement social n'avait plus de source d'inspiration commune à tous.

Il déchut, puis recommença ses essais pendant des siècles. Devenu assez sûr de lui, il fut de nouveau l'organe de l'idée, précisément au moment où le moyen âge s'était attaché passionnément aux études philosophiques; la belle sculpture du xiiie siècle précède de peu la *Somme* de saint Thomas : « L'art, dit M. André Michel, entre en possession de toutes ses ressources; c'est l'heure enchantée où, s'approchant de la nature et de la vie avec une application encore craintive et une timidité virginale, il s'en empare doucement, jouit de sa conquête sans abuser de son pouvoir, tout entier au service d'un idéal qui le domine[2]. » Mais, dès la fin du siècle, à

1. Lechat, *Au musée de l'Acropole*, p. 287.
2. *Histoire de l'art*, t. II, p. 146.

Amiens, en 1288 : « L'esprit du temps a fait
son œuvre : à force de regarder la vie et la nature
pour y chercher les formes expressives de l'idéal
qu'ils avaient à interpréter, les imagiers ont cédé
à la séduction de la nature et de la vie ; ils veulent
suivre de plus près leurs indications ; le modelé
s'accentue, etc. [1]. »

Le modelé s'accentue... Qui ne penserait à
Praxitèle ?

M. Deonna n'a donc pas tort de comparer le
réalisme naissant du IVe siècle avant Jésus-Christ,
venu après l'idéalisme, au mouvement qui se
produisit dans l'art chrétien du moyen âge. Et
depuis, en effet, nous avons connu des alternatives
d'idéalisme et de réalisme. Mais n'y a-t-il là
qu'un rythme spontané de l'esprit humain ? Les
temps modernes, intellectuels avec excès, héritiers d'une tradition longue et variée, et surtout
indécis entre le christianisme qui les entraîne
en haut et tant d'attraits moins nobles qui les
ravalent, ces temps où la réflexion se mêle toujours à l'instinct et la critique à l'art, peuvent-
ils être comparés aux époques anciennes où l'É-
gypte, par exemple, poursuivait son rêve sans
s'inquiéter des arts étrangers ?

Ne faut-il pas tenir compte aussi de la séduction exercée par l'art antique lui-même et par
les théories plus ou moins renouvelées de
l'antique ?

1. Même endroit, p. 156.

N'a-t-on pas vu, au xviiie siècle, Louis David, sous la double influence d'un art grec qui n'était guère connu que par des copies romaines, et de la philosophie de J.-J. Rousseau, rompre en visière avec l'art délicat des Watteau, des Boucher, des Fragonard, anathématisé comme un art corrompu, pour revenir à « la régularité absolue », la représentation de « l'homme, tel qu'avait dû être son archétype... avant l'invasion des irrégularités, des dégradations et des déviations », et tel qu'on pouvait se le figurer d'après l'Antinoüs, l'Apollon du Belvédère et la Vénus de Médicis[1] ?

Heureusement, le même David ne s'inspirait plus que de son génie quand il peignait le portrait du comte Potocki. Peut-on dès lors considérer comme un mouvement instinctif et spontané l'idéalisme outrancier, tout de commande, que ce maître impérieux voulut imposer à son temps ?

Non ! les temps changent, et il est encore plus téméraire d'assimiler le sentiment esthétique religieux chrétien à celui des Grecs, à cause de certaines ressemblances extérieures. Ce qui n'a pas changé, c'est l'humanité elle-même, et les sentiments qui découlent des relations essentielles des hommes entre eux. Et c'est parce que l'art grec était devenu un art humain qu'il a été si utilement adopté par le christianisme. L'art

---

1. André Michel, dans le *Journal des Débats*, 8 avril 1913.

égyptien, étroitement lié à sa religion, succomba avec elle. L'art grec a si bien humanisé ses dieux qu'on pourra, en faisant un choix, se mettre à son école, mais ni cette adaptation, ni les rencontres les plus saisissantes, ne sont l'indice d'un sentiment religieux de même valeur. Le tout, pour en juger, est de ne point s'arrêter aux apparences.

On peut voir au musée du Louvre une admirable coupe peinte par Douris. Je laisse la parole à M. Pottier : « J'estime que c'est, dans sa petitesse, un des plus beaux tableaux que l'antiquité nous ait laissés : il nous console un peu de tant de chefs-d'œuvre perdus, et je n'imagine pas qu'un potier, seul dans son atelier, ait trouvé cette première image de la *Mater dolorosa*, aussi émouvante que celle d'un Mantegna ou d'un Roger van der Weyden... Tout le monde sera frappé de la ressemblance surprenante de cette création païenne et grecque avec le symbole qui, depuis tant de siècles, a ému les âmes chrétiennes. Éos est debout, les ailes ouvertes et comme battantes, inclinée vers la face morte de son fils Memnon, dont elle soutient le corps rigide de ses deux bras tendus... C'est une vrai *Pietà* qu'on a sous les yeux. Par quel miracle d'art, par quelle rencontre inattendue, l'art païen et l'art chrétien se trouvent-ils réunis dans la même pensée, exprimée sous la même forme? N'est-ce pas la preuve qu'à travers les siècles les grands artistes communient en pensée et que, pour dire les émotions de la vie, ils créent un langage pareil [1]? »

M. Pottier s'exprime avec tact et mesure, mais un critique moins délicat ne manquera pas d'identifier l'inspiration chrétienne et l'inspiration païenne, l'idéal chrétien et l'idéal païen. Il faut donc le dire très nettement, les artistes ont communié dans le sentiment humain, et non dans une pensée religieuse. Ce qui est commun à Douris et aux peintres ou sculpteurs de *Pietà*, c'est une mère tenant dans ses bras son fils mort. Pour dégager la pensée religieuse que ce spectacle fait naître dans les âmes qui contemplent l'expression de la douleur maternelle, on ne peut faire abstraction du renversement des conditions. Éos, avec ses ailes étendues, est une déesse qui tient son fils, un homme mortel, expiré dans ses bras; aussi sa douleur doit-elle se ressentir de l'impassibilité d'une déesse. Marie, simple créature, tient dans ses bras son fils, Homme-Dieu, mort pour sauver le monde; aussi sa douleur, plus sensible, doit-elle être pénétrée d'adoration.

Est-ce bien le même idéal religieux, rendu par les mêmes images?

A le bien entendre, l'idéal chrétien, plus élevé, est cependant moins téméraire. Les Grecs ont prétendu exprimer par des formes sensibles

1. *Douris*, p. 74 et suiv.

les natures et les personnes divines. Ils n'ont pas voulu, par respect pour les dieux et pour les hommes, leur donner des traits d'animaux, et, par amour pour la forme humaine, ils ont renoncé à les figurer par des symboles. Ce sont donc des hommes plus beaux que nous, plus sérieux, nobles, impassibles, mais toujours des hommes comme nous. L'art chrétien, dans des cas relativement rares, a essayé de figurer Dieu le Père comme un vieillard par opposition au Fils, et le Saint-Esprit sous le symbole d'une colombe. Mais le plus souvent son thème était je ne dis pas purement humain, mais véritablement humain.

Ceux qui, comme Taine et Renan, l'ont traité de maladif, n'ont pas compris tout ce que l'insertion de la divinité dans notre chair par l'incarnation donnait au christianisme de sympathie pour tout ce qui est humain. Il est vrai qu'il n'est point entiché du corps, ni de la beauté des formes nues, ni même de la régularité des traits; un esprit aussi hellénisé que celui d'Origène n'était pas enclin à croire que le Christ ait été beau. Il se libère ainsi d'un idéalisme de surface, et n'en est que plus apte à aborder tous les sentiments humains en poursuivant ce que M. Louis Bertrand nomme « un réalisme profond et magnifique, parce qu'il plonge jusqu'au divin[1] ».

1. *Revue des Deux Mondes*, 1ᵉʳ avril 1913.

Son rôle n'est point d'exprimer directement les perfections divines, tâche irréalisable pour notre faiblesse, mais de présenter les hommes dans l'attitude du respect, du repentir, de la reconnaissance et de l'amour, en présence des dons divins. Il s'élève cependant plus haut encore en mettant sur les traits humains du Christ ce que nous pouvons concevoir de plus touchant des sentiments de Dieu pour nous. Le paradoxe qui consiste à placer sur la même ligne ce sentiment religieux et celui des Grecs ne doit pas nous arrêter un seul instant. Il n'est pas nécessaire, pour en découvrir l'invraisemblance, de comparer les deux religions. Il suffit de passer d'une salle de peinture chrétienne à une salle de vases antiques. Pour une coupe de Douris, qu'on peut comparer à une *Pietà*, combien de scènes indignes d'un pinceau chrétien? Et ce même Douris n'excellait pas moins à peindre Jupiter, ravisseur passionné d'une femme endormie dans ses bras; assurément le geste lui plaisait, et le sentiment religieux était pour lui le même dans les deux cas, sans parler de ses Silènes en goguette.

Décidément, le contraste trop heurté de Taine était plus juste que la teinte grise qu'on voudrait passer sur tous les arts, censés issus du même instinct. Même je ne voudrais pas renoncer pour autant à ce que M. Deonna nomme par ironie le dogme de la sérénité grecque. Les Grecs ont su exprimer la douleur, même une extrême douleur, et l'on peut estimer que l'angoisse du Laocoon touche au style déclamatoire. Mais, dans l'ensemble, l'expression de la souffrance est chez eux digne et mesurée ; ils n'ont point entrepris de rendre la peur et la lâcheté fléchissante à la pensée de la mort.

Je ne puis dissimuler ici l'impression étrange que j'éprouvai en voyant au Père-Lachaise le célèbre bas-relief de M. Bartholomé. Je revenais d'Athènes où le Céramique et surtout le Musée national ont conservé tant de stèles funéraires, qui ne sont pas toutes du v⁰ siècle. La douleur, ou plutôt la tristesse de la séparation, y est exprimée avec une vérité touchante, tempérée par la pensée que tout n'est pas rompu entre les vivants et les morts. Si quelque doute se fait jour dans un regard anxieux sur l'existence d'outre-tombe, nul ne s'abandonne au désespoir. Tandis que ces misérables qui s'approchent de la porte sombre comme des condamnés que l'on traîne à la guillotine...

Parfois, il est vrai, le paganisme a donné à la mort un aspect hideux pour provoquer à la jouissance rapide de biens trop courts, mais ces cas sont rares. Assurément les Grecs n'ont pas compris le rôle de la douleur dans l'ascension morale vers la perfection, et s'ils en ont évité l'expression, c'est pour ne pas troubler l'impassibilité des dieux et pour ne pas déranger la régularité des traits des mortels. Mais cela faisait partie de leur génie et l'on peut confesser encore l'autre « dogme », celui de la perfection grecque, pourvu qu'on la limite à l'expression, dans des formes incomparables, de sentiments purement humains.

Et il est bien entendu qu'on ne parlera pas de miracle pour un art où tout s'enchaîne régulièrement dans l'ordre des causes naturelles. A aucun moment on ne voit en Grèce l'art entrer dans des voies nouvelles sous l'influence, je ne dis pas d'une révélation, mais d'un génie supérieur. S'il était encore permis de parler de l'influence de la race — et pourquoi pas? — ce serait pour expliquer cette admirable floraison. Par ses dons, par ses goûts, par son éducation, par la haute opinion qu'elle avait de sa supériorité et de son rôle, la race grecque et surtout le peuple d'Athènes a inspiré à ses artistes et exigé d'eux un effort sans cesse renaissant vers l'expression du beau. Et cet art a servi de règle humaine à un art qui devait s'élever plus haut[1], comme la philosophie dont il était contemporain a été jetée dans les fondements de la théologie chrétienne.

1. Quoique l'art chrétien se soit développé comme de lui-même, on ne peut cependant nier l'influence qu'ont exercée sur lui les monuments et les livres anciens.

VIII

LES FOUILLES DE SUSE D'APRÈS LES TRAVAUX
DE LA DÉLÉGATION EN PERSE

(*Le Correspondant*, 10 janvier 1913)

L'émoi fut grand dans le monde savant, quand on apprit, en octobre 1912, que M. J. de Morgan avait remis à M. le ministre de l'Instruction publique sa démission de délégué général en Perse. Il n'y a qu'une voix en effet pour constater les admirables résultats de sa mission. Cette admiration est toute joyeuse en France, puisque l'œuvre est française ; elle n'est pas moins sincère dans les milieux étrangers, et la teinte de jalousie qu'elle revêt çà et là ne rend que plus significatif l'hommage rendu à la maîtrise avec laquelle M. de Morgan a conduit la tâche qui fut bien la sienne.

Depuis la mission scientifique organisée par Bonaparte en Égypte, on n'en avait pas vu d'une pareille envergure. Au lieu de l'Égypte, c'était la Perse entière qui s'ouvrait à toutes les recherches scientifiques. L'éclat des découvertes archéologiques a fait oublier au public que les efforts des savants n'étaient pas limités à l'étude du passé historique. Instruit par l'exemple des maîtres illustres qui accompagnèrent Bonaparte, M. de Morgan ne pouvait oublier non plus sa première formation personnelle qui était celle d'un ingénieur et d'un naturaliste. « Il fallait, dit-il en termes excellents, appuyer nos mémoires sur des notions très précises de géographie, de géologie, et, en général, d'histoire naturelle. Comment expliquer, en effet, la vie intime des peuples sans connaître l'ambiance dans laquelle ils vivaient jadis? Comment discuter les campagnes d'un conquérant sans posséder les cartes du pays, théâtre de ses hauts faits[1]? »

Ordinairement, l'historien s'appuie sur des cartes toutes faites. Ici, tout était à faire[2], et ses scrupules d'historien permettaient au délégué général de développer, dans le sens d'une exploration complète et scientifique du pays, ce que la convention entre la France et la Perse disait des fouilles. Il n'a eu garde de négliger cet avantage. Beaucoup trop incompétent pour discourir même en profane de ces recherches, je tiens, du

1. *Histoire et travaux de la Délégation en Perse du ministère de l'Instruction publique*, 1891-1895, par J. de Morgan, délégué général, Paris, Leroux, 1905, p. 18. — C'est pour la même raison que M. Holleaux a fait précéder la description des fouilles de Délos d'une enquête très approfondie sur la nature du sol. Il paraîtrait que cette méthode n'est plus comprise!

2. Nous ferons plus loin une exception pour la carte des tells de Suse, par M. Babin, sous la direction de M. Dieulafoy.

moins, à mentionner ces travaux sur différents domaines : géologie, paléontologie, entomologie, conchyliologie. Plusieurs mémoires ont déjà paru dans les diverses publications de la mission, mais la plupart des études sont sous presse ou en préparation. Des caisses en nombre considérable sont pleines d'objets destinés à enrichir nos musées d'Histoire naturelle.

A s'en tenir aux travaux archéologiques, la convention franco-persane offrait déjà à l'activité des savants français un champ immense. Tandis qu'en Turquie les fouilles sont surveillées par des commissaires ottomans qui ne permettent d'emporter aucun objet, qu'en Grèce l'application de ces principes est encore plus strictement assurée par des éphores, qu'en Italie on n'obtient même pas de faire des sondages sans d'inextricables difficultés, l'Égypte, plus libérale, accorde la moitié des objets à celui qui a consacré aux fouilles sa compétence, son temps et son argent. La Perse était encore plus encourageante pour nous, mais pour nous seuls, puisque la convention, définitivement ratifiée en 1900, accordait à la France le monopole exclusif et perpétuel de pratiquer des fouilles dans toute l'étendue de l'empire persan. Elle avait le droit de garder la totalité des objets découverts en Susiane et la moitié de ceux qu'on découvrirait ailleurs.

Aujourd'hui, depuis quinze ans que les travaux ont commencé et ont été poursuivis, — avec quel succès, on le sait déjà, — on peut se demander si les mots de « perpétuel » et d' « empire persan » n'ont pas fait illusion. Il y avait là une occasion unique d'opérer en grand et d'enrichir nos collections nationales, sans négliger de constituer en Perse un musée qui fît honneur aux deux pays, au moyen de ces pièces doubles qui sont si fréquentes dans ces sortes de recherches. On ne risquait rien, si les ressources financières étaient limitées, à faire attendre d'autres centres de culture antique, comme l'Afrique française qui ne nous échappera pas. Déjà l'anarchie, qui envahit certaines régions de la Perse, rend les travaux plus coûteux et plus périlleux, là même où ils ne sont pas devenus impossibles.

On assure que désormais la direction des recherches en Perse ne sera plus centralisée dans les mêmes mains. Mais, heureusement, elles ne seront pas interrompues. Il faut se féliciter que les fouilles de la Susiane demeurent sous la direction du P. Scheil et de M. R. de Mecquenem. Le P. Scheil, qui aura bientôt fourni dix volumes sur quatorze à la collection des *Mémoires*, sera vraisemblablement chargé des publications futures. De son côté, M. Fossey se dispose à entreprendre une campagne à Ecbatane.

M. de Morgan est sans doute le premier à souhaiter que d'autres réalisent son rêve. Mais, quoi qu'il en soit des découvertes réservées à l'avenir, son nom est désormais associé à la résurrection historique d'un grand empire. Sa compétence technique pour les travaux, son sens, exercé par

de lointains et fréquents voyage, des mœurs et
des capacités des diverses populations, son sentiment élevé du but à poursuivre, l'heureux choix
de ses collaborateurs, tout en lui a révélé le chef,
celui qui s'impose par son autorité personnelle
autant que par sa situation officielle.

Il était impossible de ne pas répéter, au moment qu'il disparaît de cette scène, où il fit honneur à son pays, ce que les lecteurs du *Correspondant* savaient déjà par l'article élégant et
précis du très regretté M. de Lapparent[1].

C'était au temps où l'exposition du Grand Palais donnait aux premières découvertes la consécration d'un éclatant succès. Au lieu d'en exagérer l'importance sous l'impression de l'enthousiasme du premier moment, ceux qui ont parlé
de ces monuments insignes, le cadastre de Manichtousou, la stèle de Narâm-Sin, le Code de
Hammourabi, ont à peine rendu la sensation profonde qui allait s'étendre dans tout le monde
savant.

Après dix ans, la signification du Code dans
l'histoire de la civilisation et du droit est loin
d'être épuisée. Ce qu'il faut dire aussi, c'est que ces
dix années n'ont apporté aucun changement de
quelque portée à l'interprétation que le P. Scheil
a donnée après quelques semaines d'étude.
Jamais peut-être autant de sûreté ne fut jointe à
tant de célérité. Cela n'a pas empêché les philolo-

1. « Les fouilles de Suse », 10 août 1902.

gues d'étudier tous les détails de cette langue déjà vieillie, et les jurisconsultes, les romanistes eux-mêmes, de chercher les rapports de ce droit déjà impérial avec les autres législations. Après les travaux d'ensemble, les monographies se succèdent. Et pendant que toute la presse se lamente sur la perte de la Joconde, on ne sait pas qu'une des salles basses du Louvre s'est enrichie d'un bloc de diorite qui nous apprend ce que des hommes anciens pensaient du juste et de l'injuste. L'art lui-même éclate sur la partie haute de ce document si sévère d'aspect, où le conquérant Hammourabi est transformé en un penseur qui essaye de lire sur la face rayonnante de Chamach, révélateur du droit. Narâm-Sin, lui, n'est que conquérant. Mais quel élan l'entraîne vers les cimes, la tête levée, dans l'orgueil du triomphe, suivi par ses piquiers, et foulant aux pieds ses ennemis vaincus !

Après ces découvertes, il semblait qu'on pût tout attendre. L'opinion publique se flattait que l'inouï deviendrait quotidien. Aussi s'est-elle un peu lassée. Et ne serait-ce pas qu'on a négligé de l'instruire ? Entre un public frivole et le public savant, il y a un public sérieux qui suit très bien une étude même austère quand il peut discerner certains aspects généraux.

Or il y a précisément plusieurs problèmes, d'un intérêt largement humain, posés, hélas ! plutôt que résolus, mais auxquels les fouilles de Suse apportent des éléments nouveaux. Sur ce tell où M. Dieulafoy avait reconnu les vestiges des époques achéménides, parthes, sassanides et arabes, M. de Morgan avait, dès les premiers jours, recueilli des silex. Ne pouvait-on pas espérer que ses couches représenteraient la suite de tous les progrès de la culture depuis les silex chelléens, — à peine des outils, — jusqu'aux splendeurs des palais achéménides, dont le Louvre offre une si brillante idée ?

Parmi ces développements, le plus signalé est celui qui, non seulement fait époque dans l'histoire, mais qui vraiment crée l'histoire, l'invention de l'écriture. Depuis qu'on lit les hiéroglyphes et les caractères cunéiformes, on se demande si les deux systèmes ne procèdent pas d'une source commune et, à regarder les hiéroglyphes comme une production propre à l'Égypte, l'origine des caractères cunéiformes est vivement controversée. On sait comment ce mode d'écriture cursive est sorti du dessin linéaire des objets par l'habitude d'écrire avec un poinçon et sur de l'argile, et les assyriologues distinguent ceux de ces signes qui ont une valeur idéale et ceux qui ne représentent qu'un son. Mais à l'origine, et sauf les compléments différentiels survenus au cours des âges, ils se sont sans doute tous prononcés d'après l'objet représenté, et la question se pose de savoir si les mots primitifs étaient ceux d'une langue sémitique, ou ceux d'une langue non sémitique. Dans la première hypothèse, ce sont les Sémites qui ont inventé l'écriture cunéiforme, dans la seconde ils l'ont empruntée. Ce point est vivement débattu, parfois même avec cette passion inévitable quand un amour-propre national est en jeu.

Si les Sémites ont emprunté leur écriture à des étrangers, ceux-là l'employaient donc pour écrire leur propre langue. Le plus grand nombre des assyriologues croit pouvoir les désigner. Ce seraient les habitants du pays de Sumer (*Chou-mêr*), ou Basse-Chaldée, d'où le nom de Sumériens, de langue et d'écriture sumériennes. Car on estime encore posséder des textes en langue sumérienne, excluant toute trace de sémitisme, textes que l'école opposée prendra naturellement pour une série d'idéogrammes.

La difficulté pour les Sumésistes est de trouver des Sumériens non Sémites. On s'est efforcé de relever sur les monuments de la Basse-Chaldée les traces d'un art distinct, d'une race qui n'aurait pas les caractères de la physionomie sémitique. D'excellents juges, comme M. Pottier, estiment que l'illustre Édouard Meyer a échoué dans cette démonstration. Mais à supposer que les Sumériens soient des Sémites, il resterait la ressource de chercher ailleurs et l'espérance de trouver à Suse le berceau de l'écriture et en même temps de l'histoire, du moins pour cette immense portion du monde civilisé.

Bien plus, ce sont les origines de l'art lui-même qui sont en cause. En Chaldée et en Assyrie, il a fourni des chefs-d'œuvre, dont on peut admirer quelques échantillons au Louvre, et qui tapissent les longues galeries du *British Mu-seum*. Cet art est adulte, aussi loin qu'on remonte. Il ne paraît pas être une tradition égyptienne transplantée. Ne serait-il pas originaire de la Susiane? Il n'était pas téméraire d'attendre une réponse de cet amas de ruines qui paraissait aussi ancien que l'homme sur le sol de la planète.

On le voit, il y a un intérêt plus grave à interroger ces vieux débris qu'à recueillir un chef-d'œuvre de sculpture parmi tant d'autres ou à éclaircir quelque point demeuré obscur du droit grec. Cela soit dit sans médire des fouilles de Delphes et de Délos, si admirablement conduites et qui ont été, elles aussi, tout à l'honneur de la science française.

Dans l'exposé qui suit, je n'ai pas la prétention de résoudre tant de questions, ni même de donner une idée suffisante des résultats acquis. Mon but est bien plutôt d'appeler l'attention du public sur les travaux des explorateurs et de l'inviter à les lire, avant d'aller voir dans nos musées les monuments qu'ils ont rapportés. Aussi je me fais un devoir d'indiquer en note les principales sources d'information[1].

1. Tous les objets recueillis sont réunis dans les musées de l'État. La double salle dite des Saints-Pères, où l'on accède par la place du Carrousel, aurait dû être consacrée exclusivement aux fouilles de Suse. On est étonné que la première chambre soit occupée par des monuments égyptiens. La seconde salle a été disposée avec beaucoup de goût. De grandes fresques de M. Boudoux montrent le tell de Suse avant et pendant les travaux. On peut admirer dans les vitrines les poteries des deux époques. Les principales pièces, Code de Hammourabi, stèle de

D'après le plan vraiment grandiose de M. de Morgan, les fouilles de Suse ne devaient occuper

Narâm-Sin, etc., sont groupées dans la salle de Morgan, parmi les Antiquités d'Asie, sous la colonnade du Louvre. Il faut espérer que, lorsque le ministère des Colonies aura été transporté ailleurs, ces admirables morceaux iront rejoindre les autres. On objecterait en vain qu'ils appartiennent à l'art assyrien, puisque la salle de l'Élam contient bien l'osselet grec de l'Apollon didyméen. Enfin les bijoux sont au premier étage de la même aile, dans la salle dite de Sarzec. Les monnaies et médailles sont au cabinet des médailles. Les objets relatifs à la préhistoire, dont un grand nombre étaient la propriété personnelle de M. de Morgan, provenant de ses voyages antérieurs, sont au musée de Saint-Germain en Laye. Les collections zoologiques et les vertébrés fossiles sont au Muséum d'Histoire naturelle de Paris. Les *Mémoires de la Délégation* composent déjà 13 volumes in-4°. Le plus grand nombre, consacré aux textes, est l'œuvre du P. Scheil. Les autres, consacrés à la description des fouilles ou à l'archéologie, ont pour auteurs MM. J. de Morgan, G. Lampre, G. Jéquier, R. de Mecquenem, B. Haussoulier, P.-L. Graadt van Roggen, Jouannin, Allote de la Fuye, H. de Morgan, J.-E. Gautier, P. Toscanne, le prince Soutzo, G. Pézard, Ed. Pottier.

A consulter aussi : *Histoire et travaux de la Délégation en Perse du ministère de l'Instruction publique*, 1897-1905, par J. de Morgan, Paris, 1905, et le *Bulletin de la Délégation en Perse*, fascicule 1er, 1910 ; fascicule 2, 1911. Ces deux fascicules comprennent des indications sommaires sur les dernières fouilles et des études sur la Faune malacologique terrestre et fluviatile de l'Asie antérieure, commencées par M. J. de Morgan et continuées par M. Louis Germain. M. de Morgan a publié aussi dans la *Revue archéologique* (1912) un article sur l'évolution de l'écriture grecque dans l'empire perse sous les Arsacides, et dans la *Revue de numismatique* (1812), une étude sur les monnaies des premiers Arsacides.

Il annonce encore dans la même revue deux études sur les ateliers monétaires des Sassanides et sur l'emploi dans les médailles de l'écriture araméenne et de ses dérivés depuis l'époque achéménide jusqu'à l'apparition de l'écriture arabe. MM. Pézard et Pottier publieront très prochainement un catalogue du musée de l'Élam, et le P. Scheil, le quatorzième volume des *Mémoires*, sur des textes élamites-sémitiques. On prépare en outre des volumes d'*Annales* pour la faune entomologique de la Perse et les papillons.

la mission que durant l'hiver. Pendant l'été,
quand le thermomètre marque jusqu'à 57 degrés
centigrades à l'ombre, il restait la ressource
d'explorer le nord de la Perse. Un voyage en
France pour restaurer les forces des missionnai-
res n'était prévu qu'une année sur deux. Ce pro-
gramme héroïque ne put être exactement rempli.
Cependant, on doit à ces campagnes d'été des recherches intéressantes, spécialement celles du
Tàlyche persan en 1901, par M. H. de Morgan ; la
mission de Téhéran, par MM. Pézard et Bondoux,
d'août à décembre 1909), l'expédition dans le
nord-ouest de la Perse, par MM. J. de Morgan
et P. Toscanne. Cette dernière (1910) ; fut si pénible
et si périlleuse, elle révéla une telle anarchie
parmi les peuplades visitées qu'on ne prévoit plus
aujourd'hui de semblables aventures. Il suffira de
les avoir signalées. Il y'a assez à dire de l'œuvre
principale de la Délégation, les Fouilles de Suse[1].

Le tell de Suse offrait un champ de travail ef-
frayant pour une ambition ordinaire.

Les Parisiens peuvent s'en rendre compte aisément en visitant la salle du Louvre consacrée
aux découvertes de M. Dieulafoy. Au milieu des
monuments, figure un plan en relief dressé par

---

1. On tiendra compte, à l'occasion, des résultats obtenus par
les fouilles de Tépé-Moussian en 1902. Entreprises par M. J.-Ét.
Gautier à ses frais, mais avec l'assistance éclairée de M. Lampre,
elles ont prouvé que la ville ancienne, dont les ruines se nomment aujourd'hui Tépé-Moussian, — à environ 100 kilomètres
au nord-ouest de Suse, — appartenait exactement à la même civilisation.

M. Babin, et dont M. de Morgan a reconnu la parfaite exactitude. On voit du premier coup d'œil que le Tell ou monticule artificiel de Suse se compose de plusieurs monticules, dominés par un point plus élevé, auquel on a donné le nom d'Acropole. D'autres tells recouvraient la ville royale et la ville des artisans. L'un d'eux était nommé Apadana, parce que M. Dieulafoy y avait découvert le palais d'Artaxerxès.

Une première exploration convainquit M. de Morgan qu'il fallait avant tout attaquer le Tell de l'Acropole, et les premiers sondages lui parurent si riches de promesses qu'il ne songea à rien moins qu'à transporter ailleurs, couffe par couffe, cette énorme masse de débris, pour voir ce qu'il y avait dedans.

Dès le mois de janvier 1898, un travail régulier commença. Cette butte, d'une longueur moyenne de 350 mètres, large de 250 mètres, domine la plaine à une hauteur maxima de 35 mètres. Elle a pour base une falaise naturelle en argile compacte élevée d'une dizaine de mètres au-dessus du Chaour, petite rivière qui coule à l'ouest des ruines et qui représente actuellement l'ancienne Kerkha.

Sans tenir compte de ce sol vierge dont les dimensions et la nature ont été mieux étudiées depuis, M. de Morgan divisa l'Acropole en cinq niveaux, formés par des tranches de 5 mètres de hauteur. Il n'avait pas évidemment la prétention d'indiquer d'avance les strates des différentes civilisations. Mais cette partition permettait de repérer exactement tous les objets trouvés. Le but proposé était d'enlever l'une après l'autre toutes ces tranches. On comptait y employer une trentaine d'années, car il s'agissait de déplacer des millions de mètres cubes.

Il est dès aujourd'hui certain qu'un si grand effort ne sera pas nécessaire, parce qu'il ne serait pas fructueux. Les deux premiers niveaux à partir du sommet ont été complètement enlevés, le troisième est assez attaqué pour qu'on puisse bien se rendre compte de ce qu'il renferme. De plus une très large tranchée a permis d'explorer le cinquième niveau. On croit qu'il ne fournirait pas grand'chose de plus que ce qu'on a trouvé et qui est admirable. En même temps, on reconnaissait que le quatrième niveau, avec une partie du cinquième et du troisième, répond à une époque de civilisation éteinte qui ne fournit que quelques objets grossiers. De plus, cette partie centrale du Tell est occupée par un massif considérable, édifié en briques crues et en terre pilée, où l'on ne peut espérer trouver grand'chose, à peine quelques débris de poterie relativement récente, jetés dans les puits de drainage.

Les fouilles de l'Acropole sont donc à peu près terminées. Dans la saison qui s'ouvre en ce moment, M. R. de Mecquenem, assisté de M. P. Toscanne, portera tous ses efforts sur la ville royale où neuf mètres environ de débris sassanides et achéménides l'empêchent d'atteindre le niveau élamite. A l'Acropole il se contentera d'examiner sommairement ce qui reste du troisième niveau. Le moment est venu de suivre l'histoire des habitants du Tell depuis les premières fondations jusqu'à nos jours.

En pareil cas, il y a naturellement bien des précautions à prendre. L'existence des nombreux puits de fondations prouverait à elle seule avec quelle prudence il faut procéder quand il s'agit d'attribuer à une époque donnée un objet trouvé dans un niveau donné.

Théoriquement, les civilisations devaient se succéder étagées les unes au-dessus des autres comme les terrains d'une stratification géologique. Mais dans les ruines, la main de l'homme est intervenue et son action est moins réglée que celle de la nature. D'anciens dépôts de fondations ont pu être réemployés en construisant un nouveau sanctuaire, de très anciens objets ont pu être déposés dans un temple plus récent et, à l'inverse, des statues ont pu être arrachées de leur place et jetées dans des puits ou roulées le long des pentes.

Spécialement à Suse où la pierre manque, les constructions n'ont été faites, durant longtemps, qu'en briques crues; il est presque impossible de les discerner. Quand on employa la brique cuite, ce ne fut qu'avec parcimonie. Les relevés sont donc très difficiles à préciser.

Quoi qu'il en soit, nous savons que toutes les précautions ont été prises et que les méthodes les plus rigoureuses ont été observées. Nous pouvons donc accepter de confiance les résultats qu'on nous donne comme certains et notre confiance est accrue par la réserve des explorateurs sur d'autres points, et par la sincérité qui n'a pas dissimulé même quelques désaccords entre leurs vues.

Le thème général est celui-ci[1]. Le premier niveau, au sommet du tell, comprend les périodes arabe, sassanide, parthe, séleucide, achéménide. Les Achéménides amorcent déjà le sommet du deuxième niveau. Au-dessous d'eux, la civilisation que les Assyriens nommaient du nom d'Élam et que les documents indigènes qualifient par le nom d'Anzan et Suse.

Leurs princes étaient indépendants ; leurs constructions les plus anciennes sont appuyées sur le sommet du troisième niveau. La partie basse de ce niveau et le quatrième sont d'une époque plus féconde en vicissitudes.

Asservi aux Accadiens sous Narâm-Sin, l'Élam s'était affranchi et avait même imposé son joug à la Babylonie, affranchie à son tour par Hammourabi (vers 2050). Le règne de Narâm-Sin a une importance capitale ; il serait heureux que sa date fût fixée. Par un hasard extraordinaire, elle a été calculée par Nabonide, contemporain de Cyrus, qui l'assigne à une date correspondant à 3750 avant Jésus-Christ. Mais plusieurs savants

---

1. *Mémoires*, t. XIII, introduction, par J. de Morgan.

hésitent à suivre le monarque archéologue.
M. Pottier a cru devoir préférer la chronologie
courte, qui raccourcit cette période de mille ans.
Le P. Scheil est moins convaincu que nous ayons
le droit de contredire les anciens, sous prétexte
que nous n'avons pas les moyens de remplir une
si longue durée par des dynasties. Quoi qu'il en
soit, entre la période qui va de Hammourabi à
Narâm-Sin, caractérisée par la poterie dite de la
deuxième classe et la période archaïque de la poterie fine, il y a cinq à huit mètres de débris
qui n'ont guère fourni que de la poterie tout à
fait grossière et de menus objets d'albâtre. Il
est donc impossible d'évaluer l'époque de la première occupation par laquelle nous allons commencer l'histoire du tell dans l'ordre inverse
du déblaiement.

J'ai écrit histoire, car M. de Morgan se refuse
à donner à ce temps reculé le qualificatif de
préhistorique. Au cinquième niveau, assis sur
le terrain vierge qui surplombe la rivière, on
trouve du cuivre et une céramique peinte telle-
ment perfectionnée que cet art suppose de longs
siècles de civilisation. Donc point d'époque de
silex taillés, ni même d'époque purement néolithique. Et il en est de même en Chaldée. Tandis que la Syrie offre dans ses déserts des silex
chelléens et magdaléniens qui indiquent une
époque plus haute, c'est tout au plus l'énéoli-
thique qu'on rencontre à Suse dans les couches
inférieures. Et la raison en est qu'au Ve millé-

naire avant notre ère « la basse Chaldée et l'Élam émergeaient à peine des eaux marines ». Les premiers hommes qui vinrent s'établir à Suse faisaient déjà du cuivre un ornement. Les silex qu'on rencontre à ce niveau, et plus haut sur le tell, sont donc l'indice d'une tradition, non la caractéristique d'une époque. M. de Morgan nous assure que même ces admirables silex du musée du Caire, montés sur or, n'ont pas été taillés avec plus de perfection ; ce sont surtout des pointes de flèches. Mais la merveille des merveilles, c'est la céramique peinte, déjà reconnue par les sondages de 1897, mais dont la campagne de 1907-1908 a fourni plus de 2.000 échantillons. L'habileté du délégué général le conduisit, en effet, au lieu occupé par la peuplade primitive, muni d'un mur d'enceinte, près duquel se trouvait la nécropole. On ne pouvait rien souhaiter de plus heureux, car ces antiques Susiens ont certainement consacré à leurs morts les plus beaux échantillons de leur art. Ce sont des vases sans anses, en forme de gobelets petits et grands ou de coupes semblables à des écuelles, et aussi de petits cratères. C'était donc le mobilier qui servait aux vivants pour boire et pour manger. Les sépultures de femmes contenaient, en outre, des miroirs en cuivre et de petits cornets probablement destinés à tenir du fard, avec quelques fragments de tissus d'une finesse étonnante.

On ne peut contempler cette céramique au

musée de l'Élam sans éprouver ce sentiment que fait naître l'aspect du beau.

Sans doute, il s'agit d'objets assez humbles, mais avec quel goût ils ont été tournés, avec quel art consommé leurs parois ont été ornées de dessins en couleur, assez sobrement pour que l'ornement demeure ce qu'il doit être, une parure qui laisse à la forme tout son caractère !

Il appartenait à M. Pottier, un maître, de décrire cette merveilleuse efflorescence, d'en rechercher dans le monde antique les points de raccord, de remonter, quand il se peut, jusqu'aux origines. Ce que je lui emprunte inspirera le désir de lire son admirable mémoire dans le dernier volume publié par la Délégation[1].

Les vases sont façonnés d'une argile blanche très fine, soigneusement épurée. Ils n'ont pas été faits à la main seulement, mais avec l'aide du tour, pourvu qu'on entende par là un instrument moins développé que le tour des potiers modernes. Sur le fond blanc se détachent des ornements d'un noir lustré, couleur qui disparut ensuite du tell de Suse, mais qu'on retrouve en Crète et qui reparut en Grèce. Les dessins sont d'aspect géométrique, mais, à regarder de près, on s'aperçoit que les lignes représentent souvent des formes vivantes, ordinairement des formes animales stylisées. Et l'on ne saurait dire

1. Tome XIII.

que si l'animal n'est pas plus reconnaissable, c'est que la maladresse de l'ouvrier a trahi son intention. Il n'avait pas du tout l'intention d'imiter la nature, quand il reproduisait, par exemple, un bouquetin dont les cornes, prodigieusement agrandies et recourbées, forment un cercle parfait au-dessus de l'animal. Si un décorateur moderne employait ce procédé, on dirait qu'il a voulu se divertir. Le plus souvent, l'objet représenté est plus difficile à reconnaître. On dirait de simples combinaisons de lignes. Mais l'artiste n'avait pas perdu de vue leur sens primitif, et il nous le prouve quand il peint sur le même vase des oiseaux informes mais parfaitement reconnaissables, puis la moitié de ces formes, réduites enfin à de gros points. Comme le dit très bien M. Pottier, « c'est un immense domaine qui, après tant d'autres, s'ouvre à l'activité des archéologues, grâce aux belles découvertes de la mission de Morgan[1] ». Les premières poteries susiennes, si évidemment d'un style géométrique, mais non moins évidemment d'un style géométrique dérivé, donnent la solution définitive d'un problème assez délicat sur les origines de cet art. D'après M. Salomon Reinach, ce sont les formes rectilignes ou courbes qui ont évolué vers la représentation animale : « L'idée directrice est celle du développement interne des types, passant du géométrique à l'an-

1. *Mémoires*, XIII, p. 96.

thropomorphique par une série de progrès presque insensibles [1]. »

M. Pottier, auquel j'emprunte cette citation, a montré que la céramique de Suse est fatale à cette théorie, non moins que les peintures et ciselures des cavernes préhistoriques où se révèle si clairement, dès le début de l'art, l'intention d'imiter la nature. Seulement, les premiers habitants de Suse avaient déjà franchi le stade de l'imitation directe et, copiant toujours les mêmes poncifs, ils étaient arrivés à ce point qu'on ne peut toujours savoir s'ils stylisaient encore ou s'ils n'employaient pas certains éléments linéaires, simplement parce que leur groupement était décoratif. Par exemple, nous ne saurions dire si, en dessinant des croix, ils pensaient à la réduction géométrique d'une roue ou d'un astre, ou s'ils n'étaient sensibles qu'à l'heureux effet de deux lignes qui se coupent, inscrites dans le cercle formé par un fond de gobelet ou d'écuelle [2]. Leur sens exquis de la décoration sans surcharge, en ménageant des blancs très nets, prouve en tout cas qu'ils se sont préoccupés d'orner, plutôt que d'accumuler des scènes dans un but plus ou moins superstitieux.

C'est sans doute à cause de ce penchant vers

1. *La sculpture en Europe*, dans l'*Anthropologie*, 1894-1896, p. 44 et s.
2. Même incertitude sur la question de savoir si les chevrons représentent des serpents, comme le pense M. Toscanne, mais comme on serait porté à le nier après M. Pottier.

la décoration que l'art susien a évolué de l'imitation de la nature, surtout animale, aux formes
rectilignes, sans exclure la création directe de
certaines combinaisons de lignes qui ont pu se
présenter comme d'elles-mêmes.

La céramique susienne, du moins par ses origines, se rattache donc à l'art des cavernes, qui
a surtout les animaux pour thème. Pourquoi les
animaux, — et presque jamais l'homme, — si
ces représentations n'avaient pour but d'exercer sur eux une sorte de mainmise? On sait que
des maîtres distingués en ont conclu que l'art
fut d'abord guidé moins par le sentiment du
beau que par l'attrait de l'utile. Par là on entend, pour le dire avec M. Pottier[1], que les
marques de propriété et les symboles religieux
sont les deux sources de la pictographie primitive. A vrai dire, les marques de propriété
n'exigent pas une reproduction fidèle, à moins
qu'on n'ait entendu reproduire, par exemple,
l'animal totem d'un clan. Mais il est assuré que
les tatouages ont un but de préservation fétichiste et ce sont précisément les mêmes objets
que les sauvages reproduisent sur eux-mêmes
et autour d'eux. Il y a plus, M. R. de Mecquenem a bien voulu me dire que les tatouages
actuels des femmes, non chez les Arabes, mais
chez les Lours, descendants des anciens Persans,
dessinent les mêmes animaux qu'on retrouve

---

1. *Mémoires*, XIII, p. 51.

sur les poteries : serpents, aigles, bouquetins. M. Toscanne a pu s'en assurer en obtenant des opérateurs spécialistes de les indiquer sur du papier, car on sait que les femmes persanes se croiraient déshonorées en révélant ce mystère.

Au point où en étaient les fabricants de la poterie fine, le sentiment esthétique dominait assurément, mais ils n'avaient pas perdu le sens du caractère magique des sujets, puisque ce sont les mêmes que ceux des cachets qui sont sûrement magiques et prophylactiques. La réflexion est de M. Pottier ; il ajoute avec beaucoup de tact que, « dans le décor céramique, l'origine fétichiste du motif s'est plus vite perdue de vue, la destination des vases étant très différente de celle des amulettes gravées et se rattachant moins directement aux idées religieuses[1] ».

Pourtant il en est dont le sens religieux ne s'est probablement jamais perdu. On peut citer surtout l'aigle aux ailes déployées, devenu l'aigle qui tient deux proies dans ses serres, thème postérieur qu'on retrouve à Suse et en Chaldée, et la lance au manche planté dans un socle carré qu'on prend pour un autel. Ce dernier thème est sur les bornes-limites l'emblème de Mardouk. L'objet sur lequel repose la lance est dessiné sur ces monuments avec des variantes très sensibles ; j'hésite à y voir un autel,

---

1. *Loc. laud.*, p. 55.

mais le sens divin de la lance est d'autant
moins douteux que, sur une écuelle susienne
primitive, l'homme qui tient une lance dans
chaque main a lui-même une tête de lance.
C'est donc un dieu, et sans doute le même que
le dieu suprême de Babylone. D'ailleurs, l'usage
des sépultures, avec ce mobilier précieux, est
une preuve de la foi de ces peuples à la survivance. Les idées religieuses sont encore repré-
sentées par une figurine en terre cuite, très
grossière, qui ne me paraît pas sans analogie
avec la déesse-oiseau des mycéniens. Une colombe en terre cuite était peut-être l'oiseau
favori de la déesse, où l'on reconnaîtrait volontiers l'Astarté susienne, la Nana si chère aux
Élamites.

Le point le plus ancien atteint à Suse est
donc bien loin dès origines de la civilisation.
Pour le dire d'un mot avec M. de Morgan :
« Les premiers Susiens connaissaient le tour du
potier, le tissage des étoffes au métier, la
métallurgie du cuivre, la peinture céramique,
la glyptique. Ils possédaient des idées religieuses et avaient déjà la plupart des notions
d'où sortit la culture élamite postérieure[1]. »

Mais, s'ils possédaient l'écriture, ils ne nous
en ont pas laissé de trace; on peut seulement
constater qu'ils employaient une sorte de pictographie qui pouvait facilement se transformer

____

1. *Mémoires*, XIII, p. 13.

en écriture par l'interprétation des symboles en idéogrammes.

Il est évident que cette culture déjà fort avancée fut brutalement détruite, car on ne s'expliquerait pas sans cela l'absence de toute céramique fine dans les couches supérieures, toutes de 5 à 8 mètres. Il est vrai qu'on n'a pas eu la chance d'y trouver une nécropole, mais partout la poterie est grossière, et des fragments d'albâtre ne peuvent compenser la disparition d'un art aussi délicat. Il semblerait, au premier abord, que les maîtres qui ont exposé les résultats de la mission soient en désaccord sur un point important. L'opinion de M. Jéquier était qu'il y avait eu conquête et changement de civilisation. M. de Morgan avait d'abord incliné dans le même sens, que favorise encore M. R. de Mecquenem. Au contraire, M. Pottier a insisté avec force sur l'unité de l'art susien, et l'on peut dire que sa démonstration est irréfragable. Mais lui-même nous autorise à adopter une solution moyenne, en concédant qu' « assurément de nouveaux envahisseurs ont pu venir détruire l'ancienne cité..., mais ils n'ont pas modifié l'ancien fonds et ils représentent la même civilisation sous un aspect un peu modifié[1] ».

Personne, en effet, ne peut prouver que les anciens habitants ont été remplacés par d'autres; ces exterminations radicales sont à peu

1. *Loc. laud.*, p. 42.

près inconnues à l'histoire. Mais il y eut un temps où leur existence fut si profondément troublée que des discordes intestines ne seraient pas une explication suffisante. Il y eut un temps où Suse fut réduite à une existence chétive, probablement par le fait d'envahisseurs étrangers. Puis l'art reprit son cours, et selon les mêmes grandes lignes. Je viens de dire que M. Pottier l'a démontré en dressant la liste des ornements employés dans la poterie fine et dans celle de la seconde période, dont il nous reste à parler. Peut-être cependant, à mettre en relief les points théoriques de ressemblance, aurait-on l'impression d'une identité plus parfaite qu'elle ne fut en réalité. Ce qui manque le plus à la seconde poterie, c'est un impondérable qui n'est rien moins que la beauté.

M. Pottier ne nous l'a pas caché. Dans la céramique du second style, où le gobelet et la coupe ont disparu, l'argile est plus grossière, moins épurée, plus épaisse, la couleur moins solide et moins belle; le rouge, extrêmement rare dans la première période, est maintenant fréquent, mais le noir est moins lustré; surtout les formes sont moins élégantes.

Cependant, on ne saurait parler simplement de décadence. C'est plutôt un art qui recommence, c'est une Renaissance. Mais loin de s'inspirer seulement des anciens modèles, elle s'efforce de retourner à la nature. Les formes géométriques sont plus rares, les formes animales se groupent en tableaux. M. Pottier a noté avec une extrême pénétration que si la fabrication de la céramique est en décadence, cette céramique subit l'influence d'un art plus savant et plus fort, plus complexe aussi, qui s'exerça à sculpter des vases d'albâtre ou de bitume, en même temps qu'à la gravure des cylindres.

Donc, entre le IVe et le IIIe niveau, c'est une véritable efflorescence de l'art, accompagnée, nous le verrons, de l'usage de l'écriture.

Cet art, nous ne le connaissons pas seulement par la poterie, comme c'était le cas pour le Ve niveau. On peut en admirer les œuvres dans trois salles du Louvre.

Si l'on excepte la salle des Saints-Pères, les deux autres sont voisines de celle où se trouvent les monuments de l'ancienne Lagach, aujourd'hui Tello, découverts par M. de Sarzec et par M. le commandant Cros. Ce voisinage rend particulièrement sensible un fait incontestable, l'unité, dans un sens large, de l'art susien et de l'art de la Basse-Chaldée qu'on peut appeler sumérien, sans rien préjuger sur la question de race. Cet art sumérien a fleuri deux fois. Ennatum et Entéména sont célèbres par la stèle des vautours et le vase d'argent. Après un moment de dépression causée par la suprématie de Kich l'accadienne sous Narâm-Sin et Sargon l'ancien, l'art de Lagach reprend une nouvelle vigueur avec Goudéa. Mais c'est toujours le même, presque identique à celui de l'Élam. Sur la stèle des vautours et sur le vase d'argent paraît l'aigle (à tête de lion), fixant ses serres sur deux lions ou sur des bouquetins et des cerfs, et ce motif se retrouve dans l'Élam sur un relief en bitume. Les statues de Goudéa ont la même attitude que celles du patési d'Achnounak ou de Karibou-cha-Chouchinak, gouverneur de Suse. Du temps d'Entéména à Lagach comme sous Doungi d'Our, à Suse, on déposait dans les cachettes de fondation des femmes portant sur leur tête des tablettes commémoratives. Les petits bronzes qui représentent un roi fichant en terre un cône sont fréquents en Chaldée; le même personnage se retrouve à Suse en relief sur une pierre qui porte une inscription protoélamite.

Le thème si particulier du roi qui arrose le pot de fleurs de la divinité a sa place dans les deux pays. Cette comparaison pourrait se poursuivre dans les détails les plus significatifs[1], mais de semblables rapprochements sans images seraient sans but. Une heure au musée du Louvre vaudrait mieux que des descriptions sans cette âme que le crayon seul peut leur donner.

D'autre part, quoique nous possédions très peu de monuments accadiens d'une ancienne époque, la stèle de Narâm-Sin à elle seule

---

1. La tour de Goudéa et la tour de Choutrouk-Nakhkhounte (1150 av. J.-C.) sont construites avec les mêmes briques et selon les mêmes procédés.

prouverait que la Chaldée du nord ne le cédait
pas à celle du sud. Entre ce double art ancien
et l'art babylonien des cylindres archaïques et
des monuments de Hammourabi, il n'y a pas
non plus de ligne de démarcation bien nette[1].
L'art babylonien, plus récent, sera assez naturellement considéré comme dérivé, mais que
penser des relations entre l'art sumérien et
l'art susien? Tout d'abord, il faut rejeter l'hypothèse unique d'un transport par les armées vic-
torieuses. La stèle de Narâm-Sin, le code de
Hammourabi, quelques autres pièces encore
sont des trophées, mais ce cas est de beaucoup
le plus rare.

Plusieurs objets, surtout de petit calibre, ont
pu être exportés par le commerce; mais les
statues de personnages chaldéens ou susiens
ont été faites sur place, et cela prouve l'existence
d'un art local dans les deux régions; il a dû
s'étendre naturellement à toute la série des
objets.

D'où la question de savoir si l'art de la seconde époque est né à Suse ou en Chaldée. Le
seul fait de la conquête de Suse par les Chaldéens, gens de Sumer ou gens d'Accad, n'est pas
décisif, puisque nous savons que les Romains
ont imité les arts grecs et les Francs les arts
gallo-romains.

---

1. C'est l'opinion très arrêtée de M. Pottier, certainement
préférable à celle de M. Ed. Meyer, qui a prétendu que l'art
sumérien représente une race différente de celle d'Accad.

Mais le problème serait résolu en faveur de la Chaldée s'il était vrai que l'art de Suse est inférieur. Il ne serait pas absolument impossible, il serait toutefois étrange, que les Chaldéens victorieux aient emprunté aux Élamites un art qu'ils auraient développé d'une façon supérieure. Or un juge aussi compétent que M. Pottier estime que les choses se sont passées « comme si l'art susien, dans sa rudesse un peu plus barbare, était un rameau détaché du même tronc que l'art sumérien de Lagash ». L'infériorité de Suse ne tient pas aux matériaux employés. Non, « ce sont deux arts congénères, l'un plus barbare, l'autre plus savant »; « une différence foncière de style et d'exécution, une barbarie plus lourde, des formes plus molles empêchent de croire que les sculptures trouvées à Suse soient simplement des objets dérobés en Chaldée [1] ».

Tout s'explique donc au mieux si les Suமériens ou les Accadiens vainqueurs ont imposé aux vaincus leurs propres thèmes. Les Romains ont été séduits par la perfection des chefs-d'œuvre de la Grèce, mais leur supériorité était éclatante, et ils furent un envahissement de la beauté dans un pays vide d'objets d'art.

Peut-on prêter ce sentiment aux conquérants chaldéens?

Lorsque Doungi, roi d'Our, conquérant de Suse,

----

1. *Loc. laud.*, p. 63 et p. 65.

bâtit un temple au dieu local, on comprend qu'il ait déposé dans les fondations des caryatides de bronze à la manière de son pays; mais les vainqueurs auraient-ils transporté dans leur pays un usage religieux de Suse? La chronologie d'ailleurs semble appuyer l'origine chaldéenne.

On ne peut dater les pièces élamites les plus anciennes, mais du moins on n'en connaît pas au IV⁰ et au III⁰ niveau, qui soient antérieures à la conquête des Chaldéens, capables, dès le temps d'Entéména, vers 3000 av. J.-C., de ciseler son admirable vase d'argent.

On doit donc conclure sans trop d'hésitation que, au moment de la conquête chaldéenne, il y eut à Suse une sorte d'engouement pour l'art des vainqueurs, et que, sans renoncer aux anciens thèmes de la céramique, on fit une très large place à des thèmes nouveaux. Mais le fait de l'adaptation comme celui de la continuité s'expliqueraient mieux encore si la race susienne du début était en somme la même que celle de la Chaldée. Avant d'aborder cette question, il faut revenir à la céramique primitive dont nous connaissons maintenant le développement, pour comparer tout cet art avec les autres céramiques du monde ancien.

La comparaison a été faite avec beaucoup de soin par M. Pottier. Entraîné par un enthousiasme qui se comprend à merveille, M. de Morgan place à Suse le berceau de toute la céramique orientale et européenne. Il estime que l'art original de la peinture des vases n'est né qu'une fois et par conséquent en un seul lieu. A cette théorie, M. Pottier oppose le polygénisme de la peinture des vases, et il est difficile de ne pas lui donner raison. Avant même d'avoir lu son mémoire, j'avais été frappé de l'infériorité de la poterie égyptienne, même de cette belle poterie que M. de Morgan ne veut plus appeler préhistorique, mais qu'on peut toujours, semble-t-il, appeler pré-pharaonique, et dont les musées du Caire et les expositions de M. Flinders Petrie à Londres ont montré de si remarquables échantillons. Elle est certes très attirante par ses formes élégantes et son beau rouge tranchant sur le noir avec une crudité qui s'atténuait à la chaude lumière du soleil; mais elle est beaucoup plus grossière, moins svelte et élancée; et ni les motifs géométriques de Suse, ni son décor à scènes ne se retrouvent en Égypte. Les potiers de la vallée du Nil ont fait moins bien que leurs confrères de l'Élam et ne les ont même pas imités. Leur poterie peinte est leur œuvre exclusive.

Si cet art est né en Égypte comme dans l'Élam, n'a-t-il pas pu naître en Crète? La céramique crétoise, elle, peut rivaliser avec celle de Suse. Disons même sans hésiter qu'elle est encore plus belle. Or on en suit les développements depuis les origines. C'est d'abord l'humble poterie noire, dite *bucchero nero,* avec ses décors incisés remplis d'un pigment blanc, puis le fond clair domine et le décor peint remplace le décor incisé. Mais dès ses premiers pas, l'art crétois tend à l'imitation de la nature, avec une prédilection particulière pour le règne végétal. Lorsqu'il se sert de lignes, il préfère la ligne courbe, plus rapprochée de la vie. Enfin les anses apparaissent dès le début, même au néolithique, tandis qu'elles ont toujours été étrangères à l'Élam.

Il est donc tout à fait impossible de supposer que cet art dérive de l'Élam. Mais comment faire l'hypothèse contraire? La gloire légendaire de Minos suffit-elle à expliquer l'influence de l'île de Crète sur un empire d'Asie aussi éloigné? Le jeu de la chronologie permettrait-il une semblable combinaison? Le plus simple est assurément de supposer deux origines distinctes. D'autant que, s'il s'agit non plus de l'impression esthétique, mais du choix des sujets, la ressemblance est plus étroite entre les poteries de seconde époque qu'aux temps les plus anciens. En dépit de son principe intérieur d'originalité, qui réside dans le sentiment de la vie et de ses formes, l'art crétois a imité des motifs étrangers. On touche du doigt, au musée de Candie, les objets où l'imitation de l'Égypte est évidente. Aussitôt que les résultats des fouilles de Tépé-Moussian ont été publiés, on a noté dans la *Revue biblique* des rapprochements frappants entre l'Élam et la

Crète[1]. Il paraît décidément plus probable que c'est l'Orient qui a prêté.

Le plus sage est donc de conclure, avec M. Pottier, au polygénisme de l'art des vases peints, avec adaptation, en Crète, de motifs orientaux, surtout de ceux qui sont communs à l'Élam et à la Chaldée.

Si j'ai surtout parlé naguère de l'Élam, c'est que la Chaldée a produit très peu de vases peints. Après tant de recherches, on n'en possède guère qu'un, et quelques tessons, recueillis à Tello, plus une bouteille du second style de Suse, probablement importée en Chaldée. Le vase peint est connu en Assyrie, mais il semble dériver de l'Élam.

Il est donc très vraisemblable que la céramique susienne n'a point ses origines en Chaldée. Sans doute, nous avons reconnu sur les vases de la seconde époque l'influence d'un art chaldéen, mais cet art n'a-t-il pas été d'abord influencé par l'art susien, ou plutôt le berceau même de l'art chaldéen n'est-il pas à Suse?

C'est ce que M. Pottier est tenté de conclure pour des raisons assez précises. Si un motif paraît être vraiment chaldéen, c'est celui de l'aigle aux ailes déployées, qui est devenu

1. *Revue biblique*, 1907, p. 403. Rapprochement entre ces taureaux dans un champ semé de croix et tel protome crétois orné d'une croix; le type du minotaure se retrouve dans ces taureaux debout sur deux pieds qui ramènent sur leur poitrine des mains à trois doigts (cf. Lagrange, *La Crète ancienne*).

comme un emblème héraldique à Tello, l'emblème du dieu Ninib. Or cet aigle volant se retrouve sur une écuelle susienne de la première époque, peint avec beaucoup plus de naturel. A Tello, il est stylisé et plante ses serres sur une double proie. Ne saisit-on pas ici l'évolution du motif devenu en même temps plus compliqué et plus artificiel?

On pourrait en dire autant du thème de la lance fichée sur un autel dont j'ai déjà parlé. Sur une coupe susienne antique, le dieu à tête de lance plante ses deux lances sur deux socles. Sur les bornes-limites, la tête de lance paraît seule, comme emblème du dieu; cette fois, le symbole est abrégé; mais il ne s'explique que par le thème primitif plus complet. D'autre part, Suse est plus rapprochée que la Basse-Chaldée de la région des montagnes, et les sujets les plus familiers à la glyptique chaldéenne supposent plutôt un pays de montagnes qu'un terrain d'alluvions : le bouquetin, l'auroch, le lion, le cyprès ou le cèdre ; et c'est précisément un arbre conifère qui est le plus ordinairement le type de l'arbre de vie. N'est-ce pas ce que voulait dire la Genèse en faisant d'Élam le premier-né de Sem (Gen., x, 22) ?

Les premiers habitants de Suse étaient-ils donc des Sémites? L'art chaldéen est-il donc d'origine sémitique? Est-ce à des Sémites qu'appartient la gloire d'avoir créé un art aussi parfait?

18

Le tell de Suse est évidemment le point de contact de deux races, qui s'y sont livré des combats furieux ; la question est de savoir quels furent les premiers occupants. Si ce sont les Sémites, ils sont ensuite ou en même temps descendus en Chaldée. Mais nous trouvons, sur le tell, des Anzanites dès le temps de Narâm-Sin, et ce sont eux qui sont alors les indigènes vaincus par des envahisseurs accadiens, c'est-à-dire Sémites. Pourquoi ne seraient-ils pas les fils des artistes qui ont créé la céramique primitive? Des Anzanites on ferait aisément des Aryens. Il est avéré maintenant que les Aryens ont pénétré dans l'Asie occidentale beaucoup plus tôt qu'on ne le croyait il y a dix ans. Les découvertes de M. Winckler à Boghazkeui les montrent au quatorzième siècle en Cappadoce et dans la haute Syrie. Le P. Dhorme[1] regarde les princes Cassites, maîtres de Babylone et auteurs des bornes-limites (Koudourrous), comme des Aryens. Rien n'empêche de supposer que des tribus de même race aient été les premières à occuper le sol de Suse.

C'est l'opinion de M. de Morgan. A tout le moins, on sait que les Sémites ont eu peu de goût pour les arts. La céramique de la Crète et celle de Suse sont isolées comme les produits d'un sentiment esthétique supérieur. On aimerait les attribuer à la même race...

1. *Les Aryens avant Cyrus,* dans les conférences de Saint-Étienne, 1911.

Mais décidément ce doit être un mirage. Rappelons encore une fois le caractère distinctif de la céramique élamite. Elle est rectiligne, et, comme l'a dit admirablement M. Pottier, « aucune courbe fantaisiste n'altère la rigidité voulue du système. Le végétal, fort peu abondant, est stylisé. Les êtres vivants se présentent aussi avec une structure qui n'admet que des lignes droites ou brisées[1] ». Cela n'est-il pas caractéristique de ces Sémites dont l'imagination s'est complue au traité des Entrelacs? L'Islam est responsable de cette horreur de la nature animée. Mais n'a-t-il pas en cela répondu à un instinct profond de la race?

Et c'est précisément ce que M. Strzygowski a remarqué de l'art persan, même avant l'Islam[2] : « Cet œil des Grecs et des Chinois, grand ouvert sur la nature, manque aux Persans, c'est-à-dire dans le domaine situé entre la Syrie et l'Inde. On y voit tout décorativement et, surtout dans le nord, on est porté presque exclusivement à l'ornement. »

On doit donc rendre justice à l'efflorescence de l'art chaldéo-assyrien et en particulier à l'ancienne céramique de l'Élam, mais on ne saurait la comparer, ni pour la reproduction des formes, ni surtout pour l'expression de la vie, ni pour la splendeur des couleurs, aux incompa-

---

1. *Mémoires*, t. XIII, p. 33.
2. Cité dans la *Revue archéologique*, IV (XX), 1912, p. 298.

rables chefs-d'œuvre de la Crète[1]. C'est à cette condition qu'on sera autorisé à la rendre aux Sémites. Solution moyenne qui, sans doute, ne contentera personne, mais qui est du moins inspirée par l'équité. Dans l'antiquité, les femmes se servaient de tessons pour porter des braises à la voisine; souhaitons que les tessons de la Susiane ne rallument pas une guerre toujours prête à éclater entre les descendants des Sémites et leurs adversaires!

Aussi bien la céramique à elle seule est incapable de trancher une question aussi brûlante. M. Thureau-Dangin me disait, devant ces belles vitrines, qu'il donnerait bien des pots pour une ligne d'écriture. Quand l'écriture paraît, elle est contemporaine de la seconde époque de la poterie. Il vaut cependant la peine d'entendre son témoignage.

Malheureusement, il est un genre d'écriture qui n'a pas encore parlé clairement; c'est celle que le P. Scheil a nommée proto-élamite. Ce n'est pas qu'il prétende expliquer par ce nom l'origine de cette écriture ni celle de la langue qu'elle exprime. Proto-élamite signifie seulement que les textes ne se rencontrent pas après Karibou-cha-Chouchinak, patési de Suse sous la suzeraineté des rois accadiens. On ne la trouve

___

1. On pourra en admirer quelques échantillons dans Lagrange, *La Crète ancienne*, p. 28 et s., mais surtout dans les publications anglaises et italiennes, et encore plus au musée de Candie, où ont été groupés tous les objets exhumés à Cnossos et à Phæstos.

donc ni avant ni après la domination des Manich-tousou, des Narâm-Sin et des Sargon. On a recueilli trois textes lapidaires et quelques centaines de tablettes. L'écriture proto-élamite contient plus de neuf cents signes qui, d'après Scheil, sont tous des idéogrammes. M. Franck a, cette année même, tenté un déchiffrement en supposant une écriture syllabique et une langue anzanite, qui provoquera sans doute une reprise de la question par le P. Scheil. Ce qui saute aux yeux, c'est que cette écriture a une certaine relation avec les ornements de la poterie fine. Le zigzag que M. Toscanne regarde comme l'image du serpent, les deux triangles affrontés en forme de double hache, le peigne (?) se reconnaissent aisément, ainsi que bien d'autres signes. Il y a donc lieu de croire que cette écriture est bien proto-susienne par ses origines. Elle se développa moins vite que l'écriture babylonienne, qui eut peut-être une origine commune, et le moment vint où elle fut abandonnée. Comme l'a dit le P. Scheil dès le premier jour : « Employée anciennement dans un milieu moins cultivé, et pour ainsi dire sur la périphérie du monde civilisé, l'écriture proto-élamite se sera schématisée plus lentement en écriture convention-nelle[1]. » De sorte que l'on se servit bientôt de préférence de l'écriture chaldéenne, qui était celle des conquérants. On s'en servit en tout cas

1. *Revue biblique*, 1905, p. 372 et s., ou *Mémoires*, V, p. 59 et s.

très naturellement pour écrire en langue chaldéenne. Et, de fait, les inscriptions sémitiques n'ont pas manqué, textes que le P. Scheil a déchiffrés et rendus avec son incomparable *maestria* et qui lui ont permis d'écrire d'une seule venue une histoire dont on ne savait pas un seul nom : « Ici commence l'histoire du pays d'Élam[1] ».

Mais on n'était pas au bout des découvertes. Un très grand nombre de ces textes, écrits avec des caractères familiers aux assyriologues, résistaient à l'interprétation. Scheil reconnut bien vite un idiome différent qu'il a nommé anzanite. Et s'il a pu lui donner ce nom, c'est que, avec une merveilleuse sagacité, s'aidant des idéogrammes dont le sens était le même dans les deux langues, des mots empruntés aux Sémites, des usages protocolaires de ces sortes d'inscriptions, ordinairement consacrées à commémorer des fondations pieuses, il est parvenu à traduire même ces inscriptions dues à des monarques qui prennent le nom de rois d'Anzan et de Suse ; Suse n'est jamais nommée la première. A quel groupe de langues appartient l'anzanite ? MM. Kluge et Hüsing ont cherché à le rattacher aux langues caucasiques. On ne peut qu'admirer de pareils efforts, mais il faut convenir qu'ils n'ont point donné de résultats certains.

Ce qui est sûr, c'est que l'anzanite n'est point

---

1. Introduction du 1ᵉʳ vol. de textes élamites-sémitiques.

du tout une langue sémitique. Il était parlé à Suse dans un temps où il n'était pas la langue des vainqueurs, qui étaient des Sémites. Les Anzanites sont-ils donc les descendants des premiers habitants du tell ?

Une découverte toute récente induirait d'abord à le penser.

Tandis que, jusqu'à ces derniers temps, les textes anzanites émanaient de princes susiens non sémites et ne dataient que de 1400 ou de 1300 avant Jésus-Christ, le P. Scheil publiait naguère un texte de Narâm-Sin, dont l'écriture est chaldéenne, mais la langue anzanite, donc de 3700 ou 2700 (chronologie courte) avant Jésus-Christ. Or voici ce qu'il y a de plus étrange. Ce texte est totalement phonétique, sauf trois noms divins qu'on était trop habitué à désigner par des idéogrammes pour écrire leurs noms en détachant les syllabes. Nul doute que l'écriture phonétique ne soit plus parfaite. Voilà donc des Anzanites qui ont adopté l'écriture chaldéenne, mais en la perfectionnant, en l'épurant d'éléments traditionnels propres aux Sémites, car les conquérants sont des Accadiens, c'est-à-dire, de l'aveu universel, des Sémites.

D'après Scheil, dans ce document on pense reconnaître « une charte d'alliance entre les princes anzanites d'Élam et le roi d'Accad. Les noms des grands dieux anzanites et accadiens invoqués, les vaincus devenus vassaux jurent fidélité, maudissent les ennemis de Narâm-Sin devenus leurs ennemis, bénissent ses amis devenus leurs amis[1] ».

Or, en ce même temps, quand Narâm-Sin écrivait dans sa propre langue, les idéogrammes abondaient sous le poinçon de ses scribes!

Ne faut-il pas en conclure, avec l'interprète de tous ces textes, que si les Sémites sont demeurés fidèles aux idéogrammes, c'est qu'ils suivaient une routine traditionnelle à laquelle ils étaient attachés parce que cette écriture était bien la leur, une écriture inventée par des Sémites?

Mais, quoi qu'il en soit des origines de l'écriture, il est une hypothèse qui explique assez bien les faits; c'est celle que le P. Scheil a toujours soutenue, des origines sémitiques de l'Élam et de toute la Chaldée.

Ces Sumériens, inventeurs de l'écriture et d'un art sumérien, ne sont, en effet, qu'une quantité perturbatrice, si l'on veut en faire une race à part, parlant une langue absolument différente des langues sémitiques.

En effet, si l'art accadien est le même que l'art sumérien et si tous deux dérivent de l'art de Suse, l'individualité des Sumériens ne se dégage pas. Et quant à leur écriture spéciale, elle ne suffit pas à leur attribuer une langue absolument différente[2]. A tout le moins, l'argu-

---

1. *Mémoires*, XI, p. 1.
2. Le P. Scheil connaît un pommeau de Samsi-ilouna, prince sémite de la dynastie très sémitique de Hammourabi, qui est conçu dans le mode des inscriptions de Goudéa.

ment qu'on peut en tirer est-il fortement battu en brèche par l'identité de l'art.

Mais, dira-t-on, les Anzanites ne seraient-ils pas ces Sumériens mystérieux sous un autre nom?

Non, car les princes d'Anzan ont conquis Suse, puisqu'ils la nomment au second rang, et ils ont adopté l'alphabet chaldéen. On doit, il est vrai, faire remonter leur conquête aux temps antérieurs à Narâm-Sin, mais n'est-ce pas cette conquête qui a interrompu sur le tell toute civilisation pendant une période qui correspond à plusieurs mètres de débris?

De cette façon, tout est suffisamment clair.

La civilisation sémitique fleurit d'abord à Suse, venue des montagnes voisines avec les premiers habitants établis au bord de l'eau. C'est le temps de la poterie fine. Détruite par l'invasion anzanite, cette civilisation se perpétue en Chaldée et s'y développe. Les Susiens, possesseurs d'une écriture idéographique, la conservent et l'adaptent peut-être à l'anzanite.

Bientôt les rois de Lagach, puis de Kich, puis de nouveau de Lagach s'installent à Suse[1]. C'est la renaissance de la poterie; c'est le moment où les Anzanites s'emparent de l'écriture chaldéenne, supérieure au proto-élamite, et la perfectionnent en la purgeant d'idéo-

---

1. On remarquera l'invraisemblance de ces conquêtes alternées, si Lagach n'est pas sémitique aussi bien que Kich, l'art étant toujours le même.

grammes qui n'avaient pas de valeur spéciale pour eux. Puis un nouvel élan donné aux forces anzanites amène la création d'un royaume d'Élam, et, dans son premier essor, il déborde même sur la Chaldée. Nous sommes dans la situation que reflète le célèbre chapitre quatorzième de la Genèse. On n'a point découvert jusqu'à présent le nom du grand monarque biblique Chodorlaomor qui traînait à sa suite les princes chaldéens. On sait du moins que son nom est parfaitement élamite. Mais déjà Babylone avait conquis une situation prépondérante, Hammourabi l'affranchissait du joug de l'Élam, désormais le foyer d'une résistance acharnée aux Babyloniens et aux Assyriens. Nous continuons à dire Élam et Élamites pour nous conformer à l'usage assyro-babylonien, mais il ne faut pas oublier que désormais cet Élam est au pouvoir des rois d'Anzan.

Ici, nous sommes en pleine période historique, — grâce aux découvertes de la Délégation, — et en même temps nous avons monté d'un niveau sur le tell de l'Acropole de Suse.

A ce niveau, le IIe, on a enfin découvert des ruines qui ont permis de dessiner approximativement le plan des temples qui occupaient seuls, semble-t-il, ce sommet consacré aux dieux[1].

Ce n'était pas évidemment la première fois

1. *Vestiges de constructions élamites*, par R. de Mecquenem, 1911. Tirage à part du *Recueil de travaux*, aimablement offert par l'auteur.

qu'on y construisait des sanctuaires, et on a
reconnu au niveau des conquérants chaldéens
les traces d'une plate-forme artificielle qui était
destinée à les soutenir; mais, établie au moyen
de brique crue et de terre pilée, elle supportait
probablement des temples bâtis avec les mêmes
matériaux qui ont disparu. Les constructions en
brique cuite ont seules laissé des traces importantes, mais on ne les employa qu'à partir du
sommet du III° niveau, à la période qu'il faudrait
nommer anzanite plutôt qu'élamite.

Deux temples ont été étudiés : celui du dieu
In-Chouchinak et celui de la déesse Nin-Khar-
Chag. Ces temples étaient entourés d'enceintes
et comprenaient eux-mêmes un sanctuaire plus
sacré[1]. Leur présence est signalée par des dépôts
votifs déposés de façon à former des rectangles.
Chacun d'eux se composait d'une statuette de
bronze portant sur la tête un coussinet, et
d'une tablette de pierre tendre avec l'inscription
consécratoire. Or ces tablettes portent le nom
de l'antique Chaldéen Doungi. Elles ont donc
été réemployées lorsque le roi élamite Chilkhak
In-Chouchinak a rebâti le sanctuaire du dieu
susien. A côté de ces temples, il y avait, sans
doute, un bâtiment consacré aux trophées, car
c'est dans le même endroit qu'on a trouvé ces
dépouilles opimes des Élamites et de la science

1. Le temple du dieu a 20^{m},70 sur 8^{m},50; le sanctuaire,
8 mètres sur 4^{m},90.

moderne, la stèle de Narâm-Sin, le cadastre de Manichtousou et le code de Hammourabi.

M. de Mecquenem décrit ainsi l'aspect que devait offrir le sommet de l'Acropole au temps de sa splendeur : « Ses flancs étaient garnis des habitations de gardiens et serviteurs du culte ; à son sommet se détachaient plusieurs grands temples ; auprès d'eux, de nombreux sanctuaires et mausolées étaient entourés de bosquets et de jardins irrigués à grands frais de canaux et de machines[1]. » On n'a pas identifié de demeure royale.

L'Acropole de Suse avait donc l'aspect d'un haut lieu à la manière sémitique. Il est très probable que tel est le sens d'un monument en bronze d'un intérêt exceptionnel qui se trouve au Louvre (salle des Saints-Pères), et que M. J.-Ét. Gautier, qui a eu la bonne fortune de le découvrir, a expliqué avec un tact parfait[2]. Rien n'y manque de ce qui constituait un lieu de culte sémitique : deux temples, une table d'offrandes à cupules où peut-être étaient immolées les victimes ; les stèles ou *masseboth,* les arbres ou *achéras*. Telle est l'impression produite par cette pièce, que le P. Vincent n'a pas hésité à la faire figurer dans son *Canaan*[3] pour illustrer les cultes cananéens. Ainsi, ce que nous savons des constructions religieuses s'adapte bien à la conclu-

1. *Mémoires,* XII, p. 78.
2. *Mémoires,* t. XI.
3. P. 194.

sion déjà proposée, que la civilisation de Suse est sémitique par ses origines.

Autant qu'on peut s'en rendre compte, son dieu principal, celui qu'on nomme In-Chouchinak, c'est-à-dire le dieu de Suse, est le pendant exact du Ninib chaldéen, et la déesse dont on a conservé de très nombreuses représentations en terre cuite est bien la déesse nue des Chaldéens et des Cananéens.

On ne saurait interpréter avec précision les mythes que les Susiens ont représentés sur leurs vases. Il serait prématuré d'y retrouver les traditions qui nous sont connues par la Bible. Mais la ressemblance des sujets avec ceux de la Chaldée, que nous avons constatée déjà, indique les mêmes idées religieuses. Si les rois élamites, en tranquille possession de Suse, ont relevé les temples anciens en y remettant les fondations de Doungi, c'est qu'ils n'ont pas essayé de convertir leurs sujets susiens à la religion anzanite ; eux-mêmes ont plutôt rendu hommage aux dieux du pays, dans le même esprit de respect des religions locales qui inspira depuis Cyrus.

Après de longues alternatives de succès et de revers, une fois de plus la guerre s'engagea entre les Anzanites et les Sémites. Cette fois, elle fut atroce, inexpiable, car elle était conduite du côté des Sémites par les Assyriens, guerriers beaucoup plus féroces que les antiques Chaldéens. Leur esprit militaire, entraîné par Assourbanipal, l'emporta. Le conquérant ne fit pas seulement la guerre aux vivants ; il s'acharna contre les mausolées : « Je les ai renversés, je les ai détruits, je les ai brûlés au soleil. J'ai emmené leurs ossements au pays d'Assour, j'ai laissé leurs mânes sans refuge ; je les priverai d'aliments et de libations. » Sacrilège atroce et qui devait être puni. Ce fut peu après qu'une immense vague se répandit sur l'Asie entière et menaça même l'Europe. Cyrus, Perse, fils de Perses, mais qui reprit le nom antique de roi d'Anzan, fondait la puissance aryenne et ses successeurs étalaient de splendides palais sur les tells de Suse, voisins de l'Acropole.

A cette discussion, fort épineuse, je l'avoue, je dois ajouter un *post-scriptum* (juin 1914) pour la mettre au point.

Jusqu'à ces derniers jours, la théorie sumérienne soutenait seulement que les Sumériens, habitants primitifs de la Basse-Chaldée, avaient transmis aux Sémites, avec l'écriture, quelques-unes de leurs idées religieuses et de leurs institutions.

Spécialement on prétendait distinguer l'art sumérien et l'art sémitique. Je me suis appliqué, d'ailleurs à la suite de M. Pottier, à montrer qu'il n'y eut qu'un art chaldéen ; j'ai même ajouté que cet art chaldéen paraissait avoir les mêmes origines que l'art le plus ancien de Suse. Par conséquent je ne voyais, à propos de l'art, aucun indice d'une race sumérienne, com-

plètement distincte des Sémites, habitant avant
eux la Basse-Chaldée. Si l'écriture cunéiforme
n'est pas d'origine sémitique, elle a pu venir
d'ailleurs.

M. Thureau-Dangin, un maître aussi estimé
en Allemagne qu'en France pour ses beaux travaux sur les textes sumériens, reconnaît, lui aussi,
qu'il n'y eut à l'origine qu'un art chaldéen —
dont il semble d'ailleurs distinguer l'art primitif de Suse. Mais au lieu d'en conclure que
les habitants de la Basse-Chaldée n'avaient point
une civilisation totalement distincte de celle des
Sémites, il fait des Sumériens une race distincte
et leur attribue toute cette civilisation. Les
Sémites qui ont envahi le pays des Sumériens
« arrivaient avec le mince bagage du nomade
et, à la population sédentaire, anciennement
civilisée, au milieu de laquelle ils s'installaient,
ils empruntèrent tout : écriture, art, sciences,
institutions, religion, tout — sauf la langue[1] ».
Tout, c'est beaucoup dire. En effet, les Sémites
d'Assyrie et de Babylonie ne sont point les seuls.
Ceux qui ont vécu du torrent d'Égypte à l'Oronte
avaient, eux aussi, des institutions, des religions,
des coutumes ressortissant au même état d'esprit.

Sauf ce qui regarde la religion, les Israélites
eux-mêmes ne font pas exception, et les Arabes,
malgré leur existence nomade, ont la même
imagination.

---

1. Les Conférences Chateaubriand, *La Chaldée*, page 1.

Sur ce, on peut faire deux hypothèses.

Ou bien les Sémites ont trouvé cette civilisation, ces institutions, ces religions, dans tous ces pays de culture, où ils. les ont apportées. La première hypothèse suppose que partout les nomades vainqueurs ont trouvé le même esprit religieux, les mêmes institutions et qu'ils les ont adoptées.

Peut-on citer dans l'histoire ancienne l'exemple d'un peuple victorieux assez fortement groupé pour conserver sa langue et qui ait renoncé à sa religion pour embrasser celle du vaincu ? Comment expliquer que ces institutions fussent les mêmes dans cet espace immense ? Quelle relation entre ces populations et le territoire assez restreint de la Basse-Chaldée ? Les Sumériens que nous voyons toujours conquis par les Sémites, avaient-ils été d'abord des conquérants ? Ou s'étaient-ils répandus dans toute cette partie du monde ancien ?

Si, au contraire, les Sémites ont apporté partout avec eux leurs institutions, comment avaient-ils été tous à l'école des Sumériens ? Prenons un exemple. Si les institutions du Code de Hammourabi sont les institutions de Sémites devenus civilisés, on s'explique fort bien leur ressemblance avec celles des Hébreux, plus rapprochés de la vie nomade. Mais comment les institutions des Sumériens civilisés ont-elles été la source commune des deux Codes ?

D'un côté, nous avons un groupe considérable

de populations qui apparaissent au grand soleil de l'histoire, populations énergiques, douées en particulier d'un sentiment religieux profond. Leurs religions sont en parfaite harmonie avec leurs institutions, leurs institutions étaient assez bien adaptées à la race pour se retrouver dans les grandes lignes parmi des situations aussi différentes que la vie nomade et la vie de culture. Et il faut que tous ces peuples aient emprunté tout, écriture, art, sciences, institutions, religion, tout, à un petit peuple subjugué par une de leurs tribus ! Or, quelle raison a-t-on de soutenir que les Sémites ont emprunté leur écriture au dehors ? Les principales sont que cette écriture n'est bien adaptée ni aux sons, ni aux vocables sémitiques. Raisons très graves et peut-être décisives. Si l'on constatait que l'écriture est faite pour la langue, le problème ne se poserait pas. Mais il faut raisonner de même lorsqu'il s'agit du reste. La langue des Sémites est en parfaite harmonie avec leur imagination, leur imagination se retrouve dans leurs institutions, leurs religions[1], et on pourrait ajouter leurs arts. Comment peut-on supposer qu'ils ont

---

1. M. Thureau-Dangin dit excellemment (l. l., p. 3) : « Le réalisme est peut-être le trait le plus caractéristique et le fond même de l'esprit chaldéen. Cette philosophie aboutit tout naturellement au pessimisme. De la littérature chaldéenne se dégage une conception âpre et sombre de la condition humaine, toute pénétrée par l'horreur de la mort, la hantise du péché, la crainte de l'invisible », etc. Ce sont là des traits communs à tous les Sémites, c'est le fond de l'esprit sémitique.

emprunté tout cela aux Sumériens, appartenant à une race différente, et vaincus?

L'exemple des Romains et des Grecs revient toujours à la pensée : *Graecia victa ferum victorem cepit.* Mais il faut se rappeler aussi à quelle mesure Virgile a réduit l'adage d'Horace. Que les Grecs fassent des statues et soient de bons avocats, mais c'est à Rome de gouvêrner les peuples. Et même à Byzance, le Grec dut se contraindre à rédiger des lois selon l'esprit romain. Encore les deux peuples avaient-ils conscience d'une ancienne parenté qui leur permettait d'établir l'équivalence de leurs dieux. Rome pourtant ne renonça jamais aux siens.

L'hypothèse de M. Thureau-Dangin est fort radicale.

Celle que j'ai proposée me paraît toujours beaucoup plus simple. Je ne songe pas à nier le phénomène de l'invasion des Sémites nomades et leur adaptation à une civilisation plus avancée. Mais l'adaptation est d'autant plus facile qu'il n'y a point entre les vainqueurs et les vaincus des différences trop profondes. Les Sémites de Sargon d'Agadé et de Hammourabi en pénétrant en Chaldée y ont trouvé une civilisation supérieure à la leur et l'ont adoptée. Mais c'est précisément parce qu'il y avait entre les deux populations une sorte d'harmonie préétablie dont ils ne se sont probablement pas doutés eux-mêmes.

Peut-être dira-t-on que dans ces termes la

question se réduit à savoir si les Sumériens étaient de la même race que les Sémites, ce qui nous échappe et n'a pas grande conséquence, la notion de race étant si peu déterminée.

Aussi ne s'agit-il pas ici de la transmission du sang. Ni la race n'est une donnée distincte sans une certaine civilisation propre, ni une civilisation n'est parfaitement homogène si elle ne produit pas au dehors l'impression d'une race distincte. La question est posée entre deux groupes sociaux ayant des caractères différents. Y eut-il en Basse-Chaldée deux civilisations assez distinctes pour qu'on les oppose l'une à l'autre, celle des Sumériens et celle des Sémites? M. Thureau-Dangin répond comme nous qu'il n'y eut qu'une civilisation et que c'est celle des Sumériens, qui a transformé les Sémites, sauf la langue. Mais puisque cette civilisation est partout ailleurs celle des Sémites, on demande les preuves de l'existence des Sumériens, non Sémites, race et civilisation, si aucune institution, aucun usage religieux, et pour ainsi dire aucune métaphore, ne peut être alléguée qui ne s'explique comme découlant naturellement de l'esprit sémitique. On nous dit que les Sumériens avaient une langue à eux. Je suis tout disposé à suivre l'enseignement des maîtres pour ce qui regarde la philologie cunéiforme, mais je vois qu'ils ne sont point entièrement d'accord, et je voudrais que l'hypothèse d'une lan-

gue sumérienne parlée en Chaldée [1] et véhicule
d'une civilisation avancée, fût conciliable avec
le développement normal des Sémites, bloc
fort résistant.

Et enfin s'il y eut en Basse-Chaldée avant
l'arrivée des Sémites des Sumériens parlant et
écrivant une langue non sémitique, tout ce que
nous pouvons conclure, c'est que les Sémites
envahisseurs leur ont emprunté cette écriture
avec un certain usage de la langue. De même
qu'ils ont contraint cette écriture à écrire leur
propre langage, ils ont imposé aux Sumériens
la domination de leurs religions et de leurs
institutions. La civilisation chaldéenne s'exprime
dans une langue sémitique parfaitement adaptée,
et c'est le cas des autres Sémites. C'est un fait.
Il faudra donc, si l'on veut réserver aux Sumériens quelques éléments hétérogènes, faire la
preuve de cette hétérogénéité, selon l'ancienne
méthode. Concéder qu'il n'y eut qu'une civilisation, c'est réduire à rien la part des Sumériens, si l'on ne veut leur accorder tout, ce qui
est trop.

1. M. Brünnow ne voit en Babylonie que très peu de restes
d'une civilisation proprement sumérienne. Il lui paraît plus
vraisemblable que les Sumériens habitaient le nord ou le nord-
ouest de la Mésopotamie. Les Sémites leur auraient emprunté
leur écriture et leur littérature. Et à supposer que les Sumériens aient dominé à un certain moment sur la Babylonie, tous
les éléments non sémitiques de ce pays ont été absorbés par les
Sémites, etc. (*Zeitschrift für Assyriologie*, tome XXVIII (1913),
p. 377 ss.).

TABLE DES MATIÈRES

Typographie Firmin-Didot et Cie. — Paris.

www.ingramcontent.com/pod-product-compliance
Lightning Source LLC
LaVergne TN
LVHW050305060726
842525LV00002B/419